AF209206

Empirische Erziehungswissenschaft

herausgegeben von

Rolf Becker, Sigrid Blömeke, Wilfried Bos,
Hartmut Ditton, Cornelia Gräsel, Eckhard Klieme,
Rainer Lehmann, Thomas Rauschenbach,
Hans-Günther Roßbach, Knut Schwippert,
Christian Tarnai, Rudolf Tippelt,
Rainer Watermann, Horst Weishaupt,
Jürgen Zinnecker

Band 10

Waxmann 2008
Münster / New York / München / Berlin

Katharina Schwindt

Lehrpersonen betrachten Unterricht

Kriterien für die kompetente
Unterrichtswahrnehmung

Waxmann 2008
Münster / New York / München / Berlin

Bibliografische Informationen der Deutschen Nationalbibliothek
Die Deutsche Nationalbibliothek verzeichnet diese Publikation in
der Deutschen Nationalbibliografie; detaillierte bibliografische
Daten sind im Internet über http://dnb.d-nb.de abrufbar.

Empirische Erziehungswissenschaft, Band 10

ISSN 1862-2127
ISBN 978-3-8309-2052-6

© Waxmann Verlag GmbH, 2008
Steinfurter Straße 555, 48159 Münster

www.waxmann.com
info@waxmann.com

Umschlaggestaltung: Pleßmann Kommunikationsdesign, Ascheberg
Gedruckt auf alterungsbeständigem Papier, DIN 6738

Summary

This thesis deals with teacher competencies in the perception of videotaped classroom situations. Realizing classroom situations, which are relevant for teaching-learning processes, is regarded as one central aspect of the teaching profession. I consider the ability of a deep analysis of videotaped classroom situations as an indicator for possibilities that teachers have to recognize important aspects in the classroom.

The aim is to develop theoretically based criteria, which can be used to describe professional perception of classroom interactions. Therefore, the perception of videotaped classroom situations is regarded as comparable to a systematic observation. For the deeper analysis of videotaped classroom situations aspects of competencies were developed based on research on observational methods. These aspects of competencies were further differentiated according to empirical findings of studies on teacher expertise. For this study, aspects of competencies compose a model for the description of professional perception of classroom interaction.

The professional perception of classroom interaction is investigated by the method of content analysis. The data base consists of written protocols of teachers. Within the project "LUV" teachers worked with a computer based learning environment and had the opportunity to comment videotaped classroom situations. The sample of the study presented consists of 83 persons, including teacher students, teachers and school inspectors. The mixture of the sample offers the opportunity to describe competencies in the perception of videotaped classroom situations as well as to compare the protocols of the three groups of persons, which are different in their prepositions concerning the perception of classroom interactions. The comparison is drawn via analysis of variance.

For the whole sample the competence of the perception of videotaped classroom situations can be characterized by the description and the evaluation of situations, which were integrated into superior concepts. Teacher students stand out by a detailed descriptive analysis; teachers and school inspectors tend to summarize situations on a global level.

At the end the findings are integrated in the content of research and the chosen methodological approach, chosen for this study, is discussed. The outcomes of the study are linked to topics of the actual discussion concerning the professionalization of teachers. They provide information about relevant aspects of the teaching profession, for example pedagogical-psychological knowledge. In addition, this thesis picks up aspects, which are central for video based interventions in teacher education. Finally, the study shows recommendations concerning the diagnosis of teacher competencies.

Zusammenfassung

Im Zentrum der vorliegenden Untersuchung steht die Kompetenz von Lehrpersonen in der Wahrnehmung von Unterrichtsaufzeichnungen. Das Erkennen von Ereignissen im Unterricht, die für Lehr-Lernprozesse relevant sind, wird als ein Teil der Professionalität von Lehrpersonen betrachtet. Die Fähigkeit zur vertiefenden Analyse von Unterrichtsaufzeichnungen wird dabei als Indikator dafür herangezogen, über welche Möglichkeiten Lehrpersonen verfügen, zentrale Aspekte im Unterricht zu erkennen.

Ziel der Arbeit ist es, theoretisch fundierte Kriterien zu entwickeln, mit deren Hilfe kompetente Unterrichtswahrnehmung beschrieben werden kann. Die Wahrnehmung von Unterrichtsaufzeichnungen wird hierbei als vergleichbar betrachtet mit der Durchführung einer systematischen Beobachtung. Vor diesem Hintergrund wurden für die vertiefende Analyse von Unterrichtsaufzeichnungen auf Grundlage von Regeln aus der Beobachtungsforschung Teilkompetenzen abgeleitet. Diese wurden mithilfe von empirischen Ergebnissen aus Studien der Expertiseforschung ausdifferenziert. Die Teilkompetenzen bilden ein Modell für die Beschreibung der kompetenten Unterrichtswahrnehmung in dieser Untersuchung.

Die Erfassung der kompetenten Unterrichtswahrnehmung erfolgt über die inhaltsanalytische Auswertung von schriftlichen Unterrichtsanalysen von Lehrpersonen. Diese wurden von den Teilnehmerinnen und Teilnehmern der Studie „LUV" im Rahmen einer computerbasierten Lernumgebung verfasst, in der Unterrichtsaufzeichnungen kommentiert und bearbeitet werden. Die Stichprobe der vorliegenden Untersuchung umfasst insgesamt 83 Personen, zu denen Studierende, Lehrpersonen und Personen aus der Schulinspektion zählen. Diese Zusammensetzung ermöglicht einerseits eine Beschreibung der Kompetenzen in der Wahrnehmung von Unterrichtsaufzeichnungen und andererseits einen Vergleich der Analysen zwischen verschiedenen Personengruppen, die unterschiedliche Voraussetzungen im Hinblick auf die Wahrnehmung von Unterricht haben. Der Vergleich erfolgt mithilfe varianzanalytischer Auswertungen.

Die Kompetenz in der Wahrnehmung von Unterrichtsaufzeichnungen lässt sich in der untersuchten Stichprobe insgesamt durch das Beschreiben und Bewerten von Unterrichtsereignissen kennzeichnen, die zu übergeordneten Konzepten zusammengefasst werden. Studierende zeichnen sich insbesondere durch eine detaillierte Analyse aus; Lehrpersonen und Personen aus der Schulinspektion nehmen hingegen globale Zusammenfassungen der Ereignisse vor.

Zum Abschluss werden die Ergebnisse inhaltlich eingeordnet und das methodische Vorgehen der Arbeit wird diskutiert. Die dargestellten Befunde knüpfen an Themen der aktuellen Professionalitätsdebatte in Bezug auf Lehrpersonen an und liefern Hinweise auf relevante Komponenten von Professionalität, wie beispielsweise das pädagogisch-psychologische Wissen. Zudem greift diese Arbeit Aspekte auf, die in derzeitigen Video-Interventionsstudien im Bereich der Aus- und Weiterbildung von Lehrpersonen eine wichtige Rolle spielen. Zuletzt liefert sie Hinweise für die Entwicklung eines Diagnoseinstruments im Hinblick auf die Kompetenzen von Lehrpersonen.

Inhalt

1 Problemstellung und Ziel der Untersuchung

Videoaufnahmen von Unterricht sind in der aktuellen Aus- und Weiterbildung von Lehrpersonen kein unbekanntes Medium (vgl. zum Beispiel Derry, 2002; Kuntze & Reiss, 2005; Ratzka, Lipowsky, Krammer, & Pauli, 2005; Sherin & Han, 2004). So wirbt eine deutsch-schweizerische Forschergruppe um Klieme und Reusser (2004) bei Lehrpersonen beispielsweise mit folgenden Zielen dafür, an einer videogestützten Weiterbildung teilzunehmen:

- „ausgehend von Videos des eigenen und fremden Unterrichts über die eigenen Ideen bezüglich der Gestaltung von Lehr-Lernprozessen im Mathematikunterricht nachdenken und diese diskutieren";

- „die eigene Unterrichtspraxis in Bezug auf die Anregung von Lernprozessen der Schülerinnen und Schüler reflektieren und weiter entwickeln";

- „festgestellte Stärken und Schwächen von Unterricht differenziert und konstruktiv ausdrücken und begründen";

- „Länder übergreifender Austausch über Unterrichtsprozesse aus fachdidaktischer und allgemeindidaktischer Sicht" (Klieme & Reusser, 2004).

Obwohl derzeit bei Weitem nicht alle Weiterbildungsprojekte Aufzeichnungen eines eigenen oder fremden Unterrichts dazu nutzen, Lehrpersonen bei der Weiterentwicklung ihrer Unterrichtspraxis zu unterstützen, ist dies in der aktuellen Fortbildungspraxis jedoch auch kein Einzelfall mehr. Seit dem schlechten Abschneiden der deutschen Schülerinnen und Schüler bei international vergleichenden Schulleistungsstudien wie TIMSS (Third International Mathematics and Science Study: Baumert et al., 1997) und PISA (Programme for International Student Assessment: Baumert et al., 2001; Prenzel et al., 2004) rückt auch die Frage nach der Professionalisierung der Lehrpersonen vermehrt ins Zentrum der empirischen Bildungsforschung. Zahlreiche Diskussionen befassen sich mit dem Thema der Ausbildung von Lehrpersonen, die adäquat auf die aktuellen beruflichen Anforderungen vorbereitet. Weiterhin stellt sich die Frage, wie Lehrpersonen während der Ausübung ihres Berufs in der Weiterqualifizierung unterstützt werden können. Ungeachtet der unterschiedlichen Auffassungen über die Gestaltung der Aus- und Weiterbildung von Lehrpersonen herrscht jedoch weitgehendes Einvernehmen darüber, dass die Lehrerbildung verbessert werden muss (Terhart, 2000).

Veränderungen in der Lehrerbildung werden gegenwärtig häufig auf formaler Ebene diskutiert. Zahlreiche Universitäten in Deutschland erarbeiten eine Neustrukturierung der Lehramtsausbildung nach Bachelor- und Master-Abschlüssen. In der Weiterbildung von Lehrpersonen wird weiterhin nach den „richtigen" Fortbildungsangeboten gesucht und es wird in diesem Zusammenhang auch über die Notwendigkeit einer Verpflichtung der Lehrpersonen zur beruflichen Fortbildung nachgedacht (Terhart, 2000).

Auf inhaltlicher Ebene lässt sich sowohl für die Ausbildung von künftigen Lehrerinnen und Lehrern an Universitäten und pädagogischen Hochschulen als auch für die Weiterbildung bereits berufstätiger Lehrpersonen eine steigende Tendenz erkennen, Videoaufnahmen von Unterricht als Instrument zur Qualifikation einzusetzen (Petko, Haab, & Reusser, 2003). In der Art der Videoaufzeichnungen zeigen sich dabei bedeutsame Unterschiede. Sie können alltägliches Unterrichtsgeschehen widerspiegeln. Es können jedoch auch einzelne Szenen nachgestellt beziehungsweise „best-practice"-Beispiele gezeigt werden. Zum Teil werden „nackte" Aufzeichnungen von Unterricht verwendet, das heißt, sie haben keine kontextuelle Einbettung. Insbesondere in Fortbildungen, die sich über einen längeren Zeitraum erstrecken, besteht die Möglichkeit, die Unterrichtsstunden in einen Kontext zu stellen und mit Zusatzinformationen anzureichern. Während isoliert stehende Videos häufig vor allem explorativ betrachtet werden, bietet eine Einbettung des Materials die Möglichkeit, die Aufzeichnung anhand von Arbeitsaufträgen zu betrachten. Diese können sich wiederum auf Aufnahmen von ganzen Unterrichtsstunden, auf einzelne Unterrichtssequenzen (Videoclips), auf den eigenen Unterricht einer Lehrperson oder auf die Aufzeichnung des Unterrichts einer fremden Lehrperson beziehen. Schließlich können Videoaufnahmen alleine oder auch im Austausch mit anderen Personen, in einem reellen Gespräch oder durch eine Zusammenarbeit in Onlineplattformen betrachtet werden.

In allen Fällen haben Videoaufzeichnungen den Vorteil, den Unterricht so realitätsnah wie möglich wiederzugeben. Gleichzeitig können die Aufzeichnungen jedoch losgelöst vom aktuellen Geschehen betrachtet werden und die Lehrpersonen können, anders als im realen Unterricht, die Rolle von außenstehenden Beobachtern einnehmen (Reusser, 2005).

Nicht zuletzt aus diesem Grund wird Videoaufzeichnungen von Unterricht gegenwärtig in verschiedenerlei Hinsicht ein hohes Potential für Professionalisierungsprozesse von Lehrpersonen zugesprochen (Ulewitz & Beatty, 2001). Sie werden beispielsweise genutzt, um praktisch tätigen Lehrpersonen Ergebnisse aus der Grundlagenforschung zu lernförderlichen Unterrichtsbedingungen zu verdeutlichen und diese anhand von authentischen Beispielen darzustellen (Derry, 2002; Hiebert, Gallimore, & Stigler, 2002; Reusser, 2005). Lehrpersonen kann ihre eigene Unterrichtspraxis sichtbar gemacht und Reflexionsprozesse können initiiert werden. Letzteres stellt eine wichtige Voraussetzung für Veränderungen von Denk- und Handlungsroutinen dar (Santagata, 2003). Schließlich wird davon ausgegangen, dass der gemeinsame Austausch über Unterricht dazu beitragen kann, eine geteilte Fachsprache zu entwickeln, mit der Lehrpersonen über Unterricht sprechen (Seidel, Prenzel, Rimmele, Schwindt et al., 2006).

Obwohl Videoaufzeichnungen in der Professionalisierung von Lehrpersonen immer häufiger eingesetzt werden, liegt bisher jedoch kaum systematisches Wissen darüber vor, welches Potential die Unterrichtsaufzeichnungen für Lehrpersonen tatsächlich bereithalten und wie die Videos so aufbereitet werden können, dass sie zur Initiierung und Unterstützung von Lernprozessen beitragen (Brophy, 2004; Krammer & Reusser, 2005; Seidel, Prenzel, Rimmele, Schwindt et al., 2006). Es ist beispielsweise ungeklärt, wie sich die Arbeit mit eigenem oder fremdem Videomaterial auf die Reflexion unterrichtlichen Handelns auswirkt und inwieweit Lehrpersonen bei der Betrachtung von Videoaufzeichnungen von außen unterstützt werden können (Prenzel & Seidel, 2003; Reusser, 2005; Seidel, Prenzel, Rimmele, Schwindt et al., 2006). Zudem stellt sich die Frage, wie eine Umgebung gestaltet werden kann, die einen konstruktiven Austausch über Unterricht zwischen Lehrpersonen fördert (Borko, 2008).

Die geschilderte Forschungslage war der Hintergrund für die Durchführung der Studie „LUV – Lernen aus Unterrichtsvideos", die im Rahmen des Schwerpunktprogramms „BiQua – Bildungsqualität von Schule" von der deutschen Forschungsgemeinschaft (DFG) finanziert und am Leibniz-Institut für die Pädagogik der Naturwissenschaften (IPN) an der Universität Kiel realisiert wurde (Prenzel & Seidel, 2003). Im Anschluss an die Befunde international vergleichender Schulleistungsstudien wurde im Jahr 2000 das auf sechs Jahre (drei Phasen à zwei Jahre) angelegte Schwerpunktprogramm eingerichtet. „BiQua" hatte zum Ziel, über die beschreibenden Befunde von TIMSS und PISA hinaus Erkenntnisse zu Möglichkeiten der Verbesserung der Bildungsqualität an deutschen Schulen zu liefern (Doll & Prenzel, 2004).

In diesem Kontext wurden die „IPN-Videostudien" umgesetzt (Seidel, Prenzel, Rimmele, Dalehefte et al., 2006; Seidel, Prenzel, Rimmele, Schwindt et al., 2006) mit dem Ziel, Problembereiche im gängigen deutschen Physikunterricht zu identifizieren, zu beschreiben und in Bezug zu Lernprozessen von Schülerinnen und Schülern zu setzen. In den ersten beiden Phasen des Programms (2000 bis 2004) stand der Unterricht mit seinen Wirkungen auf die Lernprozesse der Schülerinnen und Schüler im Mittelpunkt. In der dritten Phase der Studie (2005 bis 2006) wurde das Projekt „LUV – Lernen aus Unterrichtsvideos" durchgeführt, dessen Anliegen es war, die aus den Videostudien gewonnen Erkenntnisse für die Praxis aufzubereiten.

Gleichzeitig wurden mit dieser Studie verschiedene Forschungsfragen verfolgt. Ein Ziel war es, systematisch zu untersuchen, unter welchen Bedingungen Lehrpersonen aus der Arbeit mit Unterrichtsaufzeichnungen am besten profitieren. Neben der Frage, welche Lernprozesse bei der Arbeit mit Unterrichtsaufzeichnungen ablaufen und wie diese unterstützt werden können, war es von Interesse zu untersuchen, über welche Kompetenz Lehrpersonen in der Wahrnehmung von Unterrichtsaufzeichnungen verfügen. Hieraus können Hinweise darauf abgeleitet werden, inwieweit die Lehrpersonen über Möglichkeiten verfügen, in realen Unterrichtssituationen lehr-lernrelevante Aspekte zu erkennen (Seidel, Prenzel, Rimmele, Schwindt et al., 2006). Zudem gibt es in weiteren Studien Überlegungen dazu, Kompetenzen in der Wahrnehmung von Unterrichtsaufzeichnungen als Indikator für das Wissen von Lehrpersonen zu betrachten (Kersting, in Druck) und so zu einer situationsbezogenen Kompetenzdiagnostik bei Lehrpersonen zu gelangen.

Die vorliegende Untersuchung knüpft nun an die Frage nach der Erfassung der Kompetenz von Lehrpersonen in der Unterrichtswahrnehmung an. Eine kompetente Unterrichtswahrnehmung wird von verschiedenen Autoren als ein bedeutender Teil der Professionalität von Lehrpersonen angesehen (Bromme, 1997; Gruber, 2004). In wissensbezogenen Konzepten der Professionalität von Lehrpersonen (Darling-Hammond, Bransford, & LePage, 2005) kommt der Wahrnehmung eine wichtige Vermittlungsfunktion zwischen Wissen und Handeln zu. Dieser Zusammenhang lässt sich modellhaft durch das Konzept der Schematheorie darstellen, bei welcher Wahrnehmung als ein Interaktionsprozess zwischen bestehenden Wissensschemata und verfügbaren Informationen beschrieben wird. Weiterhin wird angenommen, dass es für zukünftige Handlungsentscheidungen eine wichtige Rolle spielt, was im Unterrichtsgeschehen wahrgenommen wird.

Vor diesem Hintergrund haben sich bereits verschiedene Untersuchungen mit der kompetenten Unterrichtswahrnehmung von Lehrpersonen befasst (Berliner, 1987; 2001). In Studien der Expertiseforschung zeigt sich, dass sich Personen in Abhängigkeit von ihrer persönlichen Erfahrung in ihren Wahrnehmungs- und Interpretationsprozessen unterscheiden. Unerfahrene Lehrpersonen nehmen eher Einzelereignisse wahr, wohingegen Personen mit umfangreicher Erfahrung Ereignisse in übergeordnete Konzepte einbetten und Schlussfolgerungen ziehen.

Aufgrund verschiedener methodischer Schwierigkeiten der bisher vorliegenden Studien wird in dieser Arbeit der Versuch unternommen, Kriterien für die kompetente Unterrichtswahrnehmung theoriebasiert zu entwickeln. Da eine vertiefende Wahrnehmung von Unterricht, die auf das Erkennen lehr-lernrelevanter Merkmale abzielt, mit der Durchführung wissenschaftlicher Beobachtungen verglichen werden kann, liegen für die Entwicklung der Kriterien Merkmale der Beobachtungsforschung zugrunde. Befunde aus den Expertisestudien helfen bei der inhaltlichen Ausdifferenzierung der Kriterien.

Die Diagnose von Kompetenzen bei Lehrpersonen ist ein umstrittenes Thema im Bildungswesen. Standardisierte Verfahren, wie sie im Bereich der Erfassung von Kompetenzen bei Lernenden eingesetzt werden, existieren für Lehrpersonen kaum (Klieme & Leutner, 2006; Seidel, Schwindt, Kobarg & Prenzel, in Druck). In der Regel wird professionelles Wissen mithilfe von Fragebögen erhoben oder es werden Außenkriterien herangezogen, wie beispielsweise erzielte Abschlüsse, um auf Kompetenzen von Lehrpersonen zu schließen. Ein Nachteil der derzeit üblichen Verfahren ist jedoch, dass sie nur begrenzt Auskunft über Kompetenzen geben können, die Lehrpersonen in ihren alltäglichen Anforderungsbereichen anwenden. Auch Unterrichtsbeobachtungen, die von Personen aus der Bildungsadministration durchgeführt werden, sind aufgrund des zeitlichen Aufwandes nur sporadisch durchführbar und liefern kein umfassendes Bild der Lehrerkompetenzen. Vor dem Hintergrund wachsender Forderungen nach adäquaten und umfassend einsetzbaren Messverfahren für die Aus- und Weiterbildung von Lehrpersonen (Klieme & Leutner, 2006) erscheint eine Untersuchung von Lehrpersonen bei ihrer Analyse von videographierten Unterrichtsaufzeichnungen als ein geeignetes Mittel, Kompetenzen realitätsnah und kontextualisiert zu erfassen. Die vorliegende Arbeit stellt einen ersten Schritt dar, relevante Kriterien für die kompetente Unterrichtswahrnehmung aufzuzeigen, die beispielsweise in einer Aufbereitung von Videoaufzeichnungen für ein Diagnoseinstrument zur Professionalität bei Lehrpersonen Anwendung finden könnten.

Ziel der Arbeit

Das konzeptuelle Vorgehen dieser Arbeit wird in Abbildung 1 schematisch dargestellt.

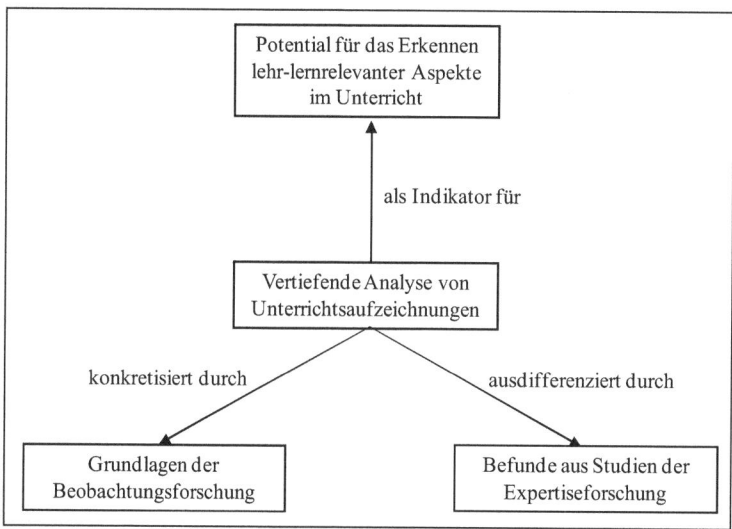

Abb. 1: Konzeptuelles Vorgehen der Arbeit

Im Zentrum der vorliegenden Untersuchung steht die kompetente Unterrichtswahrnehmung von Lehrpersonen. Ziel ist es, theoretisch fundierte Kriterien zu entwickeln, die dabei helfen, die Kompetenz von Lehrpersonen in der Wahrnehmung von Unterrichtsaufzeichnungen zu beschreiben. Diese wird als Indikator dafür betrachtet, inwieweit Lehrpersonen über das Potential verfügen, im realen Unterricht lehr-lernrelevante Ereignisse zu erkennen. Vor diesem Hintergrund kann die Arbeit wichtige Aspekte identifizieren, die beispielsweise für die Diagnose von Kompetenzen von Lehrpersonen eine zentrale Rolle spielen. Für die Arbeit dienen Merkmale aus der Beobachtungsforschung zur Konkretisierung verschiedener Kriterien. Befunde aus Studien der Expertiseforschung werden zur inhaltlichen Ausdifferenzierung der Kriterien herangezogen. Diese werden schließlich genutzt, um die kompetente Unterrichtswahrnehmung von Lehrpersonen zu charakterisieren. Weiterhin ist es von Interesse, wie sich Personen mit unterschiedlichem Hintergrund hinsichtlich wahrnehmungsrelevanter Aspekte in der Analyse von Unterrichtsaufzeichnungen charakterisieren lassen. Daher werden in der vorliegenden Untersuchung folgende Fragestellungen bearbeitet:

(1) Wie lassen sich die Kompetenzen der Teilnehmerinnen und Teilnehmer in der Wahrnehmung von Unterrichtsaufzeichnungen vor dem Hintergrund des entwickelten Modells der kompetenten Unterrichtsanalyse beschreiben?

(2) Welche Kompetenzprofile ergeben sich für Teilnehmerinnen und Teilnehmer über verschiedene Teilkompetenzen hinweg?

(3) Wie analysieren Personen mit unterschiedlicher Erfahrung in der Beobachtung von Unterricht Videoaufzeichnungen und worin unterscheiden sich die Analysen dieser Personengruppen?

Die Kompetenz der Lehrpersonen in der vertiefenden Analyse von Unterricht wird mithilfe inhaltsanalytischer Verfahren erfasst. Im Rahmen der Studie „LUV – Lernen aus Unterrichtsvideos" haben Lehrpersonen innerhalb der computerbasierten Lernumgebung „LUV" (Seidel, Prenzel, Rimmele, Meyer, & Dalehefte, 2004) schriftliche Analysen einer videographierten Unterrichtsaufzeichnung erstellt, die im Nachhinein ausgewertet wurden. Als Personengruppen mit unterschiedlichen wahrnehmungsrelevanten Voraussetzungen werden Lehramtsstudierende, Lehrpersonen und Personen aus der Schulinspektion miteinander verglichen, die jeweils Teilgruppen der Gesamtstichprobe der Studie „LUV" darstellen.

Gliederung der Arbeit

Der theoretische Teil der Arbeit ist in vier Kapitel untergliedert. Zunächst wird die vorliegende Untersuchung in das Projekt „LUV – Lernen aus Unterrichtsvideos" eingebettet (Kapitel 2). Neben der Darstellung des Hintergrunds und der zentralen Fragestellungen des Projekts umreißt das Kapitel kurz die Umsetzung der Studie. Im Anschluss steht die Frage im Zentrum, warum die kompetente Unterrichtswahrnehmung bei Lehrpersonen als wichtig angesehen werden kann (Kapitel 3 „Kompetente Unterrichtswahrnehmung als Teil der Professionalität der Lehrpersonen"). Kompetente Unterrichtswahrnehmung wird dabei aufgrund ihrer Vermittlungsrolle zwischen Wissen und Handeln als ein bedeutsamer Teil der Professionalität der Lehrpersonen herausgestellt. In Kapitel 4 mit dem Titel „Kompetente Unterrichtswahrnehmung" liegt der Fokus auf Studien der Expertiseforschung, die Hinweise darauf geben, worin sich Personen in Bezug auf Wahrnehmungs- und Verarbeitungsprozesse unterscheiden. Dabei wird auf die Konzeptionen und Befunde einzelner Studien, jedoch auch auf Einschränkungen hinsichtlich ihrer Aussagekraft eingegangen. Kapitel 5 („Kriterien für die kompetente Unterrichtswahrnehmung") hat zum Ziel, Merkmale der Beobachtungsforschung auf die Wahrnehmung von Unterrichtsaufzeichnungen zu übertragen. Die Kompetenz in der Analyse von Unterrichtsaufzeichnungen wird anhand von fünf Kriterien beschrieben, die inhaltlich ausdifferenziert und schließlich zur Beschreibung der Gesamtkompetenz in der Wahrnehmung von Unterrichtsaufzeichnungen in ein Gesamtmodell integriert werden.

Der theoretische Hintergrund stellt die Grundlage für die Konkretisierung der Fragestellungen in Kapitel 6 dar. Diese beziehen sich auf die folgenden drei Bereiche: (1) Beschreibung von Kompetenzen der Lehrpersonen in der Wahrnehmung von Unterrichtsaufzeichnungen, (2) Kompetenzprofile über verschiedene Kriterien hinweg und (3) Unterschiede in der Analyse zwischen Personengruppen mit verschiedenen wahrnehmungsrelevanten Voraussetzungen. Anschließend wird das methodische Vorgehen (Operationalisierung, Auswertung) erläutert (Kapitel 7). Kapitel 8 präsentiert die Ergebnisse entlang den Fragestellungen, die abschließend unter inhaltlichen und methodischen Aspekten diskutiert und hinsichtlich ihrer Relevanz für die Praxis der Lehrerbildung und für weitere Forschungsfragen beleuchtet werden (Kapitel 9).

2 Einbettung der Arbeit in die Studie „LUV"

Obwohl Videoaufzeichnungen von Unterricht bereits ein beliebtes Medium in der Aus- und Weiterbildung von Lehrpersonen sind und in vielfältiger Weise eingesetzt werden, fehlt es bisher an systematischem Wissen über ihre Wirkungen für das Lernen bei Lehrpersonen. Es existieren kaum Kenntnisse darüber, welche Kompetenz Lehrpersonen darin haben, Unterrichtsaufzeichnungen zu analysieren, welche Lernprozesse beim Betrachten von Unterricht ausgelöst werden beziehungsweise wie Lernprozesse initiiert und gefördert werden können.

Vor diesem Hintergrund wurde am Leibniz-Institut für die Pädagogik der Naturwissenschaften (IPN) an der Universität Kiel die Studie „LUV – Lernen aus Unterrichtsvideos" durchgeführt (Prenzel & Seidel, 2003). Sie hatte zum Ziel, empirisch zu untersuchen, unter welchen Bedingungen Lehrpersonen am besten von der Analyse von Unterrichtsaufzeichnungen profitieren können. Dabei war es ein Anliegen, handlungsrelevantes Wissen für den Einsatz von Unterrichtsvideos in der Aus- und Weiterbildung von Lehrpersonen bereitzustellen.

Die vorliegende Untersuchung ist in die Studie „LUV – Lernen aus Unterrichtsvideos" eingebettet und greift auf Daten der Studie zurück. Daher wird das gesamte Projekt an dieser Stelle überblicksartig vorgestellt, und es wird verdeutlicht, welche Variablen des Projektes in die hier präsentierte Untersuchung eingehen.

Erkenntnisse aus den „IPN-Videostudien" (Seidel, Prenzel, Rimmele, Dalehefte et al., 2006; Seidel, Prenzel, Rimmele, Schwindt et al., 2006), bei denen Unterricht aufgezeichnet und hinsichtlich verschiedener Qualitätsmerkmale systematisch analysiert wurde, weisen darauf hin, dass Qualitätsmerkmale von Unterricht, die für Lernprozesse von Schülerinnen und Schülern von Bedeutung sind, nicht auf einer Ebene oberflächlich sichtbarer Aktivitäten identifiziert werden können: Faktoren, wie das Ausmaß an Lehrer- beziehungsweise Schülerzentrierung im Unterricht, die sich anhand von beobachtbaren Tätigkeiten bestimmen lassen, zeigen sich als relativ unbedeutend in Hinblick auf die Leistungen der Schülerinnen und Schüler (Seidel, Prenzel, Rimmele, Dalehefte et al., 2006). Um hingegen qualitativ relevante Merkmale von Unterricht, wie zum Beispiel die Begleitung der Lernenden in ihren individuellen Lernprozessen oder den Umgang mit Fehlern, tatsächlich erkennen zu können, ist eine Form der Beobachtung notwendig, die auf tieferliegende Prozesse im Unterrichtsgeschehen abzielt (Seidel, Prenzel, Rimmele, Schwindt et al., 2006). Für eine solche Wahrnehmung lassen sich drei Schritte als wesentlich herausstellen: (1) die Beschreibung von bedeutsamen Ereignissen, (2) die Integration dieser Ereignisse in bestehende Wissensstrukturen und damit verbunden eine Erklärung des Geschehens sowie (3) eine Bewertung der Situation auf Grundlage der vorangegangenen Schritte (Evertson & Green, 1986; Seidel, Dalehefte, & Meyer, 2005). Diese Überlegungen bilden die Grundlage für die zentralen Fragestellungen der Studie „LUV". Es wurde in den Blick genommen, (1) über welche Kompetenz

Lehrpersonen in der Analyse von Unterrichtsaufzeichnungen verfügen und (2) wie Lehrpersonen in der vertiefenden Analyse von Unterrichtsaufzeichnungen unterstützt werden können.

Als Erhebungsinstrument wurde für die Studie die computerbasierte Lernumgebung „LUV" entwickelt (Rimmele, 2004; Seidel et al., 2004), in der Lehrpersonen die Gelegenheit haben, videographierte Unterrichtssituationen individuell zu analysieren. Hierfür wurde aus den Materialien der „IPN-Videostudien" eine für den deutschen Physikunterricht der neunten Jahrgangsstufe typische Unterrichtsstunde (Doppelstunde) ausgewählt.

Innerhalb der Lernumgebung besteht eine Aufgabe darin, kurze Schlüsselszenen aus einer der beiden Unterrichtsstunden einzuschätzen. Zu den vier Analysebereichen der „IPN-Videostudien" (Zielorientierung, Lernbegleitung, Umgang mit Fehlern und Rolle der Experimente) wurden jeweils zwei ca. zweiminütige Sequenzen aus der ersten Physikstunde ausgewählt. Die Szenen werden am Beginn und am Ende des Programms präsentiert, wobei die Lehrpersonen dazu aufgefordert sind, die Situationen anhand von Schätzskalen zu beurteilen. Die Ratings zielen auf eine Beschreibung, Erklärung und Bewertung der Szenen im Hinblick auf die vier genannten Inhaltsbereiche ab.

Eine zweite Aufgabe ist es, eine vollständige Unterrichtsstunde zu betrachten und zu bearbeiten. Zusätzlich zu den Schlüsselszenen betrachteten die Lehrpersonen daher eine vollständige Unterrichtsstunde (zweite Unterrichtsstunde) mit der Aufgabe, Ausschnitte auszuwählen und diese zu kommentieren sowie die Unterrichtsstunde mithilfe verschiedener Fragestellungen vertiefend zu analysieren.

Zur Untersuchung der Fragestellungen fokussierte die Studie auf verschiedene unabhängige Variablen, von denen ein Einfluss auf die Arbeit mit Unterrichtsvideos angenommen werden kann. Die Auswahl der in der Studie berücksichtigten Variablen beruht auf verschiedenen Erkenntnissen der Expertiseforschung (Berliner, 1987; Bromme, 1992), Forschungen zum „cognitive load" (Sweller, van Merrienboer, & Paas, 1998) und der Forschung zur sozialen Kognition (Baumeister, 1995; Fiske, 1995).

Der erste Blick im Zuge der Variablenauswahl richtete sich auf die individuellen Voraussetzungen der beobachtenden Personen. In Studien der Expertiseforschung hat sich gezeigt, dass Personen mit umfangreicher Erfahrung im Bereich der Beobachtung von Unterricht besser in der Lage sind, Videos vertiefend zu betrachten, als Personen, die in ihrem Unterrichtsalltag bisher wenig Erfahrung mit der Analyse von Unterricht haben (Berliner, 2001; Hiebert et al., 2002).

Ein zweiter wichtiger Aspekt, der verschiedene Überlegungen erfordert, ergibt sich aus dem Material der gezeigten Unterrichtsaufzeichnungen. Forschungen zum „cognitive load"-Ansatz stellen heraus, dass sich Videoaufzeichnungen aufgrund der großen Menge an Informationen und der Gleichzeitigkeit der Ereignisse durch eine hohe Komplexität auszeichnen (Sweller et al., 1998). Sie erschwert es dem Beobachtenden, sich auf einzelne Ereignisse zu konzentrieren, und erhöht gleichzeitig die Gefahr, mit der Fülle an Informationen überfordert zu sein (Mayer, 2001).

Neben der Komplexität des Materials spielt auch die Relevanz der Aufzeichnung für die jeweilige beobachtende Person eine wichtige Rolle. Hierbei sind zwei Annahmen denkbar: Arbeiten Lehrpersonen mit der Aufzeichnung ihres eigenen Unterrichts, beinhaltet diese für die beobachtende Person eine hohe persönliche Relevanz. Da diese Lehrperson während ihres Unterrichts direkt in das Geschehen involviert war, verfügt sie für die Analyse über umfangreiche Kontextinformationen zum eigenen Verhalten, aber auch in Bezug auf das Verhalten der Schülerinnen und Schüler. Aufgrund der Beobachtung der eigenen Person werden in einer solchen Situation vermehrt personenbezogene Wissensschemata aktiviert, die durch eine erhöhte Selbstaufmerksamkeit zu einer Veränderung der Wahrnehmungsprozesse führen können (Baumeister, 1995; Fiske, 1995). Eine zweite Annahme ergibt sich für Personen, die nicht ihren eigenen Unterricht, sondern den Unterricht einer ihnen fremden Lehrperson betrachten. Diese Aufzeichnungen bedeuten eine geringere persönliche Relevanz für den Beobachtenden, sodass die Analyse der Aufzeichnung aus einer distanzierteren Perspektive heraus erfolgen kann. Der beobachtenden Person fehlen jedoch umfassende Kontextinformationen zum Geschehen und zum Verhalten der Beteiligten (Prenzel & Seidel, 2003).

Um den Einfluss der geschilderten Variablen (individuelle Erfahrung im Bereich der Beobachtung von Unterricht; Komplexität und Relevanz des Videomaterials) auf Informationsverarbeitungsprozesse bei der Analyse von Unterrichtsaufzeichnungen zu untersuchen, wurden in der Studie „LUV" verschiedene Bedingungen experimentell variiert. Ein Vergleich verschiedener Personengruppen ermöglichte die Untersuchung der Auswirkung persönlicher Voraussetzungen auf die vertiefende Analyse. So wurden Lehramtsstudierende, Lehrpersonen mit unterschiedlicher Erfahrung mit videogestützter Unterrichtsforschung und weitere professionelle Akteure im Bildungswesen, die sich mit der Beobachtung von Unterricht beschäftigen, hinsichtlich ihrer Analyse verglichen. Die Variation der Relevanz des Materials bestand darin, dass eine Gruppe von Personen ihre eigene Unterrichtsaufzeichnung, eine zweite Gruppe die Unterrichtsaufzeichnung einer ihnen fremden Lehrperson betrachtete.

Dies wurde im mittleren Teil der Lernumgebung umgesetzt. Schließlich wurde überprüft, inwieweit ein unterschiedlicher Grad an Strukturiertheit in den Aufgabenstellungen die Teilnehmerinnen und Teilnehmer dabei unterstützt, das Unterrichtsgeschehen vertiefend zu analysieren. Die Fragestellungen bezogen sich für alle Personen auf die vier Inhaltsbereiche (Zielorientierung, Lernbegleitung, Umgang mit Fehlern und Rolle der Experimente), variierten jedoch danach, wie spezifisch die Fragen gestellt wurden. Ein Beispiel für eine strukturierte Frage im Bereich der Zielorientierung lautet „Wie werden die Unterrichtsziele ins Spiel gebracht?", wohingegen die Frage in der Bedingung ohne instruktionale Unterstützung lediglich eine Einschätzung der Zielorientierung im betrachteten Unterrichtsgeschehen verlangte (Seidel, Prenzel, Rimmele, Schwindt et al., 2006). Die Art der Fragestellungen wurde jedoch nur für die Gruppen variiert, die die Stunde einer fremden Lehrperson bearbeiteten. Die Analyse der eigenen Unterrichtsaufzeichnung erfolgte jeweils mit strukturierten Fragen.

Indikatoren für die Untersuchung der Wirkungen der variierten Bedingungen waren verschiedene abhängige Variablen. Für die Untersuchung der Unterrichtsanalysen der Lehrpersonen liegen Rating-Einschätzungen der Teilnehmerinnen und Teilnehmer zu kurzen Unterrichtssequenzen vor, die mit Expertenurteilen zu denselben Ausschnitten verglichen werden können. Um diese Vergleichsurteile festzulegen, wurden die Schlüsselszenen von acht Experten aus der Unterrichtsforschung unabhängig voneinander bewertet. Auf dieser Grundlage wurde ermittelt, welche Einschätzung am besten auf die jeweilige Sequenz zutrifft. Eine zusätzliche Validierung dieser Urteile erfolgte mithilfe von externen Experten (Schulräte und Seminarleiter im Fach Physik).

Zudem wurden die schriftlichen Ausführungen der Teilnehmerinnen und Teilnehmer zur Analyse der gesamten Unterrichtsstunde und zu den Aufgabenstellungen hinsichtlich verschiedener Analyseaspekte (Qualität und Quantität) ausgewertet. Als weitere abhängige Variable dient der Bericht der Teilnehmerinnen und Teilnehmer zu ihrem subjektiv empfundenen Lerngewinn durch die Arbeit mit dem Programm. Dieser wurde mit einem Evaluationsfragebogen zwei Wochen nach der Teilnahme an der Veranstaltung erhoben. In dem Fragebogen schätzten die Teilnehmerinnen und Teilnehmer sowohl das Material als auch die gesamte Lernumgebung ein.

Die geschilderte Konzeption der Studie „LUV – Lernen aus Unterrichtsvideos" wird in Tabelle 1 schematisch verdeutlicht.

Tab. 1: Konzeption der Studie „LUV – Lernen aus Unterrichtsvideos"

Ziele	
• Kompetenz der Lehrpersonen in der Analyse von Unterrichtsaufzeichnungen	
• Möglichkeiten der Unterstützung von Lehrpersonen in der Analyse von Unterrichtsaufzeichnungen	
Unabhängige Variablen	**Operationalisierung**
• Individuelle Voraussetzungen	Vergleich von Personengruppen mit unterschiedlicher Erfahrung mit Beobachtung von Unterrichtssituationen
• Komplexität des Materials	Strukturierte vs. unstrukturierte instruktionale Unterstützung
• Relevanz des Materials	Eigenes vs. fremdes Videomaterial
Abhängige Variablen	**Operationalisierung**
• Einschätzung kurzer Schlüsselszenen	Ratings zu Videoclips
• Analyse einer Unterrichtsstunde	Schriftlicher Kommentar und Bearbeitung offener Aufgabenstellungen
• Subjektiver Lerngewinn	Evaluationsfragebogen

Das Thema der vorliegenden Untersuchung greift das erste Ziel der Studie „LUV"
auf, das sich darauf bezieht, die Kompetenz der Lehrpersonen in der vertiefenden
Analyse von Unterrichtsaufzeichnungen zu erfassen. Anliegen dieser Arbeit ist es,
theoretisch fundierte Kriterien der vertiefenden Analyse zu entwickeln, die es ermöglichen, kompetente Unterrichtswahrnehmung von Lehrpersonen zu beschreiben. Dazu konzentriert sich die Arbeit auf die schriftlichen Analysen der Lehrpersonen zur gesamten Unterrichtsstunde. Darüber hinaus führt die vorliegende Arbeit
die Studie „LUV" in der Art weiter, dass systematisch Gruppen mit unterschiedlichem Erfahrungsgrad in der Wahrnehmung von Unterricht in die Analysen einbezogen werden. Um zu verdeutlichen, welche Variablen der Studie „LUV – Lernen
aus Unterrichtsvideos" in die vorliegende Untersuchung eingehen, sind die entsprechenden Komponenten in Tabelle 2 dargestellt.

Tab. 2: Relevante Variablen für die vorliegende Untersuchung

Ziele	
• Kompetenz der Lehrpersonen in der Analyse von Unterrichtsaufzeichnungen	
Unabhängige Variablen	**Operationalisierung**
• Individuelle Voraussetzungen	Vergleich von Personengruppen mit unterschiedlicher Erfahrung mit Beobachtung von Unterrichtssituationen
Abhängige Variablen	**Operationalisierung**
• Analyse einer Unterrichtsstunde	Schriftlicher Kommentar und Bearbeitung offener Aufgabenstellungen

3 Kompetente Unterrichtswahrnehmung als Teil der Professionalität im Lehrberuf

Im Zentrum der vorliegenden Arbeit steht die Kompetenz von Lehrpersonen in der Wahrnehmung von Unterrichtsaufzeichnungen. Ziel dieses Kapitels ist es, der Frage nachzugehen, warum die kompetente Unterrichtswahrnehmung als Teil der Professionalität von Lehrpersonen angesehen wird (Bromme, 1997). Den Hintergrund dafür liefert die Annahme, dass Wahrnehmungsprozesse als Grundlage für Handlungsentscheidungen betrachtet werden können (Gruber, 2004). Dies wird im folgenden Kapitel näher erläutert.

In Abschnitt 3.1 steht die Konkretisierung von Professionalität in Bezug auf den Lehrberuf im Zentrum. Es werden verschiedene Traditionen zur Bestimmung von Professionalität der Lehrpersonen dargestellt (3.1.1) und es wird ausgeführt, wie eine Handlungskompetenz konkretisiert werden kann, die eine gute Voraussetzung dafür darstellt, die Anforderungen an die Lehrprofession zu erfüllen (3.1.2). Anschließend wird die Wahrnehmung von Unterrichtssituationen in das beschriebene Konzept der professionellen Handlungskompetenz integriert (3.2). Neben der allgemeinen Schematheorie (3.2.1) wird dabei speziell auf die Wahrnehmung von Unterricht und von Unterrichtsaufzeichnungen eingegangen (3.2.2).

3.1 Professionalität im Lehrberuf

Die Frage nach der Art und Weise zur Bestimmung von Professionalität ist ein zentrales Thema der Berufssoziologie. Auch im Bereich des Lehrberufs existieren unterschiedliche Herangehensweisen, Professionalität zu definieren. Im Folgenden werden verschiedene Traditionen zur Bestimmung von Professionalität im Lehrberuf dargestellt (3.1.1). Neben Ansätzen, die den Fokus auf die Persönlichkeit, das konkrete Handeln oder auf kognitive Prozesse der Lehrpersonen richten, wird die in der aktuellen Diskussion häufig vertretene Vorgehensweise skizziert, Professionalität von Personen über die jeweiligen Anforderungen des Berufes zu bestimmen. Als zentrale berufliche Aufgabe von Lehrpersonen wird hierbei das Bereitstellen von Lerngelegenheiten für Schülerinnen und Schüler herausgestellt. Im Zentrum des zweiten Abschnitts des Kapitels (3.1.2) steht die Frage bezüglich der Konkretisierung der Kompetenzen, die benötigt werden, um die genannten Anforderungen zu erfüllen. Neben handlungsbezogenen Konzeptionen (Oser, 2001; Terhart, 2002) wird ein wissensbezogenes Modell zur Konkretisierung der professionellen Handlungskompetenz (Darling-Hammond et al., 2005) vorgestellt.

3.1.1 Vorgehensweisen zur Bestimmung von Professionalität im Lehrberuf

Professionalität im Allgemeinen und im Hinblick auf berufsspezifische Besonderheiten wird im Rahmen der Berufssoziologie ausführlich diskutiert. In dieser Arbeit stehen ausschließlich Traditionen im Zentrum, die sich auf die Bestimmung der Professionalität von Lehrpersonen beziehen. Im Folgenden werden drei Zugänge besonders hervorgehoben, die ihren Schwerpunkt auf verschiedene Aspekte legen:

(1) auf die Persönlichkeit,

(2) auf das Verhalten,

(3) auf kognitive Prozesse der Lehrenden.

Der erste Zugang, der hier dargestellt wird, betont die Persönlichkeit der Lehrpersonen als wichtige Variable in der Professionalitätsfrage (vgl. Bromme, 1997; vgl. Terhart, 2001a). Dieser Ansatz spielte insbesondere in den 1970er Jahren eine wichtige Rolle innerhalb der Debatte. Das zentrale Argument, das diesem Ansatz zugrunde liegt, besteht darin, dass pädagogische Berufe und insbesondere der Lehrberuf im Vergleich zu anderen Professionen als weniger gut strukturiert und daher freier gestaltbar angesehen werden (vgl. Helsper, 2004). Somit wurden Modelle der Professionalisierung, die in Richtung einer Professionalität im Sinne einer Betonung der Wissenschaftlichkeit der Tätigkeiten abzielten, für den Lehrberuf als nicht anwendbar eingestuft (vgl. Terhart, 2001b). Dies führte unter anderem dazu, dass die Bedeutung von persönlichen Eigenschaften der Lehrpersonen, wie zum Beispiel Überzeugungen zum Erziehungsstil, Emotionalität oder Konservatismus, in den Vordergrund rückte (Getzels & Jackson, 1970). Unterschiede in den Wirkungen von Unterricht auf das Lernen der Schülerinnen und Schüler wurden in dieser Tradition daher größtenteils mithilfe von Personenmerkmalen der Lehrerinnen und Lehrer erklärt (vgl. Bromme, 1997).

Ein Zugang, die Persönlichkeit von Lehrpersonen empirisch zu erfassen, bestand beispielsweise in der Analyse von persönlichen Lehrstilen (Flanders, 1970; Tausch & Tausch, 1971). Hierbei wurde unter anderem versucht, die Flexibilität, den Humor oder die Freundlichkeit der Lehrpersonen in den Blick zu nehmen. Ziel dabei war es, besonders lernförderliche Persönlichkeitseigenschaften zu identifizieren und darüber Professionalität zu spezifizieren.

In Ansätzen des Prozess-Produkt-Paradigmas wurde dagegen stärker das Verhalten der Lehrpersonen in den Mittelpunkt gerückt (Brophy & Good, 1986; Dunkin & Biddle, 1974; Gage & Berliner, 1996). Im Zentrum stand die Untersuchung der Wirkung einzelner Tätigkeitsaspekte der Lehrpersonen vor allem auf die Leistungen der Schülerinnen und Schüler. Das Verhalten der Lehrperson wird demnach als ein „Prozess" betrachtet, der sich auf das „Produkt" Schülerleistung auswirkt.

So konnten beispielsweise eine klare Darstellung des Fachinhaltes oder auch das Gewähren von ausreichend Zeit zum Nachdenken als lernförderliche Prozesse identifiziert werden, indem diese Verhaltensweisen mit Lernzuwachs auf Seiten der Schülerinnen und Schüler einhergingen (Brophy & Good, 1986). Hier sollten letztlich Aspekte im Lehrerhandeln herausgestellt werden, die sich für das Lernen von Schülerinnen und Schülern als besonders gewinnbringend erweisen. Diese werden schließlich als Komponenten zur Bestimmung der Professionalität von Lehrpersonen herangezogen.

Berliner (1990) weist in diesem Zusammenhang darauf hin, dass das Prozess-Produkt-Paradigma nicht automatisch mit Vorstellungen verknüpft sein muss, die auf dem Behaviorismus gründen. Im Behaviorismus würde die Schülerleistung durch die direkte Reaktion auf das Signal „Verhalten" der Lehrperson erklärt. Berliner (1990) führt die Wurzeln des Prozess-Produkt-Paradigmas vielmehr auf eine funktionalistische Psychologie zurück, die sowohl von behavioristischen Konzepten als auch von kognitivistischen Modellen geprägt ist. Als problematisch ergänzt Bromme (1992) zudem, dass Prozess-Produkt-Zusammenhänge neben dem Lehrerhandeln von weiteren Faktoren beeinflusst werden. Als solche werden beispielsweise die einzelnen Schülerinnen und Schüler mit ihrem je spezifischen Vorwissen, das jeweilige Unterrichtsfach oder der Zeitpunkt der Handlung genannt. Diese Faktoren müssten in den Erklärungsansätzen berücksichtigt werden. Des Weiteren wird kritisiert, dass fachliche Kenntnisse und das Wissen der Lehrpersonen über die Vermittlung fachlicher Inhalte in den ursprünglichen Ansätzen innerhalb des Prozess-Produkt-Paradigmas keine Berücksichtigung finden (Hill, Rowan, & Ball, 2005).

Schließlich wird die Expertiseforschung als dritte Forschungstradition zur Beschreibung von Professionalität dargestellt. Im Gegensatz zu dem ersten hier vorgestellten Ansatz werden innerhalb des Expertenparadigmas keine dispositionalen Merkmale untersucht, mit denen die Professionalität von Lehrpersonen konkretisiert wird. Hierbei geht es vielmehr darum, kognitive Prozesse von „Experten" zu erforschen, die auf einem bestimmten Gebiet, wie zum Beispiel im Lehrberuf, besonders herausragende Leistungen erzielen (Posner, 1988). Diesen so genannten „Experten" werden im kontrastiven Ansatz der Expertiseforschung „Novizen" gegenübergestellt, die dadurch charakterisiert werden, dass sie auf dem entsprechenden Gebiet neu und relativ unerfahren sind (Gruber, 2001). Mithilfe dieses Vorgehens wird identifiziert, durch welche kognitiven Verarbeitungsprozesse sich Experten im Gegensatz zu Novizen auszeichnen. Somit werden Wissensstrukturen, Fertigkeiten, aber auch Überzeugungen von besonders erfolgreichen Personen untersucht, um herauszufinden, worauf Lernprozesse von Berufsanfängern abzielen sollten, damit diese ebenfalls zu herausragenden Leistungen gelangen können (Gruber, 2004). Fähigkeiten von erfolgreichen Personen stellen in diesem Forschungsansatz die Grundlage dar, von der auf Aspekte von Professionalität geschlossen wird.

Expertenstudien wurden in verschiedensten Bereichen durchgeführt (Bransford, Brown, & Cocking, 1999): dem Schachspiel (Chase & Simon, 1973; De Groot, 1965; Newell & Simon, 1972; Schneider, Gruber, Gold, & Opivis, 1993), der Vorhersage von Aktienkursen (Stael von Holstein, 1972), dem Lösen von Physikaufgaben (Chi, Feltovich, & Glaser, 1981) oder in der Medizin (Boshuizen & Schmidt, 1992). In all diesen Untersuchungen haben sich Experten im Allgemeinen „durch umfangreiches und vielfältiges Wissen, durch große Erfahrung im Umgang mit typischen Anforderungen, mit Effizienz durch Effektivität sowie durch eine geringe Fehlerquote" (Gruber, 2004, S. 23) ausgezeichnet.

In neuerer Zeit werden nun auch Studien zur Expertise von Lehrpersonen durchgeführt (Bromme, 1992). Im Zusammenhang mit schulischem Handeln wird der Erfolg meist an der Lernleistung der jeweiligen Schülerinnen und Schüler gemessen (Bromme, 1992, 1997). Die Lernleistung ist das Kriterium, auf dessen Grundlage die Expertise der Lehrpersonen bestimmt wird. Anders als in frühen Ansätzen des Prozess-Produkt-Paradigmas betrachtet die Expertiseforschung dabei jedoch nicht die Lehrperson als allein Verantwortlichen für das Gelingen von Lehr-Lernprozessen, sondern beschreibt ihre Rolle als Bereitsteller von Gelegenheiten für das Lernen (Bromme, 1997), die die Schülerinnen und Schüler in Abhängigkeit ihrer individuellen Voraussetzungen wahrnehmen (Helmke, 2003; Seidel & Prenzel, 2004). Die Professionalität auf Seiten der Lehrperson wird in der Expertiseforschung demnach nicht in bestimmten Charakterzügen oder Personeneigenschaften gesehen, sondern vielmehr in ihrem Wissen und Können in Bezug auf die Bereitstellung und die Gestaltung von Lerngelegenheiten (Bromme, 1997).

Das Bereitstellen von Lerngelegenheiten steht auch in der aktuellen Debatte im Zentrum der Professionalität. Jedoch besteht derzeit weitgehendes Einverständnis darüber, dass relevante Aspekte der Professionalität, die für das Bereitstellen von Lerngelegenheiten bedeutsam sind, von den Anforderungen abgeleitet werden müssten, die an die Lehrpersonen gerichtet werden (Baumert & Kunter, 2006; Bromme, 1997; Darling-Hammond et al., 2005; Koster, Brekelmans, Korthagen, & Wubbels, 2005).

Anforderungen, die sich für eine Lehrperson im Laufe eines gewöhnlichen Schulalltags ergeben, erscheinen zunächst vielfältig und schwer zu verallgemeinern. Die einzelnen Aufgaben hängen dabei unter anderem von konkreten Situationen, von den beteiligten Akteuren mit ihren jeweiligen Erfahrungen und Erwartungen, von unterschiedlichen Alters- und Entwicklungsstufen der Schülerinnen und Schüler oder verschiedenen Schulformen ab. Dennoch lässt sich mit der Anforderung der „Vermittlung von Wissen und Können an die Schüler" (Bromme, 1992, S. 75) eine Kernaufgabe der Lehrpersonen beschreiben. Die genannte Zielsetzung verdeutlicht, dass an die Lehrpersonen keine generellen Erziehungserwartungen gerichtet werden, sondern dass ihre Aufgabe vielmehr durch die „didaktische Vorbereitung und Inszenierung von Unterricht" (Baumert & Kunter, 2006, S. 473) gekennzeichnet werden kann.

Bromme (1992) schlägt auf Grundlage empirischer Ergebnisse der Lehr-Lern-Forschung eine Klassifizierung von Aufgaben vor. Die übergreifende Aufgabe von Lehrerinnen und Lehrern wird demnach dadurch beschrieben, „für die Schüler eine Lernumgebung und Lerngelegenheiten zu schaffen" (Bromme, 1992, S. 76).

Als zentrale Aufgaben der Lehrperson werden durch die Befunde im Einzelnen

(1) die Organisation von Unterricht im Sinne eines angemessenen Wechsels von Unterrichtsphasen,

(2) die Entwicklung des Stoffs in strukturierter und klarer Art und Weise sowie

(3) eine effektive Nutzung der Unterrichtszeit

herausgestellt. Diese Anforderungen werden dann als erfüllt betrachtet, wenn eine Lehrperson „eine Einheit zwischen organisatorischer und inhaltlicher Gestaltung des Unterrichtsprozesses erzielen kann und wenn diese Einheit auf die zeitlichen Rahmenbedingungen [...] abgestimmt ist" (Bromme, 1992, S. 81). In der aktuellen Debatte wird Professionalität von Lehrpersonen dadurch beschrieben, dass sie den beruflichen Anforderungen gerecht werden. Die Anforderungen wurden zusammenfassend mit der Aufgabe beschrieben, Lerngelegenheiten für Schülerinnen und Schüler bereitzustellen.

Im vorangegangenen Abschnitt wurden Anforderungen an den Lehrberuf dargestellt. Bisher ist jedoch noch nicht geklärt, welche konkreten Fähigkeiten, Fertigkeiten und Einstellungen im Einzelnen von den Lehrpersonen benötigt werden, um gute Voraussetzungen zu haben, diesen Aufgaben gerecht zu werden. Diese Fähigkeiten werden im Folgenden im Rahmen der professionellen Handlungskompetenz von Lehrpersonen konkretisiert.

3.1.2 Professionelle Handlungskompetenz von Lehrpersonen

Anforderungen an Lehrpersonen lassen sich durch die Aufgabe zusammenfassen, „Unterricht zu erteilen, verständnisvolles Lernen von Schülerinnen und Schülern systematisch anzubahnen und zu unterstützen" (Baumert & Kunter, 2006, S. 470). Im Weiteren steht nun die Frage im Zentrum, wie eine Kompetenz beschrieben werden kann, die es ermöglicht, dieser Art von Anforderung gerecht zu werden. Eine solche professionelle Handlungskompetenz wird jedoch wiederum sehr unterschiedlich ausdifferenziert. Im Folgenden werden verschiedene Möglichkeiten zur Definition von Handlungskompetenz dargestellt. Zuerst wird die handlungsbezogene Art der Klassifikation von Kompetenzen bei Oser (2001) beschrieben, darauf folgt das Modell der Lehrerbildungsstandards von Terhart (2000) und als dritter Ansatz wird eine Konkretisierung von Bromme (1997) im Überblick wiedergegeben.

Oser (2001) schlägt mit seinem Versuch, konkrete Standards für das Handeln von Lehrpersonen zu definieren, eine handlungsbezogene Art der Klassifikation von Kompetenzen vor. Erfolgreiches Handeln beruht diesem Ansatz nach nicht lediglich auf einer breiten Wissensbasis, sondern verlangt Kompetenzen, die im Spannungsfeld zwischen Wissenschaft und Praxis beschrieben werden können. In Zusammenarbeit mit Didaktikern, Fachdidaktikern und Personen aus der Schuladministration wurden von Oser (2001) so genannte Standards zusammengestellt.

Diese sollen keine Fähigkeiten darstellen, die in bestimmte Handlungsroutinen münden, sondern vielmehr allgemeine Kompetenzen, vor deren Hintergrund schließlich theoriegeleitetes Handeln erfolgen kann. Für eine Definition dieser Kompetenzen wurden vier Kriterien angelegt: Sie müssen theoretisch fundiert (Kriterium der Theorie), empirisch bewährt (Kriterium der Empirie), qualitativ bewertbar (Kriterium der Qualität) und praktisch relevant (Kriterium der Praxis) sein. Insgesamt wurden 88 Kompetenzen identifiziert, die „jeder möglichen Situation im Unterricht sowohl auf kommunikativer als auch inhaltlicher und systematisch organisierter Ebene" (Oser, 2001, S. 230) Rechnung tragen sollen. Eine Kompetenz heißt zum Beispiel „Ich habe in der Lehrerinnen- und Lehrerbildung gelernt, wie Schülerinnen und Schüler lernen, sich allein in einer Bibliothek und mit einem fremden Thema zurechtzufinden". Die 88 Kompetenzen wurden im Weiteren zwölf thematischen Einheiten, so genannten Standardgruppen, zugeordnet. Die Gruppierungen beziehen sich auf:

- allgemein pädagogisches Unterstützungsverhalten: (Lehrer-Schüler-Beziehungen und fördernde Rückmeldung; Diagnose und Schüler unterstützendes Handeln; Bewältigung von Disziplinproblemen und Schülerrisiken; Aufbau und Förderung von sozialem Verhalten),

- allgemeine unterrichtsbezogene Kompetenzen: (Lernstrategien vermitteln und Lernprozesse begleiten; Gestaltung und Methoden des Unterrichts; Leistungsmessung; Medien),

- Einzelkompetenzen: (Zusammenarbeit in der Schule, Schule und Öffentlichkeit, Selbstorganisationskompetenz der Lehrkraft),

- allgemeindidaktische und fachdidaktische Kompetenzen.

Als professionelle Kompetenz von Lehrpersonen wird in dieser Systematik zusammenfassend das Verfügen über theoretisches Wissen, praktische Erfahrungen und deren systematische Verknüpfung zu den einzelnen in den Standardgruppen zusammengefassten Kompetenzen verstanden.

An dieser Aufstellung von 88 Kompetenzen zur Spezifikation der Handlungskompetenz von Lehrpersonen wurde jedoch wiederholt die Beliebigkeit der Auswahl der einzelnen Kompetenzen kritisiert (Herzog, 2005). Brunner, Kunter, Krauss, Baumert et al. (2006) weisen beispielsweise auf eine mangelnde Berücksichtigung fachspezifischer Kompetenzen hin. Baumert und Kunter (2006) merken zudem den fehlenden Rahmen eines übergeordneten professionellen Handlungsmodells an, der die Auswahl der Kompetenzen und der Standardgruppen rechtfertigen würde.

Als ein zweiter Ansatz zur Beschreibung professioneller Handlungskompetenz wird das Modell der Lehrerbildungsstandards von Terhart (2000) vorgestellt, das dieser in einer Expertise für die Kultusministerkonferenz entwickelt hat. Ausgehend von einem zusammenfassenden Überblick über das Aufgabenspektrum von

Lehrpersonen werden einzelne Kompetenzen, berufsbiographische Abschnitte der Kompetenzentwicklung sowie Standards skizziert, an denen die Kompetenzen schließlich qualitativ gemessen werden können. Die Aufgaben von Lehrerinnen und Lehrern werden in fünf Aspekte unterteilt (Terhart 2000).

(1) „Lehrerinnen und Lehrer sind Fachleute für das Lehren und Lernen". Dies macht sie verantwortlich für die Planung, Organisation, Reflexion und Evaluation von Lehr- und Lernprozessen, an deren Qualität ihre berufliche Leistung gemessen werden soll.

(2) „Lehrerinnen und Lehrer sind sich bewusst, dass die Erziehungsaufgabe in der Schule eng mit dem Unterricht und dem Schulleben verknüpft ist".

(3) „Lehrerinnen und Lehrer üben ihre Beurteilungs- und Beratungsaufgabe im Unterricht und bei der Vergabe von Berechtigungen für Ausbildungs- und Berufswege kompetent, gerecht und verantwortungsbewusst aus", was sowohl pädagogisch-psychologische als auch diagnostische Kompetenzen erfordert.

(4) „Lehrerinnen und Lehrer entwickeln ihre Kompetenzen ständig weiter und nutzen, wie in anderen Berufen auch, Fort- und Weiterbildungsangebote, um die neuen Entwicklungen und wissenschaftlichen Erkenntnisse in ihrer beruflichen Tätigkeit zu berücksichtigen". Dies beinhaltet ebenfalls Kooperation mit außerschulischen Institutionen und der Arbeitswelt im Allgemeinen.

(5) „Lehrerinnen und Lehrer beteiligen sich an der Schulentwicklung, an der Gestaltung einer lernförderlichen Schulkultur und eines motivierenden Schulklimas". Insbesondere wird auf die Notwendigkeit einer Bereitschaft zur Mitwirkung an interner und externer Evaluation hingewiesen.

Als Aufgabe der Lehrerbildung wird die Unterstützung der Lehrpersonen bei der Entwicklung von Fähigkeiten zur Erfüllung dieser Anforderungen herausgehoben. Konkret bedeutet dies, dass Lehrpersonen professionelles Wissen, Reflexionsvermögen, Urteilsfähigkeit und ein umfangreiches Handlungsrepertoire, das Routinen mit einschließt, benötigen, um den oben beschriebenen Aufgaben gerecht werden zu können. Diese Kompetenzen müssen wechselseitig miteinander kombiniert und abgestimmt werden und können nicht in einer linearen Abfolge nacheinander erworben werden. Inwieweit Personen über diese Kompetenzen verfügen, wird schließlich an definierten Standards gemessen. Diese werden für bestimmte Ausbildungsabschnitte festgelegt, ähnlich wie bei den Bildungsstandards für Schülerinnen und Schüler (Klieme et al., 2003). So müssen Standards für die wissenschaftliche Erstausbildung an der Universität oder der pädagogischen Hochschule, für die praktische Erstausbildung (Referendariat) und für die Berufspraxis (Fort- und Weiterbildung) erstellt werden.

Der Expertise von Terhart (2002) zufolge wird Professionalität also als ein Prozess verstanden, der zu keinem Zeitpunkt abgeschlossen ist, sondern der vielmehr ein Entwicklungsziel selbst darstellt. Auch dieses Modell geht von der Kernaufgabe der Lehrpersonen aus, Lerngelegenheiten für Schülerinnen und Schüler bereitzustellen. Diese Anforderung wird detaillierter durch fünf Aufgabenbereiche beschrieben. Die erforderlichen Kompetenzen für das Erfüllen dieser Aufgaben werden wiederum auf globaler Ebene durch die Aspekte professionelles Wissen, Reflexionsvermögen, Urteilsfähigkeit und umfangreiches Handlungsrepertoire skizziert. Auch hier kann kritisch angemerkt werden, dass eine Verankerung in einen übergeordneten theoretischen Rahmen fehlt (Baumert & Kunter, 2006).

Als dritte Variante der Definition von Handlungskompetenz wird nun eine Konkretisierung der professionellen Kompetenz von Bromme (1997) vorgestellt. Im Gegensatz zu Oser (2001) sieht Bromme die Anforderungen an den Lehrberuf als Bedingungen an, die in verschiedener Form durch Handlungen gestaltet werden können. Die Aufgaben weisen dabei auf eine Notwendigkeit von Handlungen hin, die verschiedene Möglichkeiten der Ausführung offen lässt. Das tatsächliche Verhalten orientiert sich an dem jeweiligen Hintergrund des individuellen Wissens und Könnens der Lehrperson.

Diese Handlungskompetenz wird bei Weinert (2001) durch das Zusammenwirken von Professionswissen, Überzeugungen, motivationalen Orientierungen und selbstregulativen Fähigkeiten beschrieben. In ähnlichem Sinn wird der Begriff „Kompetenz" auch von der Kommission Lehrerbildung der Kultusministerkonferenz verstanden (Terhart 2000). Hier wird er beschrieben als „das Verfügen über Wissensbestände, Handlungsroutinen und Reflexionsformen, die aus der Sicht der einschlägigen Professionen und wissenschaftlicher Disziplinen zweck- und situationsangemessenes Handeln gestatten" (Terhart 2000 S. 54).

Hinsichtlich der Struktur professionellen Wissens und Könnens herrscht hingegen wenig Einigkeit (Baumert & Kunter, 2006). Eine professionsübergreifende Beschreibung von Kompetenzkriterien von Shulman (1998) und eine Spezifizierung dieser Kriterien für den Lehrberuf von Darling-Hammond et al. (2005) werden hier stellvertretend für zahlreiche Klassifikationen erläutert, um aufzuzeigen, in welcher Weise der wissensbezogene Ansatz zur Beschreibung von Professionalität von Lehrpersonen differenziert werden kann.

Die Kompetenz, die benötigt wird, um Anforderungen verschiedener Professionen zu erfüllen, lässt sich zunächst für alle Berufe verallgemeinern. Sie setzt sich nach Shulman (1998) aus sechs Kriterien zusammen:

- ethische und moralische Verpflichtung gegenüber den Klienten

- theoretisches Wissen

- praktisches Wissen

- flexible Handlungsfähigkeit

- Weiterentwicklung des Wissens durch Erfahrung

- Zugehörigkeit zu einer professionellen Gemeinschaft

Auf Grundlage dieser Kriterien beschreiben Darling-Hammond et al. (2005) ein Modell, das die Besonderheiten des Lehrberufs berücksichtigt. Die einzelnen Komponenten des Modells sind in das Spannungsfeld zwischen dem Lehren als Profession und dem Lernen im Rahmen einer Demokratie eingebettet. Wie bereits herausgestellt, werden an die Professionalität des Lehrens bestimmte Anforderungen gestellt, die sich aus dem Ziel der Vermittlung von Wissen und Können ableiten lassen. Ziel von Lernen innerhalb von Demokratien ist es, Schülerinnen und Schüler dazu zu befähigen, am politischen, sozialen und ökonomischen Leben der Gesellschaft teilzunehmen und die Angebote der Gesellschaft nutzen zu können. In diesem Feld ergeben sich drei Wissensbereiche für die professionelle Handlungskompetenz von Lehrpersonen (Darling-Hammond et al., 2005).

(1) Fachwissen: Wissen über fachliche Ziele und Inhalte;

(2) didaktisches Wissen: Wissen über die Vermittlung von Inhalten, Adaptivität, Beurteilung und Klassenorganisation;

(3) pädagogisches Wissen: Wissen über das Lernen der Schülerinnen und Schüler und deren Entwicklung.

Diese Klassifikation von Wissensbereichen von professioneller Handlungskompetenz wurde beispielhaft für eine Reihe ähnlicher Konzeptualisierungen dargestellt (vgl. beispielsweise Baumert & Kunter, 2006; Bromme, 1992; Calderhead, 1996; Lipowsky, Thußbas, Klieme, Reusser, & Pauli, 2003; Shulman, 1987; Shulman & Shulman, 2004). Konzeptuelle Überlegungen, die sich darauf beziehen, wie Lehrpersonen derartiges Wissen erwerben können, betonen zum einen die deklarative Wissenskomponente, die überwiegend in der Aus- und Weiterbildung vermittelt wird, zum anderen stellen sie das Erfahrungswissen als wichtig heraus, das innerhalb der eigenen Unterrichtspraxis aufgebaut werden kann (Leuchter, Pauli, Reusser, & Lipowsky, 2006). Nachdem verschiedene Arten von Wissen als Grundlage für eine professionelle Handlungskompetenz erläutert wurden, geht der folgende Abschnitt (3.2) nun der Frage nach der Rolle der kompetenten Unterrichtswahrnehmung innerhalb dieser Kompetenz nach.

Zusammenfassung

Es wurden verschiedene Herangehensweisen zur Bestimmung der Professionalität im Lehrberuf vorgestellt. Neben Traditionen mit dem Fokus auf der Persönlichkeit, dem Handeln oder kognitiven Verarbeitungsprozessen von Lehrpersonen wurde der in aktuellen Diskussionen übliche Zugang zur Konkretisierung von Professionalität durch die Kompetenz, Anforderungen des Lehrberufs zu erfüllen, beschrieben. Als Kernaufgabe im Lehrberuf wurde das Bereitstellen von Lerngelegenheiten für Schülerinnen und Schüler herausgestellt. Für die Spezifizierung der Handlungskompetenz, die gute Voraussetzungen dafür darstellt, diese Aufgabe erfolgreich zu erfüllen, wurden sowohl handlungs- als auch wissensbezogene Zugänge herausge-hoben. Oser (2001) entwickelte 88 Kompetenzen, die Lehrpersonen erwerben soll-ten. Terhart (2000) leitete aus den Anforderungen im Lehrberuf die Komponenten professionelles Wissen, Reflexionsvermögen, Urteilsfähigkeit und umfangreiches Handlungsrepertoire als Aspekte der Handlungskompetenz ab. Nach einer Klassifi-kation von Darling-Hammond et al. (2005) wurden schließlich die drei Bereiche Fachwissen, didaktisches Wissen und pädagogisches Wissen als zentrale Faktoren der Handlungskompetenz identifiziert. Ziel dieses Abschnitts war es, das Konzept der Professionalität im Lehrberuf zu spezifizieren, um im Folgenden die kompeten-te Unterrichtswahrnehmung als einen Teil von Professionalität einordnen zu kön-nen.

3.2 Kompetente Unterrichtswahrnehmung als Vermittlung zwischen Wissen und Handeln

Die wissensbezogene Konzeptualisierung von Handlungskompetenz bei Lehrper-sonen (Darling-Hammond et al., 2005) beschreibt verschiedene Arten von Wissen als Grundlage für professionelles Handeln. Diese Konzeption lässt die Frage offen, wie das Wissen in seinen verschiedenen Facetten in konkrete Handlungen umge-setzt wird (Allemann-Ghionda & Terhart, 2006; Leuchter et al., 2006; Wahl, 1991) und wie es sich damit letztlich auf das Lernen der Schülerinnen und Schüler aus-wirkt (Hill et al., 2005).

Bromme (1997) stellt in diesem Zusammenhang heraus, dass nicht immer eine direkte Wirkung des professionellen Wissens auf das Handeln erkennbar sei und auch indirekte Formen des Zusammenhangs zwischen Lehrerwissen und Lehrer-handeln angenommen werden müssen. In der Expertiseforschung wird „die Wir-kung des professionellen Wissens als eine Veränderung der kategorialen Wahr-nehmung von Unterrichtssituationen" beschrieben (Bromme, 1992, S. 199). Pro-fessionelles Wissen scheint demnach eine Rolle dafür zu spielen, was in Unterrichtssituationen wahrgenommen wird. Dabei bestimmt das Wissen die zeitli-chen und inhaltlichen Abschnitte, in denen das Geschehen wahrgenommen und interpretiert wird. Des Weiteren wird angenommen, dass verschiedene wahrge-nommene Einzelmerkmale vor dem Hintergrund von Vorwissen zu Situationsklas-sen gebündelt und dadurch verfügbare „scripts" oder Drehbücher für Handlungen aktiviert werden (Schweer & Thies, 2000). Für das Handeln von Lehrpersonen ist daher wiederum relevant, welche Aspekte in konkreten Unterrichtssituationen wahrgenommen werden. Folge einer derartigen Argumentation wäre es, dass der kompetenten Unterrichtswahrnehmung eine wichtige Vermittlungsrolle zwischen Wissen und Handeln zukommt. Es wird postuliert, dass das Wissen mit beeinflusst, was wahrgenommen wird, und Wahrnehmungs- und Interpretationsprozesse wiede-rum eine Rolle für die Aktivierung bestimmter Handlungsscripts spielen. Ein solcher Zusammenhang liegt auch Studien zugrunde, bei denen der Versuch unternommen wird, durch eine Förderung der Beobachtungskompetenzen bei Lehrpersonen eine Veränderung in deren unterrichtlichem Handeln zu erwirken (Borko, 2008; Krammer et al., 2006; Sherin & Han, 2004). Obwohl eine solche Wirkungskette einleuchtend erscheint, existieren derzeit allerdings kaum Befunde, die einen derartigen Zusammenhang empirisch belegen können (Sherin, 2001). Für diese Arbeit wird diesem Erklärungszugang ebenfalls gefolgt und der Kompetenz in der Wahrnehmung als einem zentralen Aspekt zwischen dem Wissen und dem Handeln von Lehrpersonen Rechnung getragen.

Im Weiteren steht nun speziell das Zusammenspiel von Wissen und Wahrnehmung im Mittelpunkt, um zu verdeutlichen, welche Bedeutung der kompetenten Unterrichtswahrnehmung für die Professionalität von Lehrpersonen zukommt. Hierzu wird zuerst modellhaft dargestellt, wie das Zusammenspiel von Wissen und Wahrnehmung im Allgemeinen erklärt werden kann (3.2.1). Anschließend werden Besonderheiten der Wahrnehmung innerhalb von Unterrichtssituationen und im Speziellen in Bezug auf Unterrichtsaufzeichnungen betrachtet (3.2.2).

3.2.1 Schematheorie

In psychologischen Ansätzen wird das Zusammenspiel von Wissen und Wahrnehmung durch das Vorhandensein von kognitiven Schemata erklärt, die als Filtermechanismen Wahrnehmungsprozesse steuern.

Die Schematheorie beschreibt ein Modell, bei dem Vorwissen und Erfahrungen in Schemata organisiert sind, die die jeweiligen Wahrnehmungsprozesse beeinflussen (Neisser, 1979). Als Schemata werden dabei kognitive Strukturen verstanden, die Wissen über Objekte, Situationen, Ereignisse und Handlungen beinhalten (Kopp & Mandl, 2005) und dieses jeweilige Wissen miteinander in Bezug setzen (Anderson, 1984). Fiske (1995) unterscheidet verschiedene Arten von Schemata: (1) Schemata über Personen (z.B.: Charaktereigenschaften, Verhaltensweisen), (2) Eigenschemata (z.B.: Selbstkonzept), (3) Rollenschemata (z.B.: Verhaltenserwartungen) und (4) Schemata über Ereignisse und Situationen (z.B.: Restaurant-script nach Schank und Abelson (1977)). Diese Schemata werden nicht nur als „Festplatte" verstanden, auf der Wissen und Erfahrungen gespeichert und klassifiziert werden. Vielmehr wird davon ausgegangen, dass sie bei der Wahrnehmung die Aufmerksamkeit lenken und die Integration der aufgenommenen Informationen in Wissensstrukturen unterstützen (Kopp & Mandl, 2005). Somit spielen sie in Situationen eine Rolle, in denen neue Informationen aufgenommen und Erfahrungen verarbeitet werden. Situationen, wie beispielsweise der Unterricht, beinhalten eine große Fülle an Informationen, sodass die Lehrperson ohne die lenkende Funktion von Schemata mit der hohen Komplexität überfordert und handlungsunfähig wäre (Schweer & Thies, 2000). Dieser Theorie nach wirken Schemata daher als Filtermechanismen und bestimmen so zu einem großen Teil, welche Informationen wahrgenommen werden, welche Informationen in Erinnerung bleiben und wie sie bewertet werden, ohne dass derartige Entscheidungen immer bewusst getroffen werden müssen.

Der Theorie nach lenken Schemata zum einen die Wahrnehmung, sie werden zum anderen aber auch durch die aufgenommenen Informationen verändert. Dabei werden sie permanent mit der „Wirklichkeit" abgeglichen. Stimmt die Realität mit den Vorstellungen einer Person überein, so werden die Schemata gefestigt; widersprechen die wahrgenommenen Informationen jedoch den bisherigen Erfahrungen, werden Schemata entsprechend modifiziert oder erweitert. Wahrnehmung lässt sich in diesem Modell daher als eine Interaktion zwischen Schemata und verfügbaren Informationen beschreiben (Neisser, 1979). Dabei wird von einem Kontinuum ausgegangen, an dessen Polen zum einen die Bestätigung des Schemas durch verfügbare Informationen steht („category-based-processes"), am anderen Ende dagegen die unvoreingenommene Aufnahme von Informationen, die bestehende Strukturen verändert („data-driven-processes" (Fiske, 1995)). Nach Kopp & Mandl (2005) werden diese beiden Prozesse auch als „top-down processing" (schemageleitete Informationsverarbeitung) und „bottom-up processing" (datengeleitete Informationsverarbeitung) bezeichnet.

Zu welchem Pol der Informationsverarbeitung eine Person in einer Situation tendiert, hängt dem Modell zufolge von verschiedenen Bedingungen ab. In der Theorie wird angenommen, dass Schemata insbesondere dann darauf vorbereiten, bestimmte Informationen eher aufzunehmen als andere, wenn Personen über bereits sehr gut entwickelte Wissensstrukturen verfügen. Befinden sich diese Strukturen dagegen erst im Aufbau, wird vermutet, dass die beobachtende Person unvoreingenommener in der Aufnahme von Informationen ist und das Schema sich leichter verändern lässt (Fiske, 1995). Auch wird davon ausgegangen, dass situative Umstände eine Rolle dabei spielen, ob eher Informationen aufgenommen werden, die das Schema bestätigen, oder Unvoreingenommenheit gegenüber Eindrücken herrscht, die den Schemata entgegenstehen. Befindet sich eine Person in Interaktion mit anderen, wird schnelles Handeln erwartet. Fühlt sie sich bedroht, unter Druck gesetzt oder überfordert, wird angenommen, dass vor allem auf schematakonforme Informationen zurückgegriffen wird. Die Informationsauswahl wird dagegen vorsichtiger und kleinschrittiger vorgenommen, wenn eine Person für das Ergebnis des Wahrnehmungsprozesses verantwortlich ist oder explizit zu Genauigkeit in der Beobachtung angehalten wurde (Fiske, 1995). Ebenso können Schemata eine Rolle für Bewertungen spielen, da diese häufig auf Grundlage dessen getroffen werden, an was sich eine Person erinnert (Fiske, 1995).

Die Schematheorie beschreibt kognitive Strukturen, in denen Vorwissen und Erfahrungen organisiert und kombiniert sind und aus denen heraus Schemata aktuelle Wahrnehmungsprozesse leiten. Dies wird durch die Wirkung von Filtermechanismen erklärt, die dabei helfen, aus der Fülle an Informationen in bestimmten Situationen solche Aspekte herauszufiltern, die in dieser Situation als relevant erachtet werden. Dabei hängt es von verschiedenen Umständen ab, inwieweit überwiegend schematakonforme beziehungsweise dem Schema entgegenstehende Informationen wahrgenommen werden. Unter anderem spielt es dabei eine Rolle, wie gut Schemata, die innerhalb einer Situation aktiviert werden, bereits ausdifferenziert sind. Weiterhin ist es entscheidend, ob die Person zu schnellen Handlungen verpflichtet ist oder ob sie beispielsweise in der Rolle eines außenstehenden Beobachters von diesem Handlungsdruck entlastet ist. Dies weist darauf hin, dass die Wahrnehmung neben den Wissensschemata stark von Merkmalen einzelner Situationen abhängig ist. Daher werden im Folgenden Besonderheiten dargestellt, die sich aus der Wahrnehmung von Unterrichtssituationen ergeben.

3.2.2 Unterrichtswahrnehmung

Im vorangegangenen Abschnitt wurde eine Theorie dargestellt, die modellhaft das Zusammenwirken von Wissen und Wahrnehmung abbildet. Im Folgenden wird nun betrachtet, wie das Zusammenspiel von Wissen und Wahrnehmung speziell in Bezug auf Unterrichtssituationen erklärt werden kann. Dazu werden zuerst Unterrichtssituationen insgesamt betrachtet und schließlich im Speziellen Wahrnehmungsprozesse in Bezug auf Videoaufzeichnungen von Unterricht hervorgehoben.

Unterrichtssituationen beinhalten eine große Fülle an gleichzeitig präsentierten Informationen. Die Lehrpersonen sind in vielfältige Interaktionsprozesse eingebunden, die schnelle Wahrnehmungs- und Handlungsentscheidungen erfordern. Zudem müssen sie Anforderungen gerecht werden, die sich aus dem Lehrberuf für sie ergeben. Vor diesem Hintergrund wird Unterricht für die Wahrnehmung als sehr komplex eingestuft (Berliner, 1990, 2001; Bromme, 1992; Fölling-Albers, Hartinger, & Mörtl-Hafizovic, 2004; Reusser, 2005).

Um innerhalb eines solchen Kontextes handlungsfähig zu sein, verfügen die Beteiligten über zahlreiche Automatismen für Wahrnehmungs- und Handlungsprozesse (Schweer & Thies, 2000). Der schulische Kontext ist ein Bereich, innerhalb dessen die Interaktionspartner meist auf sehr gut differenzierte formale Schemata zurückgreifen können (Schweer & Thies, 2000). Schülerinnen und Schüler haben durch eigene Erfahrungen sowie durch Erfahrungen, die andere Personen an sie weitergegeben haben, Schemata aufgebaut, nach denen sie das Geschehen einordnen. Für die Lehrpersonen stellt das professionelle Wissen, das neben anderen Komponenten theoretisches Wissen und persönliche Erfahrungen beinhaltet, die in wissensbezogenen Schemata strukturiert und abgespeichert sind, eine wichtige Grundlage für die Wahrnehmung, Klassifikation und Interpretation des Unterrichtsgeschehens dar (Bromme, 1997).

Shavelson (1986) beschreibt drei Arten von Schemata, über die Lehrpersonen in Bezug auf Unterrichtssituationen verfügen. „Scripts" beinhalten Alltagserfahrungen, die zeitweise zu bestimmten Konzepten zusammengefasst werden. Bei Lehrpersonen könnte ein solches Script beispielsweise für die Durchführung einer

Hausaufgabenkontrolle vorliegen. Wissen über Personen oder Gegenstände und bestimmte Interaktionsformen (z.B.: Gruppenarbeit) innerhalb allgemeiner Klassensituationen sind nach der Konzeption des Autors in „scenes" abgespeichert, während „propositional structures" Faktenwissen über Lehr-Lern-Situationen, Fachwissen und pädagogisches Wissen umfassen. Vor allem „propositional structures" spielen dem Modell zufolge im Unterrichtsgeschehen eine bedeutende Rolle, da sie fachliches Wissen mit Wissen darüber in Bezug setzen, wie bestimmte Inhalte Schülerinnen und Schülern vermittelt werden können (didaktisches Wissen) (Bromme, 1997). Es wird angenommen, dass Lehrpersonen mit umfangreicher Erfahrung über Wissen verfügen, das in diesen Strukturen umfassender verwoben ist, als dies bei Novizen im Lehrberuf der Fall ist (Sternberg & Horvath, 1995).

Es wird davon ausgegangen, dass die kognitiven Strukturen als Filtermechanismen wirken und somit ermöglichen, dass Lehrpersonen während des Unterrichts nicht ihre gesamte Aufmerksamkeit für die bewusste Auswahl relevanter Informationen verwenden müssen. Dabei besteht jedoch die Gefahr, dass Lehrpersonen vor allem schematakonforme Informationen wahr- beziehungsweise aufnehmen, da die Strukturen zu Automatismen in der Informationsverarbeitung führen und Lehrpersonen im Unterricht häufig unter dem Druck stehen, möglichst schnelle und präzise Entscheidungen zu treffen (Fiske, 1995). Auf der anderen Seite hat sich gezeigt, dass vor allem erfahrene Lehrpersonen durch Routinen entstandene freie kognitive Ressourcen dazu nutzen können, die Aufmerksamkeit gezielt auf solche Ereignisse zu richten, die den von ihnen etablierten Schemata entgegenstehen („data-driven-processes") (Fiske, 1995).

Unterrichtssituationen können dadurch beschrieben werden, dass die Interaktionspartner über differenzierte Strukturen verfügen, die ihnen eine automatische Selektion der formalen Informationen aus dem komplexen Geschehen ermöglichen und somit freie kognitive Ressourcen dafür genutzt werden können, inhaltliche Informationen wahrzunehmen und zu interpretieren. Anfängerinnen und Anfänger, die aufgrund ihrer geringeren Erfahrungen über weniger differenzierte Strukturen verfügen, sind jedoch dazu gezwungen, die kognitiven Ressourcen für die Wahrnehmung von formalen Informationen zu nutzen, und können möglicherweise inhaltliche Informationen weniger gut wahrnehmen. Da sich die Fragestellung der vorliegenden Arbeit auf die Kompetenz von Lehrpersonen in der Wahrnehmung von gefilmten Unterrichtsaufzeichnungen bezieht, wird dieser Spezialfall im Folgenden in den Blick genommen.

Videoaufzeichnungen bieten die Möglichkeit, reale Unterrichtssituationen zu konservieren und das Geschehen zeitversetzt zu betrachten. Dabei bleibt zudem die Komplexität der Situation im Hinblick auf den Informationsgehalt erhalten (Brophy, 2004). Die beobachtenden Lehrpersonen befinden sich jedoch nicht mehr in der Rolle von Interaktionspartnern, sondern können die Ereignisse von außen betrachten und diesen mit größerer Distanz gegenüberstehen (Sherin, 2004). Videoaufzeichnungen lösen Unterrichtssituationen aus dem Interaktionsgeschehen heraus und nehmen den Beobachtenden den Druck der schnellen Handlungsentscheidungen (Santagata, 2003).

Für die Wahrnehmung von Unterricht mittels Videoaufzeichnungen kann zudem angenommen werden, dass die beobachtenden Personen (insofern es sich um Lehrpersonen oder andere am Bildungsgeschehen beteiligte Personen handelt) über relativ ausgeprägte „scripts", „scenes" und „propositional structures" zu den beobachteten Situationen verfügen. Gleichzeitig werden von ihnen jedoch keine Handlungen erwartet, wodurch ermöglicht wird, dass Informationen unvoreingenommener abgewogen und mit vorhandenen Vorstellungen abgeglichen werden können.

Welche Art von Schemata bei der Beobachtung aktiviert wird, hängt unter anderem von der Art der Aufzeichnungen ab. Beobachten Personen Aufnahmen von sich selbst, kann angenommen werden, dass eher personenbezogene Wissensstrukturen und Selbstschemata aktiviert werden, die die Aufmerksamkeit überwiegend auf Elemente lenken, die die eigene Person betreffen (Baumeister, 1995; Fiske, 1995; Seidel, Dalehefte et al., 2005). Zudem liegen meist vielfältige und genaue Kontextinformationen vor, beispielsweise über einzelne Schülerinnen und Schüler der Klasse, ihr Vorwissen oder ihre Motivation (Prenzel & Seidel, 2003). Hierbei besteht die Gefahr, dass vor allem schematakonforme Informationen wahrgenommen werden. Diese Tendenz kann in der Analyse von Videoaufzeichnungen reduziert werden, indem der beobachtenden Person, die in dem Video selbst agiert, gezielte Aufgaben gestellt werden, hinsichtlich derer sie das Geschehen fokussiert betrachten soll (Prenzel & Seidel, 2003; Reinmann-Rothmeier, Mandl, & Prenzel, 1994). Die Beobachtung eigener Videoaufzeichnungen bietet also zum einen eine als hoch empfundene Authentizität und persönliche Relevanz des Materials (Pinsky & Wipf, 2000; Seidel, Prenzel, Rimmele, Schwindt et al., 2006), gleichzeitig besteht jedoch die Gefahr einer oberflächlichen Betrachtung des Geschehens vor dem Hintergrund von Mechanismen, die die Selbstwahrnehmung schützen und somit nur konforme Informationen in das Bewusstsein vordringen lassen (Anderson & Weiner, 1992; Prenzel & Seidel, 2003; Weiner, 1986).

Im Gegensatz zur Beobachtung der eigenen Person kann dagegen beim Betrachten einer fremden Person angenommen werden, dass die Beobachtenden auf allgemeinere Rollenschemata, wie sie von Fiske (1995) beschrieben wurden, zurückgreifen. Es besteht die Möglichkeit, dass vermehrt professionelle Wissensstrukturen aktiviert werden (Bromme, 1992, 1997). Die persönliche Distanz zum Geschehen trägt zum einen dazu bei, dass die kognitive und emotionale Belastung bei der Analyse verringert wird (McKendree, Tenning, Mayes, Lee, & Cox, 1998). Zum anderen stehen weniger Kontextinformationen zur Verfügung, über die eine direkt in das Geschehen involvierte Person verfügen könnte. In jedem Fall erfordert eine Beobachtung von Unterrichtssituationen eine hohe kognitive Leistung, da das Material eine hohe Komplexität aufweist (Merrienboer & Paas, 2003; Steiner, 2001). Im Rahmen der „cognitive load"-Theorie (Sweller, 1988; Sweller et al., 1998) werden drei verschiedene Formen kognitiver Belastung beschrieben. Der

„intrinsic load" entsteht durch die Komplexität des Materials. „Extraneous load" ergibt sich durch Vorgaben, die von außen zusätzlich an die Person gerichtet werden und weitere kognitive Aktivitäten erfordern. Schließlich entsteht „germane load" beim Aufbau neuer Wissensstrukturen. Für eine Betrachtung von Unterrichtsaufzeichnungen bedeutet dies, dass das Material an sich und die bei der Bearbeitung erforderlichen Prozesse bereits einen hohen „intrinsic load" aufweisen dürften. Um die Komplexität zu reduzieren, werden einerseits Schemata als Filtermechanismen aktiviert. Andererseits kann dies jedoch auch durch eine Unterstützung von außen geschehen (Reinmann-Rothmeier et al., 1994). Das Material kann beispielsweise in Sinnabschnitte unterteilt werden. Zudem können gezielte Fragestellungen oder Zusatzinformationen vor und während der Arbeit mit dem Material dem Beobachtenden Entscheidungen abnehmen. Dies ist insbesondere für Personen relevant, die über wenig Wissen und Erfahrungen verfügen und somit diese Strukturierungen nicht selbst vornehmen können (Reinmann-Rothmeier et al., 1994; Schnotz & Kürschner, submitted). Innerhalb des Materials besteht zudem die Möglichkeit, einzelne Situationen wiederholt und unter verschiedenen Blickwinkeln zu betrachten. Dadurch kann die Aufmerksamkeit bei einzelnen Durchgängen gezielt auf bestimmte Elemente gerichtet werden. Eine Verringerung des „extraneous load" kann kognitive Kapazitäten freisetzen, die dafür genutzt werden können, vielfältige Informationen wahrzunehmen und mit den bestehenden Schemata abzugleichen („germane load").

Zusammenfassung

Im zweiten Abschnitt des Kapitels stand die Frage im Zentrum, wie der Zusammenhang zwischen den unterschiedlichen Bereichen professionellen Wissens, die in wissensbezogenen Konzeptionen professioneller Handlungskompetenz herausgestellt werden, und konkretem unterrichtlichen Handeln erklärt werden kann. Als wichtiger Faktor der Vermittlung zwischen Wissen und Handeln wurden Wahrnehmungsprozesse beschrieben. Wahrnehmungs- und Interpretationsprozesse werden einerseits von vorhandenen Wissensstrukturen beeinflusst; Ergebnisse der Informationsverarbeitungsprozesse spielen andererseits wiederum eine Rolle für das Treffen von Handlungsentscheidungen und die Aktivierung von Handlungsscripts. Vor diesem Hintergrund thematisierte dieser Abschnitt das Zusammenspiel von Wissen und Wahrnehmung im Allgemeinen (Schematheorie) und im Speziellen in Bezug auf Unterrichtssituationen und auf die Wahrnehmung von Unterrichtsaufzeichnungen. Somit ließen sich situative und personale Faktoren identifizieren, von denen ein Einfluss auf Wahrnehmungsprozesse anzunehmen ist.

Der Zusammenhang von Wissen und Wahrnehmung wird im Rahmen der Schematheorie modellhaft durch kognitive Schemata beschrieben, in denen Wissen organisiert und strukturiert ist und die als Filtermechanismen die Aufmerksamkeit lenken. Gleichzeitig werden die vorhandenen Wissensstrukturen wiederum durch

wahrgenommene Informationen verändert. Vor diesem Hintergrund wurde Wahrnehmung als eine Interaktion zwischen Schemata und verfügbaren Informationen
beschrieben. Auf die Interaktion wirken sich Faktoren aus, wie die Differenziertheit
der individuellen Schemata oder auch situative Umstände, wie zum Beispiel der
Handlungsdruck in Interaktionsprozessen. Da sich Unterricht durch situative Besonderheiten auszeichnet, wurde das Zusammenspiel von Wissen und Wahrnehmung in Bezug hierauf spezifiziert. Dabei wurden drei Arten von Schemata bei
Lehrpersonen herausgestellt: „scripts", „scenes" und „propositional structures".
Aufzeichnungen von Unterricht stellen in Bezug auf Wahrnehmungsprozesse wiederum einen Spezialfall dar. Die Komplexität des Geschehens und die verfügbaren
Schemata sind dabei genauso wie bei der Wahrnehmung von realen Unterrichtssituationen vorhanden. Den Beobachtenden ist jedoch der Druck zu schnellen Handlungen genommen. Auf Wahrnehmungsprozesse bei der Verarbeitung von Unter-
richtsaufzeichnungen wirken sich des Weiteren Faktoren aus, wie die Art des
Videomaterials oder die Unterstützung in der Wahrnehmung durch kontextuelle
Einbettung und Aufbereitung des Materials.

Ziel des Kapitels war es zu klären, vor welchem Hintergrund eine kompetente
Unterrichtswahrnehmung bei Lehrpersonen bedeutsam ist. Die Unterrichtswahrnehmung konnte dabei als ein Teil der Professionalität von Lehrpersonen
herausgestellt werden, da ihr eine wichtige Rolle in der Vermittlung zwischen
professionellem Wissen und Handeln zukommt. Die Frage nach der Kompetenz
von Lehrpersonen in der Wahrnehmung von Unterrichtsaufzeichnungen zielt
daher in zwei Richtungen: (1) kompetente Unterrichtswahrnehmung als Indikator für verfügbares professionelles Wissen und (2) kompetente Unterrichtswahrnehmung als Grundlage für professionelles Handeln. Dies macht deutlich,
dass eine kompetente Unterrichtswahrnehmung als wichtiger Bestandteil der
Professionalität im Lehrberuf verstanden werden muss und der Frage nach der
Kompetenz von Lehrpersonen in der Wahrnehmung von Unterrichtsaufzeichnungen eine große Bedeutung zukommt.

4 Kompetente Unterrichtswahrnehmung

Nachdem im vorangegangenen Kapitel die zentrale Frage, warum die kompetente Unterrichtswahrnehmung als eine wichtige Komponente der Professionalität von Lehrpersonen verstanden wird, betrachtet wurde, stehen im folgenden Teil Studien im Fokus, die sich mit der Beschreibung von Wahrnehmungskompetenzen von Lehrpersonen im Hinblick auf Unterricht befasst haben.

Bisher wurden Wahrnehmungsprozesse von Lehrpersonen insbesondere im Rahmen der Expertiseforschung untersucht. In diesem Kapitel werden übliche Herangehensweisen der Expertiseforschung zur Erfassung der Wahrnehmungsprozesse von Lehrpersonen (4.1) dargelegt und Ergebnisse verschiedener exemplarisch herausgegriffener Studien vorgestellt (4.2). Diese lassen sich in Untersuchungen unterteilen, die sich auf Wahrnehmungsprozesse bei schriftlichen Berichten beziehen und auf Prozesse, die bei der Bearbeitung von bildhaftem Material ablaufen. Schließlich werden Beschränkungen in der Aussagekraft und Generalisierbarkeit der Studien herausgearbeitet (4.3).

4.1 Herangehensweisen zur Untersuchung von Wahrnehmungsprozessen

Eine zentrale Fragestellung innerhalb der Expertiseforschung betrifft die Frage nach dem Zustandekommen herausragender menschlicher Leistungen (Gruber, 2004). Aus der Beobachtung und Untersuchung besonders erfolgreicher Akteure auf bestimmten Gebieten sollen Bedingungen identifiziert werden, die zu ihrem erfolgreichen Handeln beitragen. So ist es auch im Interesse der Expertiseforschung, Wahrnehmungsprozesse herausragender Lehrpersonen zu untersuchen, um Hintergründe des professionellen Handelns zu erforschen. Als übliche Herangehensweise innerhalb der Expertiseforschung wird im Folgenden der „kontrastive Ansatz" kurz skizziert (4.1.1). Anschließend werden Schwierigkeiten geschildert, die sich im Speziellen für die Untersuchung von Wahrnehmungsprozessen von Lehrpersonen ergeben, und mögliche Vorgehensweisen beispielhaft an einzelnen Studien aufgezeigt (4.1.2).

4.1.1 Kontrastiver Ansatz

Ein gängiger Ansatz der Expertiseforschung ist der so genannte „kontrastive Ansatz", der Experten und Novizen miteinander vergleicht, um Unterschiede zwischen diesen beiden Personengruppen möglichst deutlich herauszustellen (Gruber, 2001). Als Experte wird dabei eine Person verstanden, „die auf einem bestimmten Gebiet dauerhaft, also nicht zufällig und nicht nur ein einziges Mal, herausragende Leistung erbringt" (Posner, 1988, nach Gruber, 2001, S. 165). In der Regel werden zur Operationalisierung des Expertisegrades in verschiedenen Untersuchungen ähnliche Kriterien verwendet. Um als Person mit hoher Expertise zu gelten, müssen eine umfangreiche Wissensbasis, ausreichend Erfahrung auf dem betreffenden Gebiet, großer Erfolg bei der Bewältigung von spezifischen Problemen und Effizienz in der Ausübung der Tätigkeit mit gleichzeitig geringer Anzahl an Fehlern gegeben sein (Gruber, 2001). Als Novize gilt dagegen eine Person, die auf einem bestimmten Gebiet relativ „neu" ist und dadurch über wenig Erfahrung und geringere Leistungsstärke verfügt.

Ein Vergleich zwischen Experten und Novizen soll Erkenntnisse liefern, wie sich Wahrnehmungsprozesse unterschiedlich erfolgreicher Personen unterscheiden (vgl. auch Clausen, 2002). Im Speziellen können zum Beispiel Eigenberichte von Personen über ihr gewähltes Vorgehen beim Lösen von Aufgabenstellungen verglichen werden. Aufgrund bestehender Unterschiede innerhalb dieser Berichte können nun Rückschlüsse auf Unterschiede in der Wahrnehmung und Verarbeitung von Informationen und der Organisation des Wissens gezogen werden (Berliner, 2001).

In der Expertiseforschung werden somit Wahrnehmungsprozesse von erfahrenen und weniger erfahrenen Lehrpersonen einander gegenübergestellt (Experten-Novizen-Vergleich), um zu identifizieren, was die Wahrnehmung von besonders erfolgreichen Lehrpersonen (meist gemessen an den Leistungen der Schülerinnen und Schüler) auszeichnet. Daraus werden schließlich Faktoren abgeleitet, die eine kompetente Unterrichtswahrnehmung ausmachen.

4.1.2 Erfassung von Wahrnehmungsprozessen

Unabhängig vom Ausmaß an Erfahrung, über die Lehrpersonen verfügen, ergeben sich für eine Erfassung von Wahrnehmungsprozessen zwei bedeutsame Schwierigkeiten: Zum einen ist Wahrnehmung ein kognitiver Prozess, der innerhalb von Personen stattfindet und deshalb für Außenstehende nicht direkt beobachtbar ist. Zum anderen findet Wahrnehmung immer in Bezug auf bestimmte Situationen statt. Daher kann auch die Wahrnehmung von unterrichtlichen Prozessen nicht losgelöst vom aktuellen Unterrichtsgeschehen, zum Beispiel mithilfe von Wissenstests, abgebildet werden (Gruber, 2004). Im Folgenden wird daher auf mögliche Vorgehensweisen eingegangen, mit denen Wahrnehmungsprozesse innerhalb der Expertiseforschung untersucht werden.

Eine Untersuchung menschlicher Wahrnehmung orientiert sich an dem in Kapitel 3 beschriebenen Verhältnis von Wahrnehmung, Wissen und Handeln. Das Verhalten, sei es eine konkrete Tätigkeit oder auch eine Handlung in Form einer sprachlichen Äußerung, ist für einen Außenstehenden sichtbar. Nur durch eine Analyse dieses Verhaltens kann darauf geschlossen werden, wie Situationen von der jeweiligen Person wahrgenommen werden und wie das Wissen strukturiert sein könnte, das dieser Wahrnehmung zugrunde liegt. In der Untersuchung von kognitiven Prozessen wie der Wahrnehmung wird in diesem Zusammenhang in der Regel die sprachliche Artikulation der Wahrnehmung als beobachtbare Handlung herangezogen (Reinmann-Rothmeier et al., 1994). Dies kann zum Beispiel in Form von mündlichen Befragungen innerhalb von Interviews, schriftlichen Äußerungen oder durch die Aufforderung zu lautem Denken erfolgen. Bei der Artikulation werden Wissensinhalte nach außen getragen. Dadurch können auch außenstehende Personen an Denk- und Problemlöseprozessen teilhaben.

Eine Untersuchung von Wahrnehmungskompetenzen von Lehrpersonen muss zudem im Kontext von aktuellem Unterrichtsgeschehen stattfinden. Die Wahrnehmung sollte darüber hinaus zur Aufgabe haben, qualitativ relevante Merkmale innerhalb des Geschehens aufzudecken. Hierbei sollen die Beobachtenden, anders als Akteure im realen Unterrichtsgeschehen, von der Verpflichtung entbunden sein, wahrgenommene Informationen als Grundlage für Handlungsentscheidungen und anschließende reale Verhaltensweisen nutzen zu müssen (Santagata, 2003), damit sie sich auf die Wahrnehmung relevanter Merkmale konzentrieren können. Da es in vielen Bereichen jedoch nicht möglich ist, Akteure in bestimmten Situationen direkt nach ihren kognitiven Verarbeitungsprozessen zu befragen, werden in der Expertiseforschung Ereignisse aus ihrem Kontext herausgelöst und den Versuchspersonen im Rahmen kontrollierter Studien präsentiert. So kann gewährleistet werden, dass mehrere Versuchspersonen dasselbe Ereignis erleben, sodass deren Berichte über ihre Verarbeitungsprozesse miteinander verglichen werden können (Berliner, 2001). Dabei werden unterschiedliche Verfahren verwendet, mit denen die Probanden gezielt in Unterrichtssituationen versetzt werden. Verschiedene Studien untersuchen zum Beispiel anhand von schriftlich vorgelegten Dokumenten oder mündlichen Berichten über Unterricht, wie unterschiedliche Versuchsteilnehmerinnen und -teilnehmer die vorgegebenen Informationen wahrnehmen und verarbeiten und wie Wissensstrukturen organisiert sind, die den Verarbeitungsprozessen zugrunde liegen (Berliner, 1987; Calderhead, 1981; Carter, Sabers, Cushing, Pinnegar, & Berliner, 1987; Hanninen, 1985). Eine weitere Möglichkeit, Unterrichtssituationen darzustellen, bietet die Verwendung von statischen oder bewegten Bildern, wie beispielsweise Videoaufzeichnungen von Unterricht (Carter, Cushing, Sabers, Stein, & Berliner, 1988; Peterson & Comeaux, 1987; Sabers, Cushing, & Berliner, 1991).

Zusammenfassung

In diesem Abschnitt wurde gezeigt, wie eine Erfassung von Wahrnehmungskompetenz bei Lehrpersonen in Studien der Expertiseforschung umgesetzt wird. Als gängiger Ansatz wurde der kontrastive Vergleich von Experten und Novizen vorgestellt, bei dem Wahrnehmungsprozesse unterschiedlich erfahrener Personen miteinander verglichen werden, um Unterschiede der Informationsverarbeitung deutlich herauszustellen. Um im Weiteren Wahrnehmungsprozesse, die für außenstehende Personen nicht sichtbar sind, abbilden zu können, werden die Probanden zu schriftlichen oder mündlichen Äußerungen aufgefordert. Zudem werden zur Untersuchung ablaufender Wahrnehmungsprozesse Unterrichtssituationen aus dem realen Kontext herausgelöst, um so kontrollierbare Studienbedingungen zu schaffen. Dies wird beispielsweise im Rahmen von schriftlichen oder bildlichen Präsentationen von Unterrichtssituationen realisiert.

4.2 Ergebnisse empirischer Studien

Im Folgenden werden Befunde einzelner empirischer Studien zur Wahrnehmungskompetenz von Lehrpersonen exemplarisch berichtet, um einen Überblick über die kompetente Unterrichtswahrnehmung von Lehrpersonen zu geben. Die Darstellung orientiert sich an der Unterscheidung nach der Art und Weise, wie das Unterrichtsgeschehen präsentiert wurde. Zuerst werden daher Studien und deren Ergebnisse geschildert, in denen den Lehrpersonen Informationen über Unterrichtsereignisse in schriftlicher Weise dargeboten wurden (4.2.1). Daran schließen sich Untersuchungen an, bei denen mit statischem beziehungsweise mit bewegtem Bildmaterial gearbeitet wurde (4.2.2).

4.2.1 Studien mit schriftlichen Unterrichtsberichten

Zu Beginn werden einige Studien vorgestellt, die den Teilnehmerinnen und Teilnehmern die Unterrichtssituationen in schriftlicher Form präsentierten.

Carter et al. (1987) richteten an die Teilnehmerinnen und Teilnehmer einer Studie die Anforderung, eine Kollegin zu vertreten und deren Klasse übergangsweise zu übernehmen. Für ihre Unterrichtsvorbereitung wurden den Lehrpersonen schriftliche Informationen über die einzelnen Schülerinnen und Schüler der Klasse und über den bisherigen Unterricht zur Verfügung gestellt. Diese beinhalteten Angaben über Schülerdaten, Leistungstests, das Lehrbuch der Klasse und Aufgabenblätter. Die Aufgabe für die an der Studie beteiligten Lehrpersonen bestand nun darin, sich innerhalb von 40 Minuten mithilfe der zur Verfügung stehenden Materialien auf den Unterricht vorzubereiten. Im Anschluss an die Vorbereitungszeit sollten die Probanden Auskunft über die Schülerinnen und Schüler geben, diese zu Gruppen zusammenfassen und einen Sitzplan entwerfen. Zudem sollten sie ihr geplantes Unterrichtskonzept präsentieren. Schließlich wurde überprüft, an welche Informationen sich die Probanden im Nachhinein erinnern konnten, ohne dass sie dazu Notizen benutzten. Die insgesamt 20 Teilnehmerinnen und Teilnehmer der Studie setzten sich aus drei vorher ausgewählten Personengruppen zusammen. So konnten acht Experten (außergewöhnlicher Unterricht und mindestens fünf Jahre Berufserfahrung), sechs Anfänger (im ersten Jahr der Lehrtätigkeit) und sechs Anwärter (Fachleute, die in den Lehrberuf eintreten wollten) miteinander verglichen werden.

Die Ergebnisse der Studie liefern Hinweise darauf, dass sich die Personen darin unterscheiden, welche Informationen sie auswählen, wie sie diese weiter verarbeiten und an welche Informationen sie sich zu einem späteren Zeitpunkt erinnern können. So konnten Experten einzelne Informationen über die Schülerinnen und Schüler aus dem Bericht der Kollegin weniger gut wiedergeben als die Anfänger und Anwärter. Jedoch hatten die Informationen, die die Experten behalten hatten, eine höhere Bedeutung für die weitere Unterrichtsgestaltung. Sie scheinen die Aussagen auf einer abstrakteren Ebene verarbeitet und dazu genutzt zu haben, ein Gesamtbild über Schülergruppen zu erstellen. Sie konnten beispielsweise Aussagen darüber machen, ob sie die Zusammensetzung der Klasse als typisch einschätzen oder nicht. Anfänger und Anwärter berichteten dagegen detaillierter Kennzeichen einzelner Schülerinnen und Schüler und nutzten diese Informationen vornehmlich dazu, die Klasse in Schülerkategorien einzuteilen. Sie bildeten Gruppen von „guten" beziehungsweise „schlechten" Schülerinnen und Schülern. Diese Kategorisierungen waren bei ihnen jedoch nicht mit Vorstellungen darüber verknüpft, welches Verhalten von den entsprechenden Schülerinnen und Schülern zu erwarten wäre und wie eine mögliche Reaktion von ihrer Seite aussehen könnte. Im Zentrum des Interesses bei den Experten standen im Weiteren fachliche Inhalte und Themen, die zum Beispiel in den Hausaufgaben geübt worden waren, während sich Berufsanfänger hauptsächlich mit der Frage beschäftigten, wie sie sich selbst gegenüber der Klasse verhalten sollten.

Insgesamt scheinen die Experten besser zwischen wichtigen und unwichtigen Faktoren unterscheiden zu können. Zudem fühlten sie sich weniger mit der Aufgabe überfordert, in der beschriebenen Klasse den Unterricht zu übernehmen, als dies von Lehrpersonen mit weniger Erfahrung berichtet wurde.

Auskunft über Unterschiede in der Informationsverarbeitung sollte auch eine Studie von Calderhead (1981) geben. Er legte Lehrpersonen mit mehr und weniger Erfahrung schriftliche Beschreibungen von Unterrichtssituationen vor, in denen beispielsweise eine Störung durch einen Schüler geschildert wurde. Die Teilnehmerinnen und Teilnehmer sollten berichten, welche weiteren Informationen sie benötigen würden, um die Situation beurteilen und Handlungsentscheidungen treffen zu können. Diese Untersuchung lässt Schlüsse darüber zu, wie das Wissen der untersuchten Lehrpersonen organisiert und wie es mit Handlungsroutinen verknüpft ist. Es zeigte sich, dass Novizen eher ein generelles Handlungsschema für Störungen abrufen, während Experten nach mehr Hintergrundinformationen über den betreffenden Schüler fragten, um ihre Reaktion an Eigenheiten und Probleme der Person anzupassen.

Eine weitere Studie von Hanninen (1985) nutzte schriftliche Berichte über einzelne Schülerinnen und Schüler, aufgrund derer die Versuchspersonen schriftliche Einschätzungen und Empfehlungen hinsichtlich der Hochbegabung der Lernenden verfassen sollten. Auf diese Weise wurde untersucht, wie die Lehrpersonen die vorgefundenen Informationen kategorisierten und verarbeiteten. An der Studie nahmen fünf Lehrpersonen teil, die bereits über Erfahrungen in der Arbeit mit hochbegabten Schülerinnen und Schülern verfügten, fünf Lehrpersonen, die derzeit in eine Fortbildung zu diesem Thema eingebunden waren, und schließlich fünf Personen, die gerade ihr Lehramtsstudium abgeschlossen und keine spezifischen Erfahrungen mit dem Thema Hochbegabung hatten. Ähnlich zu bisher beschriebenen Ergebnissen stellen sich auch die Befunde von Hanninen (1985) dar. Während weniger erfahrene Lehrpersonen die Informationen auf einer oberflächlichen Ebene beschreiben und zusammenfassen, scheinen auch hier die Experten ein abstrakteres System der Kategorisierung der Einzelinformationen zu nutzen. Ein weiterer wichtiger Befund dieser Studie ist, dass sich die Experten mehr Zeit nahmen als die Anfänger, bis sie zu einer Beurteilung der Lernenden kamen.

Zuletzt soll ein Vorgehen beschrieben werden, das innerhalb einer Studie von Stein, Brown und Berliner (Berliner, 1987) gewählt wurde. Die Teilnehmerinnen und Teilnehmer dieser Studie (zehn Experten, sechs Anfänger und sechs Anwärter) bekamen Karten vorgelegt, auf denen je eine Frage notiert war, die das Wissen von Schülerinnen und Schülern testet. Die von der Forschergruppe ausgewählten Fragen waren Bestandteile eines nationalen Leistungstests. Die Lehrpersonen sollten abschätzen, wie viel Prozent der Schülerinnen und Schüler zwischen 13 und 17 Jahren diese Fragen richtig lösen könnten. Zudem wurden sie dazu aufgefordert, während der Bearbeitung der Aufgabe laut zu denken. Auch wenn sich im Ergebnis der Einschätzung zwischen den Probandengruppen keine bedeutsamen Unterschiede zeigten, so ließ dieses Vorgehen jedoch Einblicke in die zwischen den Personen jeweils unterschiedliche Problembearbeitung zu. Experten waren besser in der Lage als die Anfänger und Anwärter, detaillierte Aufgabenanalysen vorzunehmen und auf deren Grundlage ein Anforderungsprofil für die Schülerinnen und Schüler zu entwickeln.

4.2.2 Studien mit bildhaften Unterrichtsberichten

Neben der schriftlichen Darbietung von Unterrichtssituationen stellen statische oder bewegte Bilder eine weitere Möglichkeit dar, die Wahrnehmungsprozesse von Lehrpersonen zu erfassen. Auf Studien, die diese Form der Präsentation gewählt haben, wird im Folgenden eingegangen.

Carter et al. (1988) hielten einzelne Szenen aus zwei jeweils 55-minütigen Unterrichtsstunden auf Dias fest. Diese zeigten zum Beispiel Schülerinnen und Schüler, die gerade eine bestimmte Arbeit ausführten. Das Material wurde anschließend innerhalb verschiedener Versuchsanordnungen eingesetzt, die Unterschiede im Umgang mit den visuellen Informationen zwischen Experten (N = 8), Anfängern (N = 6) und Anwärtern im Lehrberuf (N = 6) aufzeigen sollten. Zu Beginn wurden den Probanden der Studie die einzelnen Bilder je eine Sekunde lang vorgelegt. Die Teilnehmerinnen und Teilnehmer sollten im Anschluss an eine Betrachtung aller Dias das beobachtete Geschehen beschreiben. Hieraus ergaben sich Informationen darüber, an welche Details und mit welcher Genauigkeit sich die Lehrpersonen erinnern konnten. Dies wurde weiterverfolgt, indem im darauf folgenden Durchgang die Bilder jeweils drei Sekunden gezeigt wurden und diese Abfolge dreimal hintereinander wiederholt wurde. Hierbei sollten die Beobachtenden das Gesehene schriftlich festhalten und die Notizen bei jeder wiederholten Darbietung der Dias ergänzen. Die Forscher zogen anhand dieses Vorgehens Schlussfolgerungen über das Hintergrundwissen der einzelnen Teilnehmerinnen und Teilnehmer. In einer weiteren Studie wurden den Probanden schließlich 50 Dias vorgelegt, die den Ablauf einer Unterrichtsstunde abbildeten. Die Kommentare der beobachtenden Lehrpersonen lieferten wiederum Hinweise auf ihr Wissen über typische Unterrichtsabläufe. Die Forscher führten das Vorgehen noch weiter, indem sie eine gesamte Diaserie ablaufen ließen, die von den Lehrpersonen beliebig gestoppt und kommentiert werden konnte. Auf diese Weise konnten Anhaltspunkte in Bezug auf die strukturelle Gliederung erhalten werden, die die Beobachtenden bezüglich des Geschehens vornahmen.

Die Auswertungen machten deutlich, dass auch hier die Anfänger in der Lage waren, Einzelinformationen, die auf den Dias abgebildet waren, detailliert wiederzugeben, während die Experten bereits Schlussfolgerungen über das beobachtete Geschehen zogen und keine Auskunft mehr über Einzelereignisse geben konnten. Die Informationen, an die sich die Experten erinnerten, zeigten sich auch in dieser Studie als solche, die für das weitere Unterrichtsgeschehen eine wichtige Rolle spielten. Dabei ergab sich eine hohe Übereinstimmung zwischen den verschiedenen Experten hinsichtlich der Merkmale, die sie als relevant herausstellten. Bei den Anfängern fiel dagegen kein konsistentes Muster auf, in den Informationen, die sie berichteten.

Peterson & Comeaux (1987) zeigten den Teilnehmerinnen und Teilnehmern ihrer Studie (zehn erfahrene Oberstufenlehrer und zehn Lehramtsstudierende) Filmausschnitte von Unterrichtsszenen einer fremden Lehrperson. Im Anschluss an die Präsentation wurden die Teilnehmerinnen und Teilnehmer nach ihren Erinnerungen befragt. Im weiteren Vorgehen wurden die Unterrichtsszenen wiederholt und die Probanden dazu aufgefordert, anzumerken, zu welchen Zeitpunkten ein anderes Verhalten der Lehrperson in dem Film einen anderen Unterrichtsverlauf ergeben hätte.

Bei der Studie von Peterson & Comeaux (1987) zeigte sich wiederum der Befund, dass sich Novizen besser an einzelne Informationen erinnerten, Experten dagegen keine Details berichteten, sondern Einzelinformationen in übergeordnete Konzepte integrierten. Ein weiteres Ergebnis, das in dieser Studie als Störvariable berichtet wurde, ist die überlegene Sprachfähigkeit der Experten im Vergleich zu den Novizen. Hier ist es fraglich, inwieweit sich diese Überlegenheit auf die Berichte der Experten auswirkte.

Sabers und Kollegen (1991) realisierten schließlich eine aufwändige Studie, bei der sie Unterrichtsvideos gleichzeitig auf verschiedenen Monitoren ablaufen ließen. Dieses Vorgehen sollte insbesondere drei Merkmale widerspiegeln, die die Komplexität des realen Unterrichtsgeschehens ausmachen. Dazu zählt die Gleichzeitigkeit, mit der die Lehrperson ihre Aufmerksamkeit auf einzelne Schülerinnen und

Schüler richten muss. Beispielsweise muss sie während der Beantwortung einer Schülerfrage die übrige Klasse weiterhin im Auge haben, um auch andere Prozesse, die gleichzeitig ablaufen, wahrnehmen zu können (Doyle, 1986). Hinzu kommen die Multidimensionalität durch das gleichzeitige Auftreten unterschiedlichster Aufgaben und die Unmittelbarkeit, mit der Handlungen vollzogen werden müssen.

Für die Studie wurde der Naturwissenschaftsunterricht innerhalb einer Klasse eine Woche lang videographiert. Aus dem Material wurde eine Unterrichtsstunde ausgewählt, die das Geschehen aus drei unterschiedlichen Perspektiven zeigt (Fokus auf Lehrer-Schüler-Interaktionen, Fokus auf fachliche Inhalte, Fokus auf Beteiligung der Schülerinnen und Schüler). Jede dieser Perspektiven wurde auf einem eigenen Monitor präsentiert. Mit diesem Vorgehen wird der Beobachtende in eine ähnliche Situation versetzt, der eine Lehrperson im Klassenraum gegenübergestellt ist. Den sieben Experten, fünf Anfängern und vier Anwärtern auf den Lehrberuf wurden verschiedene Aufgaben gestellt. Nach einem ersten Betrachten der Ausschnitte sollten Instruktionsmethoden und Organisationsstrategien der Lehrperson berichtet werden. In einem zweiten Durchgang wurden die Probanden dazu angehalten, laut zu kommentieren, was ihnen während der Präsentation aufgefallen ist. Eine weitere Aufgabe bestand darin, Fragen zum Inhalt, zur Motivation, zu Erwartungen, zu Rollen usw. zu beantworten. Schließlich wurde überprüft, woran sich die Teilnehmerinnen und Teilnehmer im Nachhinein erinnern konnten. Mit diesem Vorgehen konnten detaillierte Unterschiede in der Informationsverarbeitung zwischen den einzelnen Personengruppen abgebildet werden.

Die Ergebnisse der Studie lassen sich folgendermaßen zusammenfassen: Experten zeichneten sich gegenüber Anwärtern und Anfängern dadurch aus, dass sie die Situationen genauer wiedergaben, verstanden und interpretierten und dabei tiefer in das Geschehen eindringen konnten. Zudem konnten sie besser mit der Multidimensionalität umgehen, die durch die Darbietung der Videos auf drei Bildschirmen abgebildet wurde.

Die folgenden Tabellen (Tab. 3 und Tab. 4) fassen die hier dargestellten Studien mit ihren Vorgehensweisen und Ergebnissen zusammen.

Tab. 3: Zusammenfassung von Studien mit schriftlichen Unterrichtsberichten

Studie: Carter et al., 1987	
Vertretung einer Kollegin; N = 20 (8 Experten, 6 Anfänger, 6 Anwärter)	
Vorgehen	Schriftliche Informationen zur Vorbereitung einer Vertretungsstunde
Untersuchungs-gegenstand	• Auswahl von Informationen • Art der Verarbeitung der verfügbaren Informationen • Erinnerung an Informationen
Ergebnisse	*Novizen*: Erinnerung an detaillierte Aussagen; Einteilung der Klasse in statische Schülergruppen
	Experten: kaum Erinnerung an Einzelinformationen; Auswahl relevanter Fakten; Verarbeitung der Einzelinformationen zu Gesamtbild; Interesse an fachlichen Themen und Inhalten

Studie: Calderhead, 1981	
Auswahl von Zusatzinformationen zu Schülerstörungen	
Vorgehen	Beschreibung von Unterrichtssituationen mit Schülerstörungen mit der Möglichkeit zur Einforderung von Zusatzinformationen zur Beurteilung der Situation und zum Treffen von Handlungsentscheidungen
Untersuchungs-gegenstand	• Organisation des Wissens • Handlungsroutinen
Ergebnisse	*Novizen*: haben generelle Handlungsschemata
	Experten: verlangen mehr Hintergrundinformationen, um ihre Reaktion an die Situation und die Person anzupassen

Studie: Hanninen, 1985	
Empfehlung zur Hochbegabung; N = 15 (5 Erfahrene, 5 in Fortbildung, 5 Unerfahrene)	
Vorgehen	Schriftliche Berichte über Schülerinnen und Schüler mit der Aufforderung, eine Empfehlung hinsichtlich deren Hochbegabung abzugeben
Untersuchungs-gegenstand	• Kategorisierung der Informationen • Organisation des Wissens • Verarbeitung schriftlicher Informationen
Ergebnisse	*Novizen*: Einzelinformationen werden auf oberflächlicher Ebene beschrieben und zusammengefasst
	Experten: abstraktes System der Kategorisierung von Einzelinformationen; nehmen sich mehr Zeit bis zu einer Beurteilung des Geschehens

Studie: Berliner, 1987	
Lösungswahrscheinlichkeit von Aufgaben; N = 22 (10 Experten, 6 Anfänger, 6 Anwärter)	
Vorgehen	Karten mit Aufgaben aus Leistungstests mit der Aufforderung zur Vorhersage der Lösungswahrscheinlichkeit
Untersuchungs-gegenstand	• Art der Problembearbeitung
Ergebnisse	*Experten*: führen detaillierte Aufgabenanalyse durch, die sie als Grundlage für das Anforderungsprofil nutzen

48

Tab. 4: Zusammenfassung von Studien mit bildhaften Unterrichtsberichten

Studie: Carter et al., 1988
Unterrichtsstunde auf Dias; N = 20 (8 Experten, 6 Novizen, 6 Anwärter)

Vorgehen	Dias von Unterrichtssituationen mit unterschiedlichen Aufgabenstellungen:
	(1) Dias je 1 Sekunde; Aufgabe: Beschreibung des Geschehens
	(2) Dreimal Dias je 3 Sekunden; Aufgabe: Notizen anlegen und ergänzen
	(3) 50 Dias zeigen Ablauf einer Unterrichtsstunde; Aufgabe: Kommentierung
	(4) Diaserie; Aufgabe: stoppen und kommentieren
Untersuchungsgegenstand	• Welche Details werden erinnert?
	• Schlussfolgerungen auf Hintergrundwissen
	• Wissen über typische Unterrichtsabläufe
	• Strukturelle Gliederung des Geschehens
Ergebnisse	*Novizen*: geben Einzelinformationen detailliert wieder; zeigen kein konsistentes Muster bei der Auswahl der Informationen
	Experten: berichten keine Einzelinformationen, sondern stellen bereits Schlussfolgerungen an; nennen relevante Ereignisse und stimmen in deren Auswahl überein

Studie: Peterson & Comeaux, 1987
Filmausschnitte aus einer Unterrichtsstunde einer fremden Lehrperson ; N = 20 (10 Erfahrene, 10 Unerfahrene)

Vorgehen	Unterrichtsstunden mit unterschiedlichen Aufgabenstellungen:
	(1) Erinnerung
	(2) Video stoppen und Verhalten der Lehrperson kommentieren
Untersuchungsgegenstand	• Einblick in Gedächtnisleistung; Sprachfähigkeit
	• Tiefe der Problemverarbeitung
Ergebnisse	*Novizen*: Erinnerung von Einzelinformationen
	Experten: keine Erinnerung von Details, Einzelinformationen werden in übergeordnete Konzepte integriert; verfügen über höhere Sprachfähigkeit

Studie: Sabers et al., 1991
Film auf verschiedenen Monitoren; N = 16 (7 Experten, 4 Anwärter, 5 Novizen)

Vorgehen	Film mit unterschiedlichen Aufgabenstellungen:
	(1) Instruktionsmethoden und Organisationsstrategien berichten
	(2) Kommentieren
Untersuchungsgegenstand	• Unterschiede in der Informationsverarbeitung
Ergebnisse	*Experten*: Geschehen wird genau wiedergegeben, verstanden und interpretiert; besserer Umgang mit der Komplexität des gezeigten Materials

Insgesamt zeichnen die ausgewählten Untersuchungen ein einheitliches Bild in Bezug auf die Unterschiede in der Wahrnehmung zwischen Personen mit verschiedener Erfahrung, unabhängig davon, ob es sich dabei um mündliche und schriftliche Berichte oder um bildhaftes Material handelt. Ein Ergebnis, das sich in zahlreichen Studien herausgestellt hat, ist, dass sich Anfänger eher darauf konzentrieren, Einzelinformationen und Einzelereignisse im Gedächtnis zu behalten. Experten fassen solche Informationen dagegen zu Gesamtkonzepten zusammen und benutzen die Informationen, um Kategorisierungen vorzunehmen und Schlussfolgerungen zu ziehen (Carter et al., 1988; Carter et al., 1987; Hanninen, 1985; Peterson & Comeaux, 1987). Es wurde deutlich, dass Experten besser in der Lage zu sein scheinen, wichtige Informationen auszuwählen, und sich darüber einig sind, welche Informationen für das Unterrichtsgeschehen eine Rolle spielen und welche übergangen werden können (Carter et al., 1988; Carter et al., 1987). Dabei bleiben Experten weniger an der Oberfläche der Einzelereignisse und durchdringen das Geschehen tiefer, als dies Anfängerinnen und Anfängern gelingt (Sabers et al., 1991).

Des Weiteren zeigte sich, dass Novizen über generelle Handlungsschemata verfügen, die sie in bestimmten Situationen aktivieren. Experten passen ihr Verhalten dagegen gezielter an die personalen und situativen Gegebenheiten an (Calderhead, 1981). Sollten die Teilnehmerinnen und Teilnehmer der Studien Beurteilungen über Schülerinnen und Schüler abgeben, zeigte sich, dass Novizen nach kürzerer Zeit zu einer Einschätzung gelangten als Experten (Hanninen, 1985). Schließlich konnten Stein et al. (in Berliner, 1987) aufgrund von Einschätzungen der Lehrpersonen bezüglich der Art und des Anforderungsgrades von Aufgaben einen Unterschied in der fachdidaktischen Kompetenz feststellen: Experten führten detailliertere Aufgabenanalysen durch als die Anwärter und Anfänger. Die Experten zeigten sich den Novizen auch in ihrer Sprachfähigkeit überlegen (Peterson & Comeaux, 1987).

4.3 Beschränkungen in der Aussagekraft der Studien

Die Expertiseforschung ist eine etablierte Forschungstradition, die sich mit der Untersuchung von Wahrnehmungskompetenzen bei Lehrpersonen auseinandersetzt. Im vorangegangenen Abschnitt wurden ausgewählte Studien mit ihren Befunden vorgestellt. Aus dem konzeptionellen Vorgehen der Untersuchungen ergeben sich jedoch verschiedene Schwierigkeiten in Hinblick auf die Aussagekraft und die Generalisierbarkeit der Ergebnisse (Clausen, 2002).

Zunächst erscheint eine Präsentation von Unterrichtssituationen in mündlicher oder schriftlicher Weise hinsichtlich der Komplexität des Unterrichtsgeschehens als diskussionswürdig. Bei einer solchen Darbietung wird die Komplexität des ursprünglichen Geschehens bereits durch dazwischen liegende Wahrnehmungsprozesse der Versuchsleiterinnen und -leiter reduziert. Keine Person kann in einer mündlichen oder schriftlichen Schilderung einer Unterrichtssituation alle Informationen wiedergeben, die die realen Vorgänge beinhaltet. Zudem ist jeder Bericht, den eine Person von Ereignissen geben kann, bereits durch deren subjektive Wahrnehmungsprozesse beeinflusst. Die Person, die den Bericht erstellt, muss im Vorfeld entscheiden, welche Informationen aus der Gesamtsituation ausgewählt und den Probanden zur Verfügung gestellt werden.

Eine weitere Schwierigkeit, die die Aussagekraft der Ergebnisse der hier beschriebenen Studien schmälert, ist die jeweils zugrunde liegende Basis der Stichprobenumfänge. In allen vorgestellten Studien bestehen die Gesamtstichprobenzahlen aus maximal 20 Personen, die in zwei oder drei Untergruppen unterteilt wurden, um Vergleiche zwischen unterschiedlich erfahrenen Personen anzustellen. Auf dieser Basis können jedoch lediglich Tendenzen zu Unterschieden beschrieben werden. Tatsächlich belastbare Aussagen über Unterschiede können nur eingeschränkt geliefert werden. In den hier vorgestellten Studien werden zudem keine Effektgrößen berichtet.

Ein drittes Problem der Studien liegt im Vorgehen bei der Zuteilung von Personen zu Gruppen mit unterschiedlichem Expertisegrad. In den Studien der Arbeitsgruppe um Berliner (Berliner, 1987; Carter et al., 1988; Carter et al., 1987; Sabers et al., 1991) wurden „Experten", „Anfänger" und „Anwärter" miteinander verglichen. Als Experten wurden solche Personen bezeichnet, die von Schuldirektoren als herausragende Lehrpersonen nominiert und in einer Unterrichtsbeobachtung, die von drei Mitarbeitern der Forschergruppe durchgeführt wurde, als außergewöhnlich im Vergleich zu ihren anderen, ebenfalls erfahrenen Kolleginnen und Kollegen eingeschätzt wurden. Alle Lehrpersonen dieser Gruppe verfügten über mindestens fünf Jahre Berufserfahrung, wobei dies nicht als zusätzliches Auswahlkriterium eingesetzt wurde, sondern sich als Merkmal der Gruppe der Experten herausstellte (Berliner, 1987; Carter et al., 1988). Als Anfänger wurden solche Lehrpersonen ausgewählt, die in ihrem ersten Jahr unterrichteten. Ein Zusatzkriterium war, dass sie in ihrer Ausbildung mit guten Noten abgeschnitten hatten und die Verantwortlichen ihnen bescheinigten, dass sie das Potential hätten, exzellente Lehrpersonen zu werden. Schließlich wurde eine dritte Gruppe gebildet, die als „Anwärter" bezeichnet wurde. Hierzu zählten Naturwissenschaftler und Ingenieure ohne weitere pädagogische Qualifikationen, die innerhalb von Telefongesprächen, Briefen oder persönlichen Gesprächen ein Interesse am Unterrichten äußerten und in Erwägung zogen, selbst in den Lehrberuf einzutreten.

Hanninen (1985) unterschied in ihrer Studie, in der Personen mit unterschiedlicher Expertise Empfehlungen zur Hochbegabung von Schülerinnen und Schülern abgeben sollten, ebenfalls drei Personengruppen. Als Experten wurden hier Lehrpersonen bezeichnet, die zum einen von ihren Vorgesetzten als solche vorgeschlagen wurden und zum anderen über Erfahrung in der Arbeit mit Hochbegabten verfügten. Die zweite Gruppe setzte sich aus Lehrpersonen zusammen, die momentan an einer Fortbildung zum Thema Hochbegabung teilnahmen. Die Gruppe der Anfänger bildeten solche Personen, die gerade ihr Lehramtsstudium beendet hatten, jedoch über kein spezielles Wissen über Hochbegabung verfügten.

Schließlich wurden in der Studie von Peterson und Comeaux (1987) zwei Gruppen von Lehrpersonen unterschieden. Die Gruppe, die in der Studie als Experten galt, bildeten erfahrene Oberstufenlehrpersonen, während in der Gruppe der Anfänger Lehramtsstudierende waren. Die Teilnehmerinnen und Teilnehmer beobachteten innerhalb der Studie Filmausschnitte einer Unterrichtsstunde einer ihnen fremden Lehrperson.

Allein bei den an dieser Stelle herausgegriffenen Studien zeigt sich, dass keineswegs einheitliche Kriterien zur Bestimmung von Expertise herangezogen werden. Das unterschiedliche Vorgehen hat jedoch Auswirkungen darauf, inwieweit die berichteten Ergebnisse miteinander verglichen beziehungsweise generalisiert werden können (Palmer, Stough, Burdenski, Thomas & Gonzales, 2005).

Zusammenfassung

In diesem Abschnitt wurden einschränkende Aspekte im Hinblick auf die Aussagekraft und Generalisierbarkeit der Ergebnisse der beschriebenen Studien in den Blick genommen. Insbesondere die begrenzten Stichprobenumfänge und die unterschiedlichen Vorgehensweisen bei der Operationalisierung der Teilstichproben lassen einen Vergleich oder eine Verallgemeinerung der Ergebnisse nur eingeschränkt zu.

Ziel dieses Kapitels war es, Befunde zur kompetenten Unterrichtswahrnehmung von Lehrpersonen darzustellen. In Studien der Expertiseforschung zeigten sich Unterschiede in Wahrnehmungsprozessen in Abhängigkeit der Erfahrung der Probanden. Unerfahrene Personen nehmen im Unterrichtsgeschehen überwiegend Einzelereignisse wahr, wohingegen Personen mit umfangreicher Erfahrung Einzelereignisse bündeln und in Gesamtkonzepte einordnen. Für die Verallgemeinerbarkeit dieser Befunde mussten jedoch Einschränkungen aufgezeigt werden. Diese beziehen sich auf die meist kleinen Stichprobengrößen und die unterschiedlichen Vorgehensweisen bei der Operationalisierung der Expertisegruppen. Aufgrund der aufgezeigten methodischen Schwierigkeiten wird der Zugang für die Beschreibung von kompetenter Unterrichtswahrnehmung in dieser Arbeit erweitert. Es wird im Folgenden der Versuch unternommen, theoretische Kriterien für die Wahrnehmungskompetenz zu entwickeln, mit deren Hilfe Kompetenzen von Lehrpersonen in der Wahrnehmung von Unterrichtsaufzeichnungen abgebildet werden können. Die in diesem Kapitel beschriebenen Befunde geben Hinweise auf eine inhaltliche Ausdifferenzierung der Kriterien.

5 Kriterien für die kompetente Unterrichtswahrnehmung

Im vorangegangenen Kapitel wurden Befunde zur kompetenten Unterrichtswahrnehmung von Lehrpersonen aus Studien der Expertiseforschung dargestellt. Diese Befunde ergeben sich aus dem Vergleich von Wahrnehmungsprozessen zwischen Experten und Novizen. Es wurden Merkmale abgeleitet, durch die sich besonders erfahrene Personen in ihrer Informationsverarbeitung auszeichnen. Diese werden als zentral für die kompetente Unterrichtswahrnehmung angesehen.

Vor dem Hintergrund verschiedener methodischer Schwierigkeiten, auf die im vorangegangenen Abschnitt hingewiesen wurde, ist es Anliegen der vorliegenden Studie, dieses Vorgehen zu erweitern. Es wird der Versuch unternommen, Kriterien für die kompetente Unterrichtswahrnehmung auf theoretischer Basis abzuleiten und Merkmale von Experten und Novizen in diese Systematik einzuordnen. Für die Entwicklung der Kriterien wird zum einen auf theoretische Merkmale aus der Beobachtungsforschung zurückgegriffen. Zum anderen werden die empirischen Ergebnisse aus den oben berichteten Studien zur Ausdifferenzierung hinzugezogen.

Ziel dieses Kapitels ist es, theoretisch fundierte Kriterien für die kompetente Unterrichtswahrnehmung von Lehrpersonen zu beschreiben. Dazu werden zuerst zentrale Grundlagen wissenschaftlicher Beobachtungen dargestellt (5.1), die im Weiteren dazu dienen, Kriterien für die Kompetenz von Lehrpersonen in der Wahrnehmung von Unterrichtsaufzeichnungen abzuleiten (5.2).

5.1 Aspekte der Beobachtungsforschung

Bisher wurde beschrieben, dass Wahrnehmungsprozesse einen wichtigen Teil der Entscheidungsgrundlage für Handlungen darstellen (vgl. Kapitel 3). Für professionelles Lehrerhandeln wird in diesem Zusammenhang die Fähigkeit als zentral angesehen, im Unterrichtsgeschehen qualitativ relevante Merkmale wahrnehmen und identifizieren zu können. Für professionelles unterrichtliches Handeln ist es demnach von Bedeutung, Aspekte zu erkennen, die für die Qualität von Lernprozessen von Schülerinnen und Schülern eine Rolle spielen, und das Handeln nach diesen Aspekten auszurichten. Da qualitativ relevante Merkmale im Unterrichtsgeschehen nicht auf einer oberflächlichen Ebene sichtbar werden (Seidel, Prenzel, Rimmele, Schwindt et al., 2006), sondern eher subtil stattfinden, muss die Wahrnehmung gezielt und bewusst auf solche Aspekte ausgerichtet erfolgen. Die Kompetenz in der vertiefenden Analyse von Unterrichtsaufzeichnungen wird daher als Indikator für das Potential der Lehrpersonen betrachtet, auch im realen Unterrichtsgeschehen qualitativ relevante Aspekte, die auf tieferliegenden Ebenen sichtbar werden, zu erkennen.

Im folgenden Abschnitt wird geklärt, inwieweit Merkmale, die für die Durchführung wissenschaftlicher Beobachtungen bedeutsam sind, auf die Analyse von Unterrichtsaufzeichnungen übertragen werden können (5.1.1). Anschließend wird das Lernprogramm „LUV" als Plattform zur Unterrichtsbeobachtung in gängige Kategorien von Beobachtungen eingeordnet (5.1.2). In Abschnitt 5.1.3 werden schließlich Grundregeln und mögliche Fehler, auf die in der Beobachtungsforschung hingewiesen wird, dargestellt.

5.1.1 Wahrnehmung von Unterrichtsaufzeichnungen als Beobachtung

Für die Entwicklung von Kriterien, die eine kompetente Unterrichtswahrnehmung ausmachen, wird auf Merkmale der Beobachtungsforschung zurückgegriffen. Dies geschieht vor dem Hintergrund, dass eine gezielte Analyse von Unterricht als vergleichbar mit der Durchführung einer wissenschaftlichen Beobachtung betrachtet wird. Um einen tieferen Blick auf qualitative Merkmale des Unterrichts zu entwickeln, muss sich die Wahrnehmung gezielt auf bestimmte Fragen konzentrieren. Erst eine solche Fokussierung auf ausgewählte Aspekte ermöglicht es, qualitativ bedeutsame Merkmale wahrzunehmen und diese bewusst zu verarbeiten. Wird das gesamte Unterrichtsgeschehen ohne eine solche Fokussierung betrachtet, sind die Beobachtenden mit der Aufnahme, Sortierung und Verarbeitung der oberflächlichen Merkmale kognitiv ausgelastet, sodass nur begrenzt Kapazitäten zur Erkennung und Verarbeitung von tiefergehenden Ereignissen zur Verfügung stehen (Sweller, 1988; Sweller et al., 1998). Eine theoretische Fokussierung lenkt dagegen den Blick der Beobachtenden auf die für einen bestimmten Aspekt entscheidenden Ereignisse und strukturiert so die Wahrnehmung (Evertson & Green, 1986). Vor diesem Hintergrund wird die Wahrnehmung innerhalb von Unterrichtssituationen auch als „Beobachtung" bezeichnet (Bortz & Döring, 1995).

> „Die absichtliche, aufmerksam-selektive Art des Wahrnehmens, die ganz bestimmte Aspekte auf Kosten der Bestimmtheit von anderen beachtet, nennen wir Beobachtung. Gegenüber dem üblichen Wahrnehmen ist das beobachtete Verhalten planvoller, selektiver, von einer Suchhaltung bestimmt und von vornherein auf die Möglichkeit der Auswertung des Beobachteten im Sinne der übergreifenden Absicht gerichtet" (Graumann, 1966, S. 86).

Merkmale, die für die Durchführung einer Beobachtung eine wichtige Rolle spielen, können somit auch als bedeutsam für die vertiefende Analyse von Unterrichtsaufzeichnungen angesehen werden. Wenn Lehrpersonen in der Lage sind, Unterricht fokussiert zu betrachten, haben sie die Möglichkeit, relevante Aspekte im Unterricht zu erkennen.

Die kompetente Unterrichtswahrnehmung spannt somit den Möglichkeitsraum auf, im realen Unterrichtsgeschehen qualitativ relevante Ereignisse zu erkennen. Insofern können Merkmale, die für die Durchführung einer Beobachtung als wichtig erachtet werden, auch als Bestandteile einer Kompetenz in der Wahrnehmung von Unterrichtsaufzeichnungen eingestuft werden.

Die Erfassung der kompetenten Unterrichtswahrnehmung erfolgt in dieser Studie über die inhaltsanalytische Auswertung von schriftlichen Unterrichtsanalysen von Lehrpersonen. Diese wurden von den Lehrpersonen während der Arbeit mit der Lernumgebung „LUV", in der sie Unterrichtsaufzeichnungen beobachteten, erstellt. Die Unterrichtsbeobachtung, wie sie innerhalb der Lernumgebung erfolgt, wird daher im Folgenden in eine für wissenschaftliche Beobachtungen übliche Klassifikation eingeordnet.

5.1.2 Lernprogramm „LUV" als Plattform zur Unterrichtsbeobachtung

Im Rahmen der Studie „LUV – Lernen aus Unterrichtsvideos" analysieren Lehrpersonen Unterricht in Form von Videoaufzeichnungen. Diese sind in die computerbasierte Lernumgebung „LUV" eingebettet. Im Folgenden wird auf verschiedene Arten zur Durchführung von systematischen Beobachtungen eingegangen. Anschließend wird erläutert, wie sich die Unterrichtsbeobachtung im Rahmen der Lernumgebung „LUV" in diese Systematik einordnen lässt.

Die Beobachtungsforschung spielt seit den 1970er Jahren eine wichtige Rolle im Hinblick auf die Erforschung von Unterricht. Mit der Einrichtung von Unterrichtsmitschauanlagen, in denen Unterricht in Klassenräumen abgehalten wird, die mit versteckten Kameras präpariert wurden, stellte sich zunehmend auch die Frage nach einer qualitativ hochwertigen Dokumentation und Auswertung von Unterrichtsbeispielen. In den letzten Jahren ist diese Forschungstradition wieder sehr aktuell geworden, nicht zuletzt durch den technischen Fortschritt, der Unterrichtsaufzeichnungen mittels Videokameras relativ kostengünstig und aufwendungsarm ermöglicht (Stahl, Zahn, & Seidel, 2007). Verfahren der Beobachtungsforschung spielen bei Videostudien, die derzeit zur Analyse von Unterrichtsprozessen durchgeführt werden (Hiebert et al., 2003; Janík & Miková, 2006; Labudde, 2002; Reusser & Pauli, 2003; Seidel, Prenzel, Rimmele, Dalehefte et al., 2006), eine zentrale Rolle.

Es werden verschiedene Vorgehensweisen unterschieden, nach denen eine Beobachtung von Situationen durchgeführt werden kann (Atteslander, 1988; Bortz & Döring, 1995; Feger, 1983; Seidel & Prenzel, in Druck). Diese werden hier im Überblick vorgestellt, damit im Folgenden die Beobachtung der Unterrichtsaufzeichnung im Rahmen der Lernumgebung „LUV" eingeordnet werden kann.

Eine erste Unterscheidung bezieht sich darauf, ob der Beobachtende selbst am Geschehen, das beobachtet wird, teilnimmt oder nicht (Atteslander, 1988; Bortz & Döring, 1995; Feger, 1983, Seidel & Prenzel, in Druck). Ist die beobachtende Person Bestandteil der Situation, muss sie eine Balance schaffen zwischen dem Vorteil, akzeptiert zu sein und damit Einblicke in das Geschehen zu bekommen, und dem Nachteil, durch ihre Anwesenheit die Situation möglicherweise zu verfälschen. Als Teilnehmerin und Teilnehmer ist der Beobachtende meist dazu gezwungen, die Situation „frei Hand" zu betrachten, und kann erst im Nachhinein Notizen anlegen. Hierbei besteht die Gefahr, dass die Wahrnehmung durch subjektive Eindrücke gefärbt wird und einzelne Ereignisse in Vergessenheit geraten. Steht der

Beobachtende dagegen außerhalb des Geschehens, können während der Situation Notizen erstellt werden. Der Nachteil kann jedoch darin bestehen, dass der Beobachtende einen weniger guten Einblick in die Situation erhält, als er bei direkter Involviertheit bekommen würde (Bortz & Döring, 1995).

Eine weitere Unterscheidung wird zwischen offenen und verdeckten Formen der Beobachtung getroffen (Atteslander, 1988; Seidel & Prenzel, in Druck). Bei einer offenen Beobachtung ist den jeweiligen Personen bekannt, dass sie beobachtet werden. Hierbei besteht die Gefahr, dass sich die Teilnehmerinnen und Teilnehmer anders verhalten als sie es tun würden, wenn sie unbeobachtet wären. Meist wird jedoch davon ausgegangen, dass der Einfluss, den die anwesende Person bei einer offenen Beobachtung auf das Geschehen hat, nur kurzzeitig ist und die betroffenen Personen schnell vergessen, dass sie nicht unbeobachtet sind (Cranach & Frenz, 1975). Bortz und Döring (1995) schlagen vor, das Ausmaß des empfundenen Einflusses durch den Beobachtenden im Anschluss an die Untersuchung bei den Probanden zu erfragen. Eine verdeckte Form der Beobachtung wäre hingegen durch den Einsatz von „Einwegscheiben" möglich, die in einer Richtung durchblickt werden können und auf der anderen Seite als Spiegel wahrgenommen werden. Während bei einer offenen Beobachtung die Gefahr besteht, dass sich die beteiligten Personen unnatürlich verhalten, da sie sich in einer ungewohnten Situation befinden, ist dies bei einer verdeckten Beobachtung auszuschließen. Die Durchführung einer verdeckten Beobachtung ist auf der anderen Seite ethisch nicht unbedenklich, da die Personen ohne ihr Wissen beobachtet werden.

Im Weiteren kann unterschieden werden, mit wie vielen Personen eine Beobachtung durchgeführt wird (Bortz & Döring, 1995). Mehrere Personen können ihre Eindrücke und Notizen miteinander abgleichen, und es entsteht ein objektiveres Bild des Geschehens als bei einer Einschätzung von lediglich einer Person. Zu berücksichtigen ist jedoch, dass mehrere Personen das Geschehen bei einer teilnehmenden Beobachtung stärker beeinflussen können, als dies bei einer Person anzunehmen ist.

Werden technische Hilfsmittel eingesetzt, wie zum Beispiel Film- oder Videokameras, übernehmen diese innerhalb der Situation die Rolle des teilnehmenden Beobachters (Seidel & Prenzel, in Druck). Damit bringen sie wiederum die Gefahr mit sich, die Authentizität der Ereignisse zu stören. Gleichzeitig bieten sie jedoch den Vorteil, dass das Geschehen im Nachhinein von verschiedenen Personen, vor dem Hintergrund verschiedener Fragestellungen und beliebig häufig betrachtet werden kann. Hierbei ist auch weiterhin in Betracht zu ziehen, dass die Probanden damit einverstanden sein müssen, aufgezeichnet zu werden, und datenschutzrechtliche Bestimmungen berücksichtigt werden müssen (Seidel, Prenzel et al., 2003).

In manchen Bereichen ist auch eine automatische Beobachtung möglich (Bortz & Döring, 1995). Dies wird beispielsweise bei der automatischen Protokollierung von Bewegungen im Internet umgesetzt. Die Aufzeichnung läuft in der Regel von den Internetnutzerinnen und -nutzern unbemerkt ab und beeinflusst sie somit nicht in ihrem Verhalten. Dieses Vorgehen ist jedoch auf spezielle Forschungsbereiche beschränkt und ermöglicht nur begrenzte Schlussfolgerungen.

Schließlich ist ein Vorgehen denkbar, Probanden darum zu bitten, bestimmte Erlebnisse oder Zustände im Sinne einer Selbstbeobachtung eigenständig zu notieren (Bortz & Döring, 1995). Diese Ausführungen können von Forscherinnen und Forschern im Nachhinein ausgewertet werden.

Die Darstellung der unterschiedlichen Formen zur Durchführung wissenschaftlicher Beobachtungen hat gezeigt, dass je nach Situation und Forschungsinteresse Vor- und Nachteile der Verfahren abgewogen werden müssen. Im Folgenden wird das Vorgehen bei der Analyse von Unterrichtsaufzeichnungen im Rahmen der Lernumgebung „LUV" nach den beschriebenen Beobachtungsmöglichkeiten klassifiziert, sodass Besonderheiten sichtbar werden.

Die Unterrichtsanalyse im Rahmen der Lernumgebung „LUV" vereinigt mehrere verschiedene Formen der Beobachtung. Die Probanden arbeiten innerhalb der Lernumgebung mit Videoaufzeichnungen, die im realen Unterricht erstellt wurden. Die Videokamera hatte im Unterrichtsgeschehen somit die Rolle eines teilnehmenden Beobachters. In der „IPN-Videostudie" wurden die Aufnahmen mit zwei Kameras (einer statischen Überblickskamera und einer beweglichen Kamera, die die Lehrperson „verfolgt") durchgeführt, die jeweils von einer Person aus dem Forschungsteam bedient wurden (Seidel, Dalehefte, & Meyer, 2003). Für die Aufzeichnungen wurden Genehmigungen der beteiligten Personen eingeholt, um Richtlinien des Datenschutzes nachzukommen (Seidel, Prenzel et al., 2003), sodass alle Teilnehmerinnen und Teilnehmer von der Beobachtung Kenntnis hatten. Aus diesem Vorgehen heraus besteht die Gefahr, dass die Aufzeichnungen das Geschehen beeinflusst haben. Aus Eigenberichten der Lehrpersonen im Anschluss an die Aufzeichnungen geht jedoch hervor, dass diese die Stunden als typisch für ihren Unterricht empfanden, die Schülerinnen und Schüler sich sehr ähnlich zu ihrem üblichen Verhalten benahmen und die Lehrpersonen selbst lediglich etwas nervös waren (Seidel, Prenzel et al., 2003).

Für die Probanden der vorliegenden Untersuchung, die die Aufzeichnungen im Rahmen der Lernumgebung in der nicht-teilnehmenden Rolle analysieren, bieten die Aufzeichnungen verschiedene Vorteile. Sie konservieren das Geschehen in seiner gesamten Komplexität, ohne bereits eine Vorauswahl an Informationen getroffen zu haben. So stehen den Beobachtenden alle Informationen ungefiltert zur Verfügung. Gleichzeitig sind sie nicht mehr in der Gefahr, das Geschehen zu beeinflussen, da sie nicht in Kontakt zu den beobachteten Personen treten. Die Aufzeichnungen bieten zudem die Möglichkeit, das Geschehen im Hinblick auf unterschiedlichste Fragestellungen zu betrachten, wiederholt anzuschauen und mit mehreren Beobachtern gleichzeitig zu analysieren und zu diskutieren.

Nachdem die Arbeit mit der Lernumgebung in die Systematik unterschiedlicher Formen der Beobachtung eingeordnet werden kann, werden im Folgenden Grundsätze und mögliche Fehler in der Durchführung von Beobachtungen dargestellt, um diese schließlich auf die Wahrnehmung von Unterrichtsaufzeichnungen, wie sie im Rahmen der Lernumgebung stattfindet, zu übertragen.

5.1.3 Merkmale wissenschaftlicher Beobachtung

Beobachtungen können keine vollkommen realitätsgetreuen Abbildungen eines Geschehens wiedergeben (Petko et al., 2003; Seidel, Dalehefte et al., 2005), sondern werden unter anderem von subjektiven Eindrücken beeinflusst. Jedoch gibt es Verhaltensweisen, die eine zu große Verzerrung der Wahrnehmung durch persönliche Eindrücke verhindern können. In der Beobachtungsforschung werden Aspekte herausgestellt, deren Beachtung eine subjektive Verzerrung der Beobachtung reduzieren soll (Bortz & Döring, 1995). Diese sind: Selektion, Abstraktion, Klassifikation, Systematisierung und Relativierung.

Bei der Selektion kommt es darauf an, Einzelereignisse aus der Vielzahl der Informationen, die das Gesamtgeschehen beinhaltet, im Hinblick auf eine bestimmte Frage herauszufiltern. Diese Einzelereignisse sollten schriftlich fixiert und dabei aus ihrem jeweiligen Kontext herausgelöst und abstrahiert werden (Abstraktion). Liegen mehrere solcher Ereignisse in geordneter Form vor, können sie im Weiteren zu zusammengehörigen Merkmalsklassen gebündelt werden (Klassifikation). Im Bereich der Beobachtungsforschung spielt zudem die Systematisierung der Notizen eine wichtige Rolle, da auf diese Weise eine spätere Nutzung auch für andere Fragestellungen und Auswertungen gewährleistet werden kann. Als Relativierung wird schließlich der Schritt bezeichnet, bei dem der Aussagegehalt der eigenen Beobachtung geprüft und eingeschätzt wird. Hier sollten zum Beispiel ungewöhnliche Ereignisse dargestellt und dokumentiert werden, die die Beobachtung eventuell beeinflusst haben (Bortz & Döring, 1995).

Neben diesen Grundregeln für die Durchführung von Beobachtungen werden in der Forschung zudem mögliche Fehler identifiziert, die innerhalb von Wahrnehmungsprozessen ablaufen können (Atteslander, 1988; Bortz & Döring, 1995; Evertson & Green, 1986; Hasemann, 1983). Es wird angestrebt, diese Fehler im Rahmen der Durchführung einer Beobachtung zu vermeiden.

Beispielsweise besteht die Gefahr, dass ein Verhalten oder eine Person auf der Basis eines Gesamteindrucks bewertet wird und Einzelinformationen dabei vernachlässigt werden (Hasemann, 1983; Thorndike, 1920). Um einen so genannten „halo effect" zu vermeiden, können bei einer Beobachtung schriftliche Notizen helfen, in denen Einzelereignisse festgehalten sind und die bei einer Beurteilung somit leichter Berücksichtigung finden können. Eine ähnliche Gefahr beschreiben der „primacy effect" beziehungsweise der „recency effect" (Evertson & Green, 1986). Bei Ersterem entsteht früh ein Eindruck, der die gesamte nachfolgende Wahrnehmung steuert. Beim „recency effect" überlagert ein starker Eindruck einzelne Ereignisse und lenkt den Blick vermehrt auf eine Bestätigung dieses Urteils. Bei Atteslander (1988) wird zudem darauf hingewiesen, dass es insbesondere Anfängern häufig schwer fällt, ein Geschehen sachlich darzustellen und sich bei der Beobachtung einer vorschnellen Bewertung zu enthalten. Bereits wertende Beobachtungsberichte sind für weitere Auswertungen schwer nutzbar, da sie nicht auf einer beschreibenden Ebene bleiben, sondern Einschätzungen der beobachtenden Person beinhalten und unter Umständen nicht mehr nachvollziehbar ist, wie diese Einschätzungen die Gesamtbeobachtung bereits beeinflusst haben. Ebenso ist es wichtig, dass die Ereignisse zuerst einzeln schriftlich festgehalten und nicht schon während der Beobachtung zu stark zusammengefasst werden. Ansonsten ginge die Möglichkeit verloren, Ereignisse mehrmals zu verschiedenen Gruppen zusammenzufügen oder eine Gruppierung im Nachhinein zu verändern.

Die Grundregeln der Beobachtung und die hier ausgewählt dargestellten möglichen Fehler bei einer Beobachtung bilden die Grundlage für die Kriterien, die im nächsten Abschnitt für die kompetente Unterrichtswahrnehmung beschrieben werden.

Zusammenfassung

Da qualitativ relevante Aspekte im Unterricht nicht an der Oberfläche des Geschehens, sondern nur auf einer tieferliegenden Ebene erkennbar sind, sollten auch Lehrpersonen über Kompetenzen verfügen, Unterricht vertiefend zu analysieren. Eine Unterrichtswahrnehmung, die auf eine vertiefende Ebene vordringt, muss gezielt und fokussiert erfolgen. Dabei ist sie vergleichbar mit der Durchführung wissenschaftlicher Beobachtungen.

In der vorliegenden Studie beobachten Lehrpersonen videographierten Unterricht im Rahmen der Lernumgebung „LUV". Bei den Aufzeichnungen der Unterrichtsstunden übernahmen die Videokameras die Rolle von teilnehmenden Beobachtern. Die Lehrpersonen, die nun mit dem Lernprogramm arbeiten, befinden sich dagegen in nicht-teilnehmenden Funktionen. Somit können sie das Originalgeschehen beobachten, ohne es jedoch zu beeinflussen. Es besteht die Möglichkeit, die Aufzeichnungen im Rahmen der Lernumgebung beliebig oft und unter verschiedenen Blickwinkeln zu betrachten. Zudem können unbegrenzt viele Personen das gleiche Geschehen ansehen, sodass deren Analysen vergleichbar sind.

Als zentral für die Durchführung von Beobachtungen wurden schließlich die fünf Schritte Selektion, Abstraktion, Klassifikation, Systematisierung und Relativierung herausgestellt. Zudem wurde auf mögliche Fehler während der Beobachtung hingewiesen. Als solche wurden der „halo effect", der „primacy effect", der „recency effect", eine vorschnelle Wertung oder ein zu schnelles Zusammenfassen beschrieben.

5.2 Kompetenz in der Wahrnehmung von Unterrichtsaufzeichnungen

Die im vorangegangenen Abschnitt beschriebenen allgemeinen Merkmale der Beobachtungsforschung werden nun auf die Wahrnehmung von Unterrichtsaufzeichnungen übertragen und davon Kriterien für die Kompetenz in der vertiefenden Analyse von Unterrichtsaufzeichnungen abgeleitet. Diese Kompetenz wird als Indikator für die Möglichkeit der Lehrpersonen verstanden, auch im realen Unterricht qualitativ relevante Merkmale zu erkennen.

Im folgenden Abschnitt werden zunächst Teilkompetenzen in der vertiefenden Analyse von Unterrichtsaufzeichnungen beschrieben (5.2.1). Anschließend werden diese inhaltlich ausdifferenziert (5.2.2) und in ein Gesamtmodell der Kompetenz von Lehrpersonen in der Wahrnehmung von Unterrichtsaufzeichnungen integriert (5.2.3).

5.2.1 Kriterien für die kompetente Unterrichtswahrnehmung

Die kompetente Unterrichtswahrnehmung zielt auf eine tiefergehende Analyse im Hinblick auf das Erkennen und Verarbeiten qualitativ relevanter Merkmale im Unterrichtsgeschehen ab. Daher gelten für sie die gleichen Anforderungen, wie sie an die Durchführung einer Beobachtung gestellt werden. Basierend auf den oben beschriebenen Merkmalen aus der Beobachtungsforschung werden im Folgenden Kriterien für die Kompetenz in der Wahrnehmung von Unterrichtsaufzeichnungen dargestellt. Als fünf Teilkompetenzen werden der Analyseprozess, der Fokussiertheitsgrad der Analyse, der Umfang und die Art der Klassifikation, die Qualität der schriftlichen Dokumentation im Hinblick auf die Funktion als Gedächtnisstütze und der Umgang mit Wertung unterschieden.

Analyseprozess

Mindestanforderung für eine Beobachtung sind die ersten drei Schritte der Selektion, Abstraktion und Klassifikation (Bortz & Döring, 1995). Um einen tiefer gehenden Blick auf das Unterrichtsgeschehen zu erreichen, sollten daher als relevant aufgefallene Ereignisse aus dem Gesamtgeschehen herausgefiltert und beschrieben werden (Selektion). Dann wird das Ereignis losgelöst von seinem aktuellen Kontext betrachtet (Abstraktion) und es werden Überlegungen zu möglichen Ursachen oder Konsequenzen des Geschehens angestellt. Schließlich wird das Ereignis in übergreifende Konzepte eingeordnet (Klassifikation) und als deren Bestandteil bewertet. Auf diese Weise lässt sich als erstes Kriterium die Teilkompetenz beschreiben, einen vollständigen Analyseprozess mit den Schritten der Beschreibung, der Erklärung und schließlich der Bewertung der Ereignisse durchzuführen.

Mit einem vollständigen Analyseprozess lassen sich verschiedene Fehler, die innerhalb einer Beobachtung auftreten können, vermeiden. Werden die drei Schritte für einzelne Ereignisse durchgeführt, besteht zum Beispiel kaum die Gefahr, dass ein Urteil lediglich aufgrund eines Gesamteindrucks („halo effect": Hasemann, 1983; Thorndike, 1920) oder eines überlagernden Ereignisses („primacy effect"/„recency effect": Evertson & Green, 1986) zustande kommt. Auch eine vorschnelle Bewertung der Situation ist unwahrscheinlich, wenn ein Einzelereignis zuerst für sich beschrieben und dann in ein Gesamtkonzept eingeordnet wurde. Werden diese Schritte konsequent verfolgt, bleiben auch Einzelinformationen weiterhin verfügbar.

Der Analyseprozess stellt einen zentralen Bereich in der Wahrnehmung von Unterrichtsaufzeichnungen dar. Weitere Kriterien nehmen spezifisch auf die einzelnen Schritte innerhalb des Prozesses Bezug. Auf diese wird nun genauer eingegangen.

Fokussiertheitsgrad der Analyse

Bei der Entscheidung, was relevante Aspekte innerhalb des Geschehens sind, und worauf demzufolge die Aufmerksamkeit zu richten ist, bekommt eine zielgerichtete Beobachtung eine zentrale Bedeutung, da der Beobachtende ansonsten mit der Fülle an Informationen überfordert ist (Sweller, 1988; Sweller et al., 1998). Für die Betrachtung von Unterrichtssituationen bedeutet dies, dass im Vorhinein gezielt Fragestellungen formuliert werden müssen, vor deren Hintergrund die Analyse durchgeführt werden soll (Brophy, 2004; Seidel, Dalehefte et al., 2005; Seidel, Prenzel et al., 2005). Diese kann sich auf eine bestimmte zeitliche Sequenz im Unterrichtsgeschehen beziehen (zum Beispiel die Eröffnung einer Stunde) oder auch einen inhaltlichen Fokus haben (zum Beispiel den Umgang mit Schülerstörungen). Die Beobachtenden sollen zudem in der Lage sein, relevante Merkmale zu erkennen und die Informationen im Hinblick auf die Beantwortung der Frage auszuwerten.

Der Fokussiertheitsgrad der Analyse beschreibt das Ausmaß, zu dem es einzelnen Personen gelingt, das Geschehen zielgerichtet zu beobachten und relevante Informationen im Hinblick auf eine Beantwortung der Frage zu strukturieren und zu interpretieren.

Umfang und Art der Klassifikation

Nach einer Auswahl relevanter Ereignisse aus dem Gesamtgeschehen ist es hilfreich, wenn diese in übergreifende Konzepte eingeordnet werden (Klassifikation). Für die Wahrnehmung von Unterrichtssituationen bedeutet dies, dass Einzelereignisse in bestehende Wissensstrukturen integriert werden müssen. Man kann annehmen, dass dies auf der Grundlage von Vorwissen der beobachtenden Person geschieht, welches übergeordnete Konzepte für bestimmte Merkmalszusammensetzungen bereithält. Eine Lehrperson könnte beispielsweise ein differenziertes Konzept darüber haben, welche Situationsmerkmale zu dem Unterrichtselement „Klärung von Anforderungen" gehören. Treten mehrere beziehungsweise die zentralen Aspekte dieses Konzeptes in der beobachteten Sequenz auf, werden diese dem Konzept zugeordnet und mit der entsprechenden Bezeichnung versehen. Hierfür spielt es eine wichtige Rolle, dass eine Lehrperson neben dem Wissen um die Konzepte und die dazugehörigen Elemente über solche Begriffe verfügt, mit denen die jeweiligen Konzepte in der Profession bezeichnet werden. Nur so ist sichergestellt, dass unterschiedliche Personen von den gleichen Konzepten mit übereinstimmenden Merkmalen sprechen (Bromme, 2000).

Der Umfang und die Art der Klassifikation beschreiben das Ausmaß, in dem Einzelereignisse in übergeordnete Konzepte integriert und mit zutreffenden Fachbegriffen bezeichnet werden.

Qualität der schriftlichen Dokumentation

Ein weiterer Aspekt, der in der Beobachtungsforschung als zentral für die Weiterverarbeitung der beobachteten Informationen herausgestellt wurde, ist die Systematisierung der Aufzeichnungen. Auch in der Analyse von Unterrichtsaufzeichnungen ist es wichtig, dass einzelne Beobachtungen so festgehalten werden, dass sie für spätere Zusammenfassungen oder Beurteilungen nutzbar sind (Baumert et al., 2005; Seidel, Dalehefte et al., 2005). Die Notizen müssen aussagekräftig sein, damit auch später eindeutig an die entsprechenden Ereignisse angeknüpft werden kann. Zudem dürfen die Einzelinformationen nicht bereits zu stark zusammengefasst werden, da hierdurch Informationen verloren gehen können (Atteslander, 1988; Thorndike, 1920).

Die Qualität der schriftlichen Dokumentation beschreibt, wie aussagekräftig die schriftlichen Notizen für den Beobachtungsprozess hinsichtlich ihrer Funktion als Gedächtnisstütze sind.

Umgang mit Wertungen

Darüber hinaus wurde darauf hingewiesen, dass der Aussagegehalt der eigenen Beobachtung eingeschätzt werden muss. Dies bedeutet, dass der Beobachtende Ursachen in den Blick nehmen sollte, auf deren Grundlage er zu den Bewertungen des Geschehens gelangt. Bei der Beurteilung von Unterrichtssituationen sollten demzufolge mögliche Erklärungen für das Zustandekommen von Ereignissen berücksichtigt und alternative Vorgehensweisen überlegt werden, um eine nachvollziehbare Einschätzung des Geschehens zu erreichen. Werden Zusatzinformationen dagegen nicht berücksichtigt, besteht die Gefahr, Ereignisse auf der Grundlage eines Gesamteindrucks (halo effect: Hasemann, 1983; Thorndike, 1920) oder auch vor dem Hintergrund eines einzelnen Ereignisses vorschnell zu bewerten (Atteslander, 1988).

Für einen konstruktiven Umgang mit Wertung ist es entscheidend, dass Überlegungen zu Ursachen und Konsequenzen eines Verhaltens angestellt und Hinweise auf mögliche alternative Handlungswege gegeben werden. Der Umgang mit Wertung bezieht sich darauf, in welchem Maß kritische Ereignisse konstruktiv diskutiert werden.

5.2.2 Inhaltliche Ausprägungen der Teilkompetenzen

Die Kompetenz in der vertiefenden Analyse von Unterrichtsaufzeichnungen wurde im vorangegangenen Abschnitt durch fünf Teilkompetenzen beschrieben: Analyseprozess, Fokussiertheitsgrad der Analyse, Umfang und Art der Klassifikation, Qualität der schriftlichen Dokumentation und Umgang mit Wertung. Damit wurden wichtige Merkmale in der systematischen Beobachtung von Unterrichtsaufzeichnungen dargestellt. Die in Abschnitt 4.2 dargestellten Ergebnisse aus Studien der Expertiseforschung liefern Hinweise darauf, dass sich Personen in ihrer Kompetenz, Unterricht wahrzunehmen, zu verarbeiten und zu interpretieren, unterscheiden.

Im Folgenden werden die Kriterien, die aus der Beobachtungsforschung für die Analyse von Unterrichtsaufzeichnungen abgeleitet wurden, inhaltlich ausdifferenziert. Für die Beschreibung unterschiedlicher Ausprägungen in Bezug auf die jeweiligen Teilkompetenzen werden die Ergebnisse aus den Expertisestudien zugrunde gelegt. Beispiele für die Zuordnung von Textpassagen zu einzelnen Ausprägungen befinden sich im Anhang (Kapitel 11) dieser Arbeit.

Analyseprozess

Der Analyseprozess beschreibt, inwieweit die Beobachtenden das Geschehen sowohl beschreiben, als auch erklären und bewerten. Dies entspricht den Grundregeln der Beobachtungsforschung, die postulieren, dass eine systematische Beobachtung Schritte der Selektion, Abstraktion und Klassifikation beinhalten sollte (Bortz & Döring, 1995). Befunde aus den in Kapitel 4.2 berichteten Studien weisen darauf hin, dass Anfänger dazu neigen, Einzelereignisse zu beschreiben. Experten stellen dagegen vermehrt Schlussfolgerungen an und integrieren Einzelinformationen in ein Gesamtbild (Carter et al., 1988; Carter et al., 1987; Hanninen, 1985; Peterson & Comeaux, 1987; Sabers et al., 1991). Zudem zeigte sich bei Hanninen (1985), dass sich die Experten mehr Zeit nahmen, bevor sie zu einer Beurteilung einer Situation kamen. Vor dem Hintergrund dieser Befunde werden für den Analyseprozess folgende Ausprägungen unterschieden (Tab. 5).

Tab. 5: Ausprägungen für den Analyseprozess

3-Schritt der Analyse	Eine Person führt alle drei Schritte der Analyse durch. Ein Ereignis wird herausgegriffen, analysiert und bewertet. [Selektion, Abstraktion, Klassifikation]
Erklärung	Ein Ereignis wird aus dem Geschehen herausgegriffen und losgelöst von seinem Kontext analysiert. [Selektion und Abstraktion]
Bewertung	Ein Ereignis wird aus dem Geschehen herausgegriffen und wird bewertet. [Selektion und Klassifikation]
Beschreibung	Ein Ereignis wird aus dem Geschehen herausgegriffen und wird beschrieben. [Selektion]

Die oberste Ausprägung für den Analyseprozess „3-Schritt der Analyse" beinhaltet die drei Elemente, die für die Beobachtung als zentral herausgestellt wurden: Selektion, Abstraktion und Klassifikation. In Bezug auf die Analyse von Unterrichtsaufzeichnungen werden diese in einem Text deutlich, bei dem Ereignisse beschrieben, aus ihrem Kontext herausgelöst (Selektion) und erklärt (Abstraktion) und schließlich auf dieser Grundlage bewertet werden (Klassifikation). Die zweite Ausprägung wird als „Erklärung" bezeichnet. Hierfür ist es wichtig, dass Ereignisse aus dem Gesamtgeschehen herausgegriffen und losgelöst von ihrem Kontext analysiert werden. Im Gegensatz zu der Ausprägung „3-Schritt der Analyse" fehlt jedoch eine Bewertung der Situation. Als drittes umfasst die Kategorie „Bewertung" Analysen, bei denen ein Ereignis vornehmlich aus dem Geschehen herausgegriffen und bewertet wird. Der Unterschied zur „Erklärung" besteht darin, dass in diesem Schritt keine Analyse der Ereignisse stattfindet. Als weiterer Schritt, der die Grundlage der Analyse verdeutlicht, wurde die Stufe der „Beschreibung" definiert. Hierbei werden Einzelheiten aus dem Kontext herausgegriffen und im Text dargestellt. Die verschiedenen inhaltlichen Ausprägungen im Analyseprozess, die hier erläutert wurden, zeigen Bereiche, nach denen die schriftlichen Texte von Lehrpersonen klassifiziert werden können. Sie nehmen von der Ausprägung „3-Schritt der Analyse" bis hin zur „Beschreibung" an Differenziertheit ab.

Fokussiertheitsgrad der Analyse

Der Fokussiertheitsgrad der Analyse spezifiziert die Kompetenz, gezielte Fragen an das Geschehen auf der Grundlage der wahrgenommenen Ereignisse zu beantworten. Dies spielt eine wichtige Rolle für das Erkennen und Verstehen relevanter Aspekte im Unterricht. Ohne einen fokussierten Blick auf das Geschehen kann es zu einer Überforderung des Beobachtenden aufgrund der Komplexität des Materials kommen (Sweller, 1988; Sweller et al., 1998). Bisherige Studien zeigen, dass es erfahrenen Personen besser gelingt, relevante Aspekte aus einem Geschehen herauszufiltern, als Personen mit eingeschränkter Erfahrung (Berliner, 1987; Carter et al., 1987; Gruber, 2004; Morine & Vallance, 1975). In den geschilderten Untersuchungen zeichneten sich Experten gegenüber Novizen dadurch aus, dass sie aus der Fülle an Informationen solche auswählten und erinnerten, die sich auch im weiteren Verlauf der Stunde als zentral herausstellten. Zudem waren sich die Experten untereinander in der Auswahl der bedeutsamen Ereignisse einig (Carter et al., 1988; Carter et al., 1987). Dies führt zu folgenden Ausprägungen für den Fokussiertheitsgrad in der Analyse (Tab. 6).

Tab. 6: Ausprägungen für den Fokussiertheitsgrad in der Analyse

Beantwortung gezielter Fragen	Es werden Einzelereignisse mit Fokus auf gezielte Fragen beschrieben. Diese werden so zusammengefasst, dass es zu einer Beantwortung der Frage kommt.
Fokus auf gezielte Fragen	Es werden Einzelereignisse mit Fokus auf eine gezielte Frage beschrieben.
Unfokussiert	Es werden Einzelereignisse ohne Fokus auf gezielte Fragen beschrieben.

Für den Fokussiertheitsgrad in der Analyse werden drei Ausprägungen unterschieden. Als „Beantwortung gezielter Fragen" wird ein Text charakterisiert, wenn in Bezug auf eine gezielte Frage relevante Ereignisse aus dem Geschehen herausgefiltert werden und sie zu einer treffenden Beantwortung der Frage führen. Haben die Ereignisse zwar einen Bezug zu einer Frage, werden jedoch nicht so zusammengefasst, dass sie zu einer Aussage im Hinblick auf eine Beantwortung der Frage kommen, wird dies durch die Ausprägung „Fokus auf gezielte Frage" beschrieben. Bei der Ausprägung „unfokussiert" werden Einzelereignisse aus dem Gesamtgeschehen herausgehoben, die jedoch keinen Bezug zu einer gezielten Frage erkennen lassen. Diese Ausprägung beschreibt eine ungerichtete Form der Analyse; bis hin zur Ausprägung „Beantwortung gezielter Fragen" nimmt die Analyse an Spezifikation und Fokussiertheit zu.

Umfang und Art der Klassifikation

Durch den Umfang und die Art der Klassifikation wird beschrieben, inwieweit Ereignisse in übergeordnete Konzepte integriert und mit Fachbegriffen versehen werden. Durch eine solche Integration bekommt ein Einzelereignis eine Bedeutung im Hinblick auf das gesamte Unterrichtsgeschehen und kann vor diesem Hintergrund interpretiert und bewertet werden. Um sicherzustellen, dass verschiedene Personen ein ähnliches Verständnis von verschiedenen Konzepten haben und ähnliche Einzelmerkmale als den Konzepten zugehörig betrachtet werden, ist es von entscheidender Bedeutung, dass diese Personen über einen Wortschatz an Bezeichnungen verfügen, die in ihrer Fachgruppe üblich sind (Bromme, 2000).

Wird die Berufsgruppe der Lehrpersonen in den Blick genommen, fällt jedoch auf, dass diese insbesondere in Deutschland von einer Kultur des Lehrerindividualismus geprägt ist, der häufig mit „Einzelkämpfertum" umschrieben wird (Bund-

Länder-Kommission, 1997). Die Kooperation in Lehrerkollegien beschränkt sich oft auf den Austausch von Unterrichtsmaterialien (Bund-Länder-Kommission, 1997). So wurde in verschiedenen Studien herausgestellt, dass Lehrpersonen sich in vielen Fällen nicht einer einheitlichen theoretischen Wissensbasis für ihr praktisches Handeln bedienen (Hiebert et al., 2002) und somit davon ausgegangen werden muss, dass sie nur in begrenztem Umfang über eine geteilte Fachsprache verfügen.

Der Umfang und die Art der Klassifikation beziehen sich auf die Frage, inwieweit Einzelereignisse in bestehende Wissensstrukturen eingeordnet werden. Das Vorwissen von Lehrpersonen über lehr-lernpsychologisch relevante Konzepte spielt dabei eine wichtige Rolle. Hier haben Studien darauf hingewiesen, dass es Personen, bei denen davon ausgegangen werden kann, dass sie über komplexes theoretisches Wissen und praktische Erfahrungen verfügen (Experten), leichter zu fallen scheint, Einzelereignisse in übergeordnete Konzepte zu integrieren. Bei Carter et al. (1988; 1987), Hanninen (1985), Peterson und Comeaux (1987) und Sabers et al. (1991) zeigte sich übereinstimmend, dass Experten den Novizen darin überlegen waren, Einzelereignisse zu kategorisieren und zu einem Gesamtbild zusammenzufügen. Für die Teilkompetenz im Umfang und in der Art der Klassifikation lassen sich daher folgende inhaltliche Ausprägungen beschreiben (Tab. 7):

Tab. 7: Ausprägungen für den Umfang und die Art der Klassifikation

Integration in Fachkonzepte	Es werden Einzelereignisse zu übergeordneten Konzepten zusammengefasst und diese lehr-lerntheoretisch eingeordnet.
Integration in Alltagskonzepte	Es werden Einzelereignisse zusammengefasst und die übergeordneten Konzepte werden alltagssprachlich beschrieben.
Einzelereignisse	Es werden Einzelereignisse ohne inhaltlichen Zusammenhang beschrieben.

Wird der Text durch die Ausprägung „Integration in Fachkonzepte" charakterisiert, bedeutet dies, dass Einzelereignisse zu übergeordneten Konzepten zusammengefasst und diese lehr-lerntheoretisch eingeordnet werden. Eine weitere Ausprägung wird als „Integration in Alltagskonzepte" beschrieben, da hier Einzelereignisse in Konzepte eingeordnet werden, die mit alltagssprachlichen Begriffen umschrieben werden. Im Hinblick auf die Klassifikation zeichnet sich die Ausprägung „Einzelereignisse" dadurch aus, dass der Text Ereignisse enthält, die nicht miteinander kombiniert werden, um einen übergeordneten Zusammenhang wiederzugeben.

Eine Klassifikation von Ereignissen im Sinne einer Einordnung in übergeordnete Konzepte findet bei der Ausprägung „Einzelereignisse" nicht statt; umfassend wird sie in der Ausprägung „Integration in Fachkonzepte" umgesetzt.

Qualität der schriftlichen Dokumentation

Für die schriftliche Dokumentation ist es wichtig, Notizen so anzulegen und zu strukturieren, dass sie als Gedächtnisstütze dienen können und für spätere Kategorisierungen und Bewertungen aussagekräftig und nutzbar sind. Es sollten vor allem relevante Ereignisse und bedeutsame Zusatzinformationen und Überlegungen, die zum Zeitpunkt der Wahrnehmung vorlagen, festgehalten werden. So können überflüssige Informationen reduziert und wichtige Aspekte für weitere Schlussfolgerungen berücksichtigt werden. Hier dürfte zum einen wiederum die Fähigkeit von Experten zum Tragen kommen, relevante Ereignisse von nebensächlichen Informationen zu trennen (Carter et al., 1988; Carter et al., 1987; Sabers et al., 1991). Zum anderen erbaten Experten bei ihrer Beobachtung Zusatzinformationen (Calderhead, 1981) und fokussierten auf wahrnehmbare Hintergrundinformationen (Berliner, 1987; Carter et al., 1987). Dies führt für die Qualität der schriftlichen Dokumentation zu folgenden Ausprägungen (Tab. 8):

Tab. 8: Ausprägungen für die Qualität der schriftlichen Dokumentation

Angereicherte Dokumentation	Die schriftlichen Notizen enthalten Hinweise auf relevante Ereignisse, wobei auf mögliche Zusammenhänge und Hintergründe verwiesen wird.
„Anker"	Die schriftlichen Notizen enthalten Hinweise auf Ereignisse, denen eine mögliche Bedeutung für das spätere Geschehen zugeschrieben wird.
„Fragmente"	Die schriftlichen Notizen bestehen aus „Fragmenten", die Einzelereignisse abbilden.

Auch für die Qualität der schriftlichen Dokumentation werden drei verschiedene Ausprägungen unterschieden. Die Ausprägung „angereicherte Dokumentation" wird durch Notizen charakterisiert, bei denen für das Geschehen relevante Ereignisse beschrieben werden. Zusätzlich finden sich Hinweise auf mögliche Zusammenhänge und Hintergründe der Situationen. Bei der Ausprägung, die als „Anker" bezeichnet wird, beinhaltet der Text ebenfalls Ereignisse, denen eine mögliche Bedeutung für das spätere Geschehen zugeschrieben wird. Diese Notizen dienen als Gedächtnisstütze, um die entsprechenden Ereignisse im Verlauf der weiteren Analyse nicht aus den Augen zu verlieren. Im Gegensatz zu der Kategorisierung „angereicherte Dokumentation" werden neben den herausgegriffenen Aspekten jedoch keine Zusatzinformationen hinzugefügt. Wird der Text der Ausprägung „Fragmente" zugeordnet, zeichnet er sich vor allem durch den Vermerk einzelner, willkürlich erscheinender Ereignisse aus. Die Aussagekraft der Notizen im Hinblick auf ihre Funktion als Gedächtnisstütze nimmt von der Ausprägung „Fragmente" bis hin zu der Ausprägung „angereicherte Dokumentation" zu.

Des Weiteren wurde der Prozess als wichtig herausgestellt, mit dem Personen zu einer Bewertung des Geschehens kommen. Der konstruktive Umgang mit Wertung wurde durch die Kompetenz beschrieben, Überlegungen zu Ursachen, Konsequenzen und Handlungsalternativen bei einer Einschätzung der Situationen zu berücksichtigen. Dies verhindert Fehler, die darauf beruhen, dass ein Gesamteindruck Einzelereignisse überlagert (Hasemann, 1983; Thorndike, 1920) oder dass vorschnell bewertet wird (Atteslander, 1988). Insbesondere die Studie von Hanninen (1985) hat gezeigt, dass Experten erst vor dem Hintergrund einer genaueren und vertiefenden Beobachtung des Geschehens zu einer Bewertung der Situation gelangten. Novizen trafen ihre Entscheidung zur Bewertung dagegen auf Grundlage einer einfachen Beschreibung des Unterrichtsgeschehens.

Für den Umgang mit Wertung werden folgende inhaltliche Ausprägungen unterschieden (Tab. 9):

Tab. 9: Ausprägungen für den Umgang mit Wertung

Aufzeigen von Handlungs- alternativen	Ereignisse werden als kritisch erkannt und Überlegungen zu möglichen Handlungsalternativen angestellt.
Aufzeigen von Konsequenzen	Ereignisse werden als kritisch erkannt und mögliche Konsequenzen des Verhaltens aufgezeigt.
Bewertung kritischer Ereignisse	Ereignisse werden als kritisch erkannt und negativ bewertet.
Beschreibung kritischer Ereignisse	Ereignisse werden als kritisch erkannt und beschrieben.

Für den Umgang mit Wertung werden vier Ausprägungen unterschieden. Ereignisse können zunächst als kritisch herausgestellt werden und dabei Hinweise auf mögliche Handlungsalternativen enthalten. Dieser Bereich wird als sehr differenziert eingeordnet und mit dem „Aufzeigen von Handlungsalternativen" umschrieben. Zudem wurde eine Kategorie formuliert, bei der mögliche Konsequenzen, die aufgrund bestimmter Ereignisse denkbar wären, im Text auftauchen. Diese Kategorie beschreibt die zweite Stufe und wird als „Aufzeigen von Konsequenzen" bezeichnet. Bei der darauf folgenden Ausprägung „Bewertung kritischer Ereignisse" steht die negative Bewertung der kritischen Ereignisse, die in den Texten beschrieben werden, im Zentrum. Beinhaltet der Text schließlich überwiegend Ereignisse, die als kritisch erkannt und als solche aus dem Gesamtgeschehen herausgestellt werden, wird dieser durch die Ausprägung „Beschreibung kritischer Ereignisse" charakterisiert. Im Vergleich zu der Kategorisierung „Bewertung kritischer Ereignisse" wird hier jedoch keine Bewertung der Situationen vorgenommen. Der Umgang mit

Wertung wird durch die Ausprägungen von beschreibend („Beschreibung kritischer Ereignisse") bis hin zum „Aufzeigen von Handlungsalternativen" als zunehmend differenzierter dargestellt.

Für die aus Merkmalen der Beobachtungsforschung abgeleiteten Kriterien der kompetenten Unterrichtswahrnehmung wurden in diesem Abschnitt vor dem Hintergrund von Befunden aus Expertisestudien inhaltliche Ausdifferenzierungen vorgenommen. Diese ermöglichen es, Kompetenzen von Personen im Hinblick auf die einzelnen Kriterien qualitativ einzuordnen. Es wurden jeweils einfache Ausprägungen bis hin zu differenzierten Ausprägungen unterschieden. Im folgenden Abschnitt werden die einzelnen Kriterien mit ihren jeweiligen inhaltlichen Ausprägungen in ein Gesamtmodell zusammengefasst, das als Modell für die Gesamtkompetenz in der Wahrnehmung von Unterrichtsaufzeichnungen betrachtet werden kann.

5.2.3 Gesamtmodell der kompetenten Unterrichtswahrnehmung

Die einzelnen Kriterien, die in den vorangegangenen Abschnitten beschrieben wurden, stellen Teilkompetenzen dar, deren Ausprägungen eine Gesamtkompetenz in der Wahrnehmung von Unterrichtsaufzeichnungen abbilden. Um ein Modell für diese Gesamtkompetenz zu entwickeln, werden die Teilkompetenzen im letzten Abschnitt schließlich zusammengefasst. Ein solches Gesamtmodell der kompetenten Unterrichtswahrnehmung ermöglicht es, Kompetenzprofile von Personen über die einzelnen Kriterien hinweg zu beschreiben. Tabelle 10 zeigt die fünf Kriterien mit ihren jeweiligen inhaltlichen Ausprägungen.

Tab. 10: Gesamtmodell für die kompetente Unterrichtswahrnehmung

Qualität der Analyse	Analyse-prozess	Fokussiert-heitsgrad der Analyse	Umfang und Art der Klassifikation	Qualität der schriftlichen Dokumentation	Umgang mit Wertung
Differenziert	3-Schritt der Analyse	Beantwortung gezielter Fragen	Integration in Fachkonzepte	Angereicherte Dokumentation	Aufzeigen von Handlungsalternativen
↑	Erklärung	Fokus auf gezielte Fragen	Integration in Alltagskonzepte	„Anker"	Aufzeigen von Konsequenzen
↓	Bewertung				Bewertung kritischer Ereignisse
Global	Beschreibung	Unfokussiert	Einzelereignisse	„Fragmente"	Beschreibung kritischer Ereignisse

69

Das Modell führt die einzelnen Kriterien mit ihren inhaltlichen Ausprägungen zusammen. Dadurch lassen sich nun übergreifende Kompetenzen durch die Kombination von Ausprägungen auf den unterschiedlichen Kriterien beschreiben. Ein solches Profil lässt sich beispielsweise durch die differenzierten Ausprägungen der jeweiligen Teilkompetenzen beschreiben (Tab. 11).

Tab. 11: Profil über die differenzierten Ausprägungen der Teilkompetenzen

Qualität der Analyse	Analyseprozess	Fokussiertheitsgrad der Analyse	Umfang und Art der Klassifikation	Qualität der schriftlichen Dokumentation	Umgang mit Wertung
Differenziert ↕ Global	3-Schritt der Analyse	Beantwortung gezielter Fragen	Integration in Fachkonzepte	Angereicherte Dokumentation	Aufzeigen von Handlungsalternativen

Eine differenzierte Analyse von Unterrichtsaufzeichnungen lässt sich dadurch kennzeichnen, dass Ereignisse beschrieben, erklärt und auf dieser Grundlage schließlich bewertet werden („3-Schritt der Analyse"). Zudem werden Ereignisse im Hinblick auf eine gezielte Frage aus dem Geschehen herausgefiltert und zur Beantwortung der Frage zusammengeführt („Beantwortung gezielter Fragen"). Zudem werden die Einzelereignisse in übergeordnete Konzepte integriert und lehr-lerntheoretisch eingeordnet („Integration in Fachkonzepte"). Die schriftlichen Notizen beinhalten Hinweise auf Zusammenhänge und Hintergründe der genannten Ereignisse („angereicherte Dokumentation"); im Hinblick auf kritische Ereignisse werden Überlegungen zu Handlungsalternativen aufgezeigt („Aufzeigen von Handlungsalternativen").

Ein weiteres Profil zeichnet sich durch die mittleren Ausprägungen der Teilkompetenzen aus. Dieses Profil zeigt Tabelle 12.

Tab. 12: Profil über die mittleren Ausprägungen der Teilkompetenzen

Qualität der Analyse	Analyseprozess	Fokussiertheitsgrad der Analyse	Umfang und Art der Klassifikation	Qualität der schriftlichen Dokumentation	Umgang mit Wertung
Differenziert ↕ Global	Erklärung	Fokus auf gezielte Fragen	Integration in Alltagskonzepte	„Anker"	Aufzeigen von Konsequenzen
	Bewertung				Bewertung kritischer Ereignisse

Ein Profil über die mittleren Ausprägungen kennzeichnet sich durch folgende Merkmale: Ereignisse werden aus dem Gesamtgeschehen herausgegriffen und beschrieben. Anschließend werden sie losgelöst von ihrem Kontext analysiert („Erklärung") oder bewertet („Bewertung"). Im Hinblick auf den Fokussiertheitsgrad werden relevante Situationen in Bezug auf eine gezielte Frage genannt, jedoch nicht zu einer abschließenden Beantwortung der Frage zusammengeführt („Fokus auf gezielte Fragen"). Zudem werden Einzelheiten in übergeordnete Konzepte eingeordnet und diese alltagssprachlich beschrieben („Integration in Alltagskonzepte"). Die schriftlichen Ausführungen beinhalten Aspekte, von denen eine weitere Bedeutung angenommen wird, sodass diese als Gedächtnisanker dienen können. Im weiteren Verlauf des Geschehens können vorangegangene Ereignisse mithilfe der Notizen in Erinnerung gerufen werden („Anker"). Schließlich zeichnet sich ein Profil über die mittleren Ausprägungen in Hinblick auf den Umgang mit Wertung dadurch aus, dass für kritische Ereignisse mögliche Konsequenzen aufgezeigt („Aufzeigen von Konsequenzen") oder aber dass diese negativ bewertet werden („Bewertung kritischer Ereignisse").

Schließlich lässt sich auch ein Profil über die globalen Ausprägungen der Kriterien beschreiben (Tab. 13).

Tab. 13: Profil über die globalen Ausprägungen der Teilkompetenzen

Qualität der Analyse	Analyseprozess	Fokussiertheitsgrad der Analyse	Umfang und Art der Klassifikation	Qualität der schriftlichen Dokumentation	Umgang mit Wertung
Differenziert ↑ ↓ Global	Beschreibung	Unfokussiert	Einzelereignisse	„Fragmente"	Beschreibung kritischer Ereignisse

Das Profil, das eine globale Analyse beschreibt, weist folgende Merkmale auf: Die für die Analyse aus dem Geschehen herausgestellten Ereignisse werden in den Ausführungen beschrieben („Beschreibung"). Dabei ist kein Zusammenhang der genannten Situationen in Bezug zu gezielten Fragen erkennbar („unfokussiert") und es fehlt ein inhaltlicher Bezug zu bestimmten Konstrukten („Einzelereignisse"). Auch in den schriftlichen Ausführungen werden überwiegend Einzelereignisse sichtbar. Diesen kommt im Hinblick auf die Erinnerungsfunktion wenig Aussagekraft zu. Schließlich werden in Hinblick auf den Umgang mit Wertung kritische Ereignisse aus dem Geschehen herausgelöst und als solche beschrieben („Beschreibung kritischer Ereignisse").

Zusammenfassung

Der vorliegende Abschnitt diente dazu, Kriterien für die kompetente Unterrichtswahrnehmung zu identifizieren. Diese basieren auf Merkmalen der Beobachtungsforschung, die auf die Wahrnehmung von Unterrichtsaufzeichnungen übertragen wurden. Die fünf Kriterien für die Kompetenz in der Wahrnehmung von Unterrichtsaufzeichnungen sind der Analyseprozess, der Fokussiertheitsgrad der Analyse, Umfang und Art der Klassifikation, die Qualität der schriftlichen Dokumentation und der Umgang mit Wertung. Vor dem Hintergrund der Befunde aus Studien der Expertiseforschung, die Unterschiede zwischen Lehrpersonen in ihren Wahrnehmungs- und Verarbeitungsprozessen aufgezeigt haben, wurden für die einzelnen Teilkompetenzen inhaltliche Ausprägungen differenziert, die Unterschiede in der Qualität der Analysen abbilden. Eine Integration der Kriterien mit ihren jeweiligen Ausprägungen in ein Gesamtmodell geschah vor dem Hintergrund, Profile, die die Gesamtkompetenz der Analyse von Unterrichtsaufzeichnungen darstellen, über die Teilkompetenzen hinweg beschreiben zu können. Über die fünf Bereiche hinweg wurden drei lineare Profile durch die Kombination der jeweiligen Ausprägungen auf den Kriterien konkretisiert. Dazu wurden Profile über die differenzierten, die mittleren und die globalen Ausprägungen der Teilkompetenzen dargestellt. Die Ausprägungen bieten zum einen die Gelegenheit, Kompetenzen von Lehrpersonen in ihrer Qualität zu unterscheiden. Zum anderen stellen sie eine Grundlage dar, die entsprechenden Teilkompetenzen inhaltlich zu interpretieren.

Ziel dieses Kapitels war es, Kriterien für die kompetente Unterrichtswahrnehmung von Lehrpersonen theoretisch abzuleiten. Die Kompetenz in der vertiefenden Analyse von Unterrichtsaufzeichnungen wird insofern als wichtig erachtet, dass sie den Möglichkeitsraum aufzeigt, über den Lehrpersonen verfügen, auch im aktuellen Unterrichtsgeschehen qualitativ relevante Aspekte zu erkennen. Eine vertiefende Analyse ist auf einen fokussierten Blick angewiesen und ist in diesem Aspekt vergleichbar mit der Durchführung wissenschaftlicher Beobachtungen. Vor diesem Hintergrund wurde für die theoretische Konzeption der Kriterien zur Beschreibung der Kompetenz in der Wahrnehmung von Unterrichtsaufzeichnungen auf Merkmale aus der Beobachtungsforschung zurückgegriffen. Hier wurden die Selektion, Abstraktion, Klassifikation, Systematisierung und Relativierung zugrunde gelegt. Die Gesamtkompetenz in der vertiefenden Analyse wurde entsprechend durch fünf Kriterien beschrieben, die vor dem Hintergrund von Befunden aus der Expertiseforschung inhaltlich ausdifferenziert werden konnten. Dazu zählen der Analyseprozess, der Fokussiertheitsgrad in der Analyse, Umfang und Art der Klassifikation, die Qualität der schriftlichen Dokumentation und der Umgang mit Wertung. Durch die Zusammenfassung der Teilkompetenzen in ein Gesamtmodell können zudem Kompetenzprofile beschrieben werden.

Ziel der Arbeit ist es nun, mithilfe des theoretisch entwickelten Modells Ausprägungen der kompetenten Unterrichtswahrnehmung von Lehrpersonen zu beschreiben.

6 Fragestellungen

Im Zentrum dieser Arbeit steht die kompetente Unterrichtswahrnehmung von Lehrpersonen. Sie wurde im theoretischen Teil als ein wichtiger Aspekt der Professionalität von Lehrpersonen herausgestellt (vgl. Kapitel 3). Da Unterrichtssituationen aufgrund der Anforderungen an die Lehrpersonen und die gleichzeitig große Fülle an Informationen sehr komplex sind, ist es notwendig, dass Lehrpersonen über eine Kompetenz in der Wahrnehmung verfügen, die es ihnen ermöglicht, in der Vielschichtigkeit des Unterrichtsgeschehens solche Aspekte zu erkennen, die für Lehr-Lernprozesse relevant sind.

Diese Kompetenz lässt sich jedoch nur schwer im realen Unterrichtsgeschehen erfassen. Wird Unterricht jedoch aufgezeichnet, kann eine Analyse des Videomaterials durch Lehrpersonen wertvolle Hinweise darauf liefern, welche Möglichkeiten den Lehrenden zur Verfügung stehen, relevante Unterrichtsmerkmale auch im realen Geschehen zu erkennen.

In dieser Arbeit steht daher die Beschreibung von Kompetenzen von Lehrpersonen bei der vertiefenden Analyse von Unterrichtsaufzeichnungen im Mittelpunkt. Für eine Erfassung der Kompetenzen wurden für diese Untersuchung verschiedene Herangehensweisen kombiniert. Basierend auf der Beobachtungsforschung wurden in Kapitel 5 Kriterien abgeleitet, die einzelne Teilkompetenzen in der Wahrnehmung von Unterrichtsaufzeichnungen abbilden. Es wurden die fünf Bereiche Analyseprozess, Fokussiertheitsgrad der Analyse, Umfang und Art der Klassifikation, Qualität der schriftlichen Dokumentation und Umgang mit Wertung unterschieden. Im Weiteren dienten Befunde zu Wahrnehmungsprozessen von Lehrpersonen aus Studien der Expertiseforschung dazu, die Teilkompetenzen inhaltlich auszudifferenzieren. Die fünf Kriterien mit ihren jeweiligen Inhaltsbereichen wurden schließlich in einem Gesamtmodell der kompetenten Unterrichtsanalyse zusammengeführt. Dieses Modell bietet die Grundlage, Kompetenzen von Lehrpersonen in der Analyse von Unterrichtsaufzeichnungen differenziert zu beschreiben. Für die vorliegende Arbeit ergeben sich hieraus folgende Fragestellungen:

1) Durch welche Ausprägungen des entwickelten Modells der kompetenten Unterrichtsanalyse lassen sich die Kompetenzen der Teilnehmerinnen und Teilnehmer der Untersuchung beschreiben?

Eine zentrale Annahme der Arbeit ist, dass Lehrpersonen in ihrem Beruf vor die Aufgabe gestellt sind, lehr-lernrelevante Merkmale im Unterrichtsgeschehen zu erkennen. Inwieweit sie über ein Potential verfügen, diese im realen Unterricht zu identifizieren, wird über ihre Analyse von Unterrichtsaufzeichnungen untersucht. Um die kompetente Unterrichtswahrnehmung von Lehrpersonen beschreiben zu können, wurden theoretisch fundierte Kriterien abgeleitet und anhand verschiedener Ausprägungen inhaltlich ausdifferenziert. Das entstandene Modell dient als Grundlage, um zu untersuchen, durch welche Ausprägungen auf den Kriterien die

Teilnehmerinnen und Teilnehmer der vorliegenden Untersuchung in Hinblick auf ihre Kompetenz der vertiefenden Unterrichtsanalyse beschrieben werden können.

2) Welche Profile in der Analyse von Unterrichtsaufzeichnungen zeigen die Teilnehmerinnen und Teilnehmer über die verschiedenen Teilkompetenzen hinweg?

Analog zur Beobachtungsforschung, in der fünf Schritte herausgestellt wurden, die dazu beitragen, die Gefahr einer subjektiven Verzerrung der Beobachtung zu reduzieren, wird auch für die abgeleiteten Kriterien angenommen, dass sie gemeinsame Teilkomponenten einer Gesamtkompetenz in der Wahrnehmung von Unterrichtsaufzeichnungen darstellen. Ein kohärentes Bild für die kompetente Unterrichtswahrnehmung lässt sich daher erst durch eine Kombination der Teilkomponenten abbilden, die für jede Person ein bestimmtes Kompetenzprofil über die Kriterien hinweg ergibt. Die Annahmen für die zweite Fragestellung sind daher folgende:

(a) Die Kriterien bilden jeweils einzelne Komponenten der Gesamtkompetenz ab und beschreiben gemeinsam die Kompetenz in der Wahrnehmung von Unterrichtsaufzeichnungen.

(b) Über die fünf Kriterien hinweg lassen sich stabile Profile für die einzelnen Personen identifizieren.

(c) Stabile Profile zeigen sich auf allen Qualitätsebenen der Analyse (global, mittel, differenziert).

Bildet das Modell der einzelnen Teilkomponenten die Gesamtkompetenz für die Wahrnehmung von Unterrichtsaufzeichnungen ab, so wird davon ausgegangen, dass sich die jeweilige Ausprägung der Kompetenz auch auf ihre einzelnen Teilkomponenten bezieht. Somit wird für die einzelnen Personen ein stabiles Profil vermutet. Wird beispielsweise eine differenzierte Ebene für ein Kriterium erreicht, wird angenommen, dass auch im Hinblick auf ein anderes Kriterium eine differenzierte Beobachtung durchgeführt wird. Zeigen sich daher stabile Profile für die einzelnen Personen, weist dies darauf hin, dass das Modell tatsächlich eine Gesamtkompetenz abbildet.

3) Wie unterscheiden sich Personen, die über unterschiedliche Voraussetzungen für die Beobachtung von Unterricht verfügen, in ihren Analysen?

Unterschiede in der Kompetenz der vertiefenden Analyse von Unterrichtsaufzeichnungen lassen sich zwischen Personen erwarten, die über verschiedene Voraussetzungen im Hinblick auf ihr professionelles Wissen verfügen. In Kapitel 3 dieser Arbeit wurde die kompetente Unterrichtswahrnehmung als wichtige Vermittlungskomponente zwischen Wissen und Handeln herausgestellt. Aufgrund ihrer Ausbildung und ihrer beruflichen Tätigkeiten ist anzunehmen, dass die Teilnehmerinnen und Teilnehmer der vorliegenden Untersuchung über unterschiedliches theoretisches Wissen und unterschiedliche praktische Erfahrungen verfügen und sich darüber verschiedene Voraussetzungen für die Analyse von Unterricht ergeben. Im Folgenden sind Annahmen dazu formuliert, wie sich das Ausmaß der Differenziertheit des theoretischen Wissens in Zusammenspiel mit dem Umfang an praktischer Erfahrung auf die Kompetenz in der Wahrnehmung von Unterrichtsaufzeichnungen auswirkt.

Wissen differenziert – Erfahrung umfangreich

Verfügt eine Person sowohl über eine differenzierte Wissensbasis als auch über umfangreiche Erfahrung in der Unterrichtswahrnehmung, treffen nach den Modellvorstellungen der Schematheorie folgende zwei Tendenzen aufeinander: Durch umfangreiche Erfahrung mit Unterricht ist die Möglichkeit gegeben, die Aufmerksamkeit insbesondere auf außergewöhnliche Ereignisse zu richten, da formale Aspekte automatisiert verarbeitet werden können. Weiterhin stellt die differenzierte Wissensbasis die Grundlage dafür dar, dass die wahrgenommenen Ereignisse in kognitive Strukturen integriert werden können.

Insgesamt kann diese Kombination der Voraussetzungen für die Qualität der Analyse von Unterrichtsaufzeichnungen als günstig angesehen werden. Es kann angenommen werden, dass diese Personen über die kognitiven Kapazitäten und das notwendige fachliche Wissen verfügen, um eine differenzierte Analyse von Unterricht durchzuführen. Daher wird davon ausgegangen, dass sich für eine Personengruppe mit differenziertem Wissen und umfangreicher Erfahrung differenzierte Ausprägungen für die einzelnen Teilkompetenzen beschreiben lassen. Als ein Beispiel für Personen, die dieser Gruppe zugeordnet werden können, werden in dieser Arbeit Vertreterinnen und Vertreter der Schulinspektion betrachtet. Diese verfügen über eine Ausbildung zum Lehrberuf und sind als Mitglieder der Schulinspektion mit der Beobachtung und Bewertung von Unterricht vertraut. Vor diesem Hintergrund wird erwartet, dass diese Personengruppe sowohl über differenziertes Wissen als auch über umfangreiche Erfahrung in der Wahrnehmung von Unterricht verfügt.

   a) Für Personen mit differenziertem Wissen und umfangreicher Erfahrung wird
      ein hoher Grad an Differenziertheit in der Analyse von Unterrichtsaufzeichnungen erwartet.

Wissen differenziert – eingeschränkte Erfahrung

Bei Personen, die hingegen über eingeschränkte Erfahrung mit Unterricht verfügen, dürfte sich zeigen, dass bereits das Herausfiltern und das Wahrnehmen relativ leicht erkennbarer Ereignisse kognitiv anspruchsvoll sind. Die differenzierte Wissensbasis dürfte vor diesem Hintergrund vermehrt auf eine Bestätigung der vorhandenen Schemata abzielen. Das Wissen stellt das Suchraster dar, mit dem Informationen ausgewählt werden, und soll anhand des Beobachtbaren gleichzeitig bestätigt werden. Differenzierte Wissensschemata lenken daher die Wahrnehmung auf Informationen hin, die die bestehenden Schemata bestätigen und unterstützen. So wird davon ausgegangen, dass Personen mit differenziertem Wissen und eingeschränkter Erfahrung dazu neigen, Einzelereignisse zu beschreiben. Je nach dem Wissen, das verschiedenen Aspekten zugrunde liegt, können die Ereignisse dann vereinzelt differenziert betrachtet werden. Eine Einbettung der jeweiligen Ereignisse in übergeordnete und theoretisch fundierte Konzepte wird hingegen nicht erwartet.

Es besteht daher die Hypothese, dass sich die Analyse der Unterrichtsaufzeichnungen für Personen mit differenziertem Wissen, jedoch eingeschränkter Erfahrung insgesamt durch Ausprägungen von mittlerer Differenziertheit beschreiben lassen. Für diese Personengruppe werden beispielhaft die Analysen von Lehramtsstudierenden zugrunde gelegt.

b) Für Personen mit differenziertem Wissen und eingeschränkter Erfahrung wird eine mittlere Differenziertheit in der Analyse von Unterrichtsaufzeichnungen erwartet.

Eingeschränktes Wissen – umfangreiche Erfahrung

Als dritte Gruppe werden Personen mit relativ geringem oder nicht direkt verfügbarem theoretischem Wissen, jedoch mit umfangreicher Erfahrung in der Unterrichtswahrnehmung in den Blick genommen. Hier kann angenommen werden, dass sich die Beobachtung eng an den tatsächlich beobachtbaren Ereignissen orientiert, da eine große Anzahl an Automatismen freie Kapazitäten schafft, Einzelheiten im Geschehen wahrzunehmen. Die umfangreiche Erfahrung dürfte es durch die Automatismen zudem erlauben, die Aufmerksamkeit auf Aspekte zu richten, die von bekannten Ereignissen abweichen. Hierbei wäre es denkbar, dass verschiedene Einzelereignisse beschrieben werden, es aufgrund der eingeschränkten Wissensbasis jedoch nur zum Teil zu einer Einbettung und Weiterverarbeitung der Ereignisse kommt. Somit wird für Personen mit dieser Kombination an Voraussetzungen erwartet, dass sich die Teilkompetenzen überwiegend durch globale Ausprägungen charakterisieren lassen, die vermehrt auf einer beschreibenden und weniger auf einer erklärenden und einbettenden Ebene einzuordnen sind.

Aktiv tätige Lehrpersonen können als Vertreter dieser Gruppe eingestuft werden, da hier davon ausgegangen werden kann, dass in der Ausbildung bereits erworbenes theoretisches Wissen durch eigene praktische Erfahrungen überlagert und somit nicht mehr direkt verfügbar ist. Das Wissen ist eng mit automatisierten Handlungsabläufen verknüpft, was wiederum kognitive Ressourcen freisetzt und so relativ unvoreingenommene datenbasierte Wahrnehmungsprozesse ermöglicht.

c) Für Personen mit eingeschränktem Wissen und umfangreicher Erfahrung wird eine globale Analyse von Unterrichtsaufzeichnungen erwartet.

7 Methode

Ziel der Arbeit ist es, die Kompetenz der Teilnehmerinnen und Teilnehmer der vorliegenden Untersuchung in der Wahrnehmung von Unterrichtsaufzeichnungen anhand der Kriterien, die im theoretischen Teil dieser Arbeit entwickelt wurden, zu beschreiben. Dabei werden Teilkompetenzen und Profile über die Teilkompetenzen hinweg deskriptiv dargestellt. Zudem werden Unterschiede zwischen Gruppen mit unterschiedlichen Voraussetzungen, die als relevant für eine kompetente Unterrichtswahrnehmung erachtet werden, mithilfe univariater Varianzanalysen in den Blick genommen.

Dieses Kapitel dient der Darstellung des methodischen Vorgehens zur Bearbeitung der Fragestellungen. Dazu wird zuerst auf das Design (7.1) und die Stichprobe (7.2) der Studie näher eingegangen. Kapitel 7.3 und 7.4 befassen sich mit der Operationalisierung der Fragestellungen zu den Teilkompetenzen und den Kriterien für Wissen und Erfahrung. In Abschnitt 7.5 werden schließlich Fragen zur Auswertung der Daten geklärt.

7.1 Design

Die vorliegende Untersuchung ist in das DFG-Projekt „LUV – Lernen aus Unterrichtsvideos" (Prenzel & Seidel, 2003) eingebettet. Im Folgenden wird das Design des Projektes „LUV" dargestellt und es wird erläutert, welche Aspekte für die vorliegende Untersuchung relevant sind. Mit „LUV" wurde eine experimentelle Studie realisiert, die verschiedene Bedingungen der Unterrichtswahrnehmung variiert. So werden Personengruppen einbezogen, die sich in der Erfahrung mit videobasierter Unterrichtsforschung unterscheiden (Bedingung 1). Weiterhin wurde die Relevanz des Materials berücksichtigt, indem eigene beziehungsweise fremde Unterrichtsaufzeichnungen bearbeitet wurden (Bedingung 2), und schließlich wurde der Grad der instruktionalen Unterstützung in Form von strukturierten beziehungsweise unstrukturierten Aufgabenstellungen untersucht (Bedingung 3) (siehe Tab. 14).

Insgesamt umfasst die „LUV"-Stichprobe 135 Personen, die sich wie folgt auf die einzelnen Bedingungen verteilen.

Tab. 14: „LUV"-Stichprobe

Gesamt (N = 135)	Bedingung 1 „Erfahrung"	Bedingung 2 „Relevanz des Materials"	Bedingung 3 „Strukturierung"
Lehrpersonen (N = 23)	Erfahrung: „IPN-Videostudie"	Eigenes Video	Strukturiert
Lehrpersonen (N = 15)	Erfahrung: „IPN-Videostudie"	Fremdes Video	Strukturiert
Lehrpersonen (N = 29)	Unerfahren	Fremdes Video	Strukturiert
Lehrpersonen (N = 29)	Unerfahren	Fremdes Video	Unstrukturiert
Personen aus der Schulinspektion (N = 20)	Erfahrung: Schulinspektion	Fremdes Video	Strukturiert
Studierende (N = 19)	Unerfahren	Fremdes Video	Strukturiert

Gruppe 1 und 2 umfassen 38 von 50 Physiklehrerinnen und -lehrern, die bereits an der „IPN-Videostudie" teilgenommen hatten. Somit verfügen sie über Erfahrung mit videobasierter Unterrichtsforschung. Aufgrund der Stichprobenauswahl der Videostudie verteilen sich die Lehrpersonen auf die vier Bundesländer Schleswig-Holstein, Brandenburg, Baden-Württemberg und Bayern. Die insgesamt 38 Personen wurden zufällig der Bedingung „eigenes Video" bzw. „fremdes Video" zugeteilt. So ergab sich eine Gruppe 1 mit 23 Lehrpersonen, die Erfahrung mit videobasierter Unterrichtsforschung haben und ihre eigene Unterrichtsstunde anhand strukturierter Aufgabenstellungen analysierten. Die Gruppe 2 setzt sich aus 15 Lehrpersonen zusammen, die ebenfalls Erfahrung mit videobasierter Unterrichtsforschung haben, jedoch eine Unterrichtsaufzeichnung einer ihnen fremden Lehrperson mit ebenfalls strukturierten Aufgabenstellungen betrachteten.

Für Gruppe 3 und 4 wurde eine weitere Zufallsstichprobe für die vier genannten Bundesländer gezogen. Da diese Lehrkräfte neu zu der „LUV-Studie" hinzukamen, verfügten sie über keine Erfahrung mit videobasierter Unterrichtsforschung. Diese 58 Physiklehrerinnen und -lehrer wurden zufällig der Bedingung der Strukturiertheit in den Aufgabenstellungen zugewiesen. Gruppe 3 mit 29 Personen arbeitete mit einem fremden Video unter strukturierten Aufgabenstellungen, wohingegen Gruppe 4 mit ebenfalls 29 Personen das fremde Video unter der unstrukturierten Bedingung analysierte.

Zusätzlich ergab sich die Möglichkeit, 20 Personen aus der Schulinspektion in Schleswig-Holstein (Gruppe 5) und 19 Lehramtsstudierende der Universität Kiel (Gruppe 6) für eine Teilnahme an der Studie zu gewinnen. Hierbei handelt es sich jedoch nicht um Zufallsstichproben. Beide Gruppen bearbeiteten die Lernumgebung mit einem fremden Video unter strukturierten Bedingungen.

Innerhalb der vorliegenden Arbeit ist der Einfluss von Wissen und Erfahrung auf die kompetente Unterrichtswahrnehmung von Bedeutung. Daher wird für diese Arbeit die Unterscheidung von Personengruppen unter Bedingung 1 ins Auge gefasst. Bedingung 2 (Relevanz des Materials) und 3 (Grad der instruktionalen Unterstützung) werden im Design der Arbeit dagegen konstant gehalten (siehe Tab. 15).

Vor dem Hintergrund der für die dargestellte Untersuchung ausgewählten Bedingung (Bedingung 1) werden die Gruppen 2, 3, 5 und 6 der „LUV"-Stichprobe in die Auswertungen der Arbeit einbezogen. So liegen Daten von Personen vor, die alle mit dem gleichen fremden Video unter strukturierten Bedingungen gearbeitet haben. Sie unterscheiden sich lediglich im Ausmaß an Erfahrung mit videobasierter Unterrichtsforschung. Tabelle 15 zeigt die gewählten Untergruppen der Gesamtstichprobe.

Tab. 15: Stichprobe der vorliegenden Untersuchung

Gesamt (N = 83)	Bedingung 1 „Erfahrung"	Bedingung 2 „Relevanz des Materials"	Bedingung 3 „Strukturierung"
Lehrpersonen (N = 15)	Erfahrung: Berufsalltag „IPN-Videostudie"	Fremdes Video	Strukturiert
Lehrpersonen (N = 29)	Erfahrung: Berufsalltag	Fremdes Video	Strukturiert
Personen aus der Schulinspektion (N = 20)	Erfahrung: Schulinspektion	Fremdes Video	Strukturiert
Studierende (N = 19)	Unerfahren	Fremdes Video	Strukturiert

Durchführung der Datenerhebung

Die Datenerhebungen für die Studie fanden in den Jahren 2004 und 2005 in den jeweiligen Bundesländern statt. Im Vorfeld der Untersuchung bekamen die Teilnehmerinnen und Teilnehmer bereits einen Fragebogen zu Hintergrundmerkmalen zugesendet. Sie wurden gebeten, diesen auszufüllen und zu der Veranstaltung mitzubringen. Die Rücklaufquote für diesen Fragebogen betrug für die Gesamtstichprobe (N = 135) 94%.

Die Probanden wurden in Gruppen von 10 bis 20 Personen zu eintägigen Fort-bildungsveranstaltungen zum Thema „LUV – Lernen aus Unterrichtsvideos" an einen zentralen Ort innerhalb ihres Bundeslandes eingeladen. Nach einer kurzen theoretischen Einführung in das Projekt durch Mitarbeiterinnen des Forschungs-teams arbeiteten sie individuell mit der Lernumgebung. Jeder Person stand dafür ein Arbeitsplatz mit einem Notebook und Kopfhörern zur Verfügung. Die Bearbei-tung des Programms dauerte insgesamt zwischen fünf und sechs Stunden, inklusive Pausen. Zum Abschluss der Veranstaltung wurden die Aufnahmen in Kleingruppen diskutiert und die Veranstaltung mithilfe eines Fragebogens evaluiert. Tabelle 16 fasst die Instrumente zusammen.

Tab. 16: Eingesetzte Erhebungsinstrumente der Studie „LUV"

Instrument	Inhalt
Fragebogen	Hintergrundmerkmale
Lernprogramm „LUV"	Analyse von Unterrichtsaufzeichnungen
Kleingruppendiskussion	Diskussion der Aufnahmen und der Lernumgebung
Fragebogen	Evaluation

Für die vorliegende Untersuchung werden Daten aus dem Fragebogen zu Hinter-grundmerkmalen der teilnehmenden Personen sowie die schriftlichen Ausführun-gen aus der Bearbeitung der Lernumgebung verwendet.

Tab. 17: Für die vorliegende Untersuchung relevante Instrumente der Studie „LUV"

Instrument	Inhalt
Fragebogen	Hintergrundmerkmale
Lernprogramm „LUV"	Analyse von Unterrichtsaufzeichnungen

Lernumgebung „LUV"

Im Folgenden wird die Lernumgebung „LUV" näher beschrieben. Innerhalb des Projektes „LUV" wurde eigens eine computerbasierte Lernumgebung konzipiert (Rimmele, 2004; Seidel et al., 2004), in der Personen Unterrichtsaufzeichnungen analysieren. Die technische Grundlage für die Programmierung der Lernumgebung lieferten Vorarbeiten des Projektes COACTIV (Brunner, Kunter, Krauss, Klus-mann et al., 2006), das am Max-Planck-Institut für Bildungsforschung in Berlin ebenfalls im Rahmen des DFG-Schwerpunktprogramms durchgeführt wurde.

Inhaltlich orientiert sich die Lernumgebung an vier Bereichen, die sich in der Forschung als relevant für die Qualität und Wirksamkeit von Physikunterricht he-rausgestellt haben (Seidel, Prenzel, Rimmele, Dalehefte et al., 2006): Zielorientie-rung im Unterricht, Begleitung der Lernprozesse der Schülerinnen und Schüler, Umgang mit Fehlern und die Rolle von Experimenten im Unterricht.

Die Lernumgebung beinhaltet drei unterschiedliche Abschnitte (Teil A, Teil B und Teil C), innerhalb derer Unterrichtssituationen beobachtet und analysiert werden. Abbildung 2 zeigt schematisch den Aufbau des Programms. Nach einer kurzen Einweisung in die Lernumgebung führt das Programm die Teilnehmerinnen und Teilnehmer durch die einzelnen Abschnitte.

Lernumgebung „LUV"	
Teil A	Lehrereinschätzungen zu ausgewählten Schlüsselszenen des Unterrichts
Teil B	Analyse einer Unterrichtsaufzeichnung (1) offene Kommentare (2) Aufgabenstellungen zur Videoanalyse
Teil C	Lehrereinschätzungen zu ausgewählten Schlüsselszenen des Unterrichts

Abb. 2: Schematische Darstellung der Lernumgebung „LUV"

In Teil A werden zu jedem der vier Analysebereiche (Zielorientierung, Lernbegleitung, Umgang mit Fehlern und Rolle der Experimente) jeweils zwei ca. zweiminütige Unterrichtssequenzen betrachtet und anhand vorgegebener Aussagen (Ratings) eingeschätzt. Die ausgewählten Clips sind alle einer Unterrichtsstunde entnommen, die im Rahmen der „IPN-Videostudie" aufgezeichnet wurde und als charakteristisch für deutschen Physikunterricht eingeordnet werden kann (Seidel, Prenzel, Rimmele, Schwindt et al., 2006). Insgesamt wurden zu jedem Clip 20 bis 25 Ratings formuliert, mit denen die Sequenzen beschrieben, erklärt und bewertet werden sollten. Hierfür steht ein vierstufiges Antwortformat von „1 = trifft nicht zu" bis „4 = trifft zu" zur Verfügung.

Im Anschluss an die Einschätzung der einzelnen Sequenzen führt das Programm in Teil B. Hier wird eine 45-minütige Physikunterrichtsstunde analysiert. Zur inhaltlichen Einordnung der Stunde wurden den Lehrpersonen vor der Betrachtung des Videos Hintergrundinformationen über die Jahrgangsstufe, in der die Unterrichtsstunde stattfindet, und den Zeitpunkt, zu dem sie im Laufe des Schuljahres videographiert wurde, zur Verfügung gestellt. Die Personen der Gruppe 1 betrachten hierbei eine Aufzeichnung ihres eigenen Unterrichts, die aus dem Material der „IPN-Videostudie" stammt. Diese sind jedoch nicht Teil der Stichprobe der vorliegenden Untersuchung. Allen übrigen Personen wird dieselbe Unterrichtsstunde einer ihnen fremden Lehrperson gezeigt.

Die Probanden sehen sich zunächst die Unterrichtsstunde ohne jegliche Vorgaben an. Dabei können sie das Video beliebig oft anhalten, zurückspulen und erneut abspielen. In einem zweiten Fenster auf dem Bildschirm besteht die Möglichkeit, die Unterrichtsstunde schriftlich zu kommentieren. Die Personen wurden dazu aufgefordert, dies mindestens alle zehn Minuten zu tun. Im Anschluss an diesen

Kommentarteil folgen eine allgemeine Frage zur Einschätzung der Unterrichtsstunde sowie Fragen und Aufgabenstellungen zu den vier vertiefenden Analysebereichen Zielorientierung, Lernbegleitung, Umgang mit Fehlern und Rolle der Experimente. Bei der Bearbeitung der Aufgabenstellungen bestand die Möglichkeit, jederzeit erneut auf das Video zurückzugreifen.

Die Personengruppen, die der Bedingung mit strukturierter Unterstützung zugeordnet wurden und Teil der vorliegenden Untersuchung sind, erhielten in jedem der vier Bereiche eine kurze theoretische Einführung in den Analysebereich und anschließend detaillierte Fragen. In Tabelle 18 sind die Fragen für die jeweiligen Bereiche aufgelistet (Seidel, Prenzel, Rimmele, Schwindt et al., 2006, S. 217).

Tab. 18: Strukturierte Aufgabenstellungen zur Analyse einer ganzen Unterrichtsstunde (Seidel, Prenzel, Rimmele, Schwindt et al., 2006, S. 217)

Analysebereich	Strukturierte Aufgabenstellungen
Zielorientierung	Wie werden die Unterrichtsziele ins Spiel gebracht? Werden die Ziele der Lehrperson auch für die Schülerinnen und Schüler deutlich? Wie werden Anforderungen an die Schülerinnen und Schüler verdeutlicht? Durch welche Mittel werden die Anforderungen klar?
Lernbegleitung	Wie würden Sie die Interaktionen zwischen der Lehrperson und der Klasse einordnen? Wie geht die Lehrperson mit den Beiträgen der Schülerinnen und Schüler um? Welche Funktion nehmen die Lernenden in den Gesprächen mit der Lehrperson ein? Wie schätzen Sie die Art und Weise, wie Rückmeldungen gegeben werden, ein?
Umgang mit Fehlern	Wie erklären Sie die Rolle von Fehlern und fehlerhaften Vorstellungen in dieser Stunde? Wie geht die Lehrperson mit den konkreten Fehlersituationen um? Wie beurteilen Sie das Lernklima (Klasse untereinander und Lehrperson mit der Klasse)?
Rolle der Experimente	Um welche Art von Experimenten handelt es sich in dieser Unterrichtsstunde? Welche Funktionen schreiben Sie den Experimenten im Unterrichtsablauf zu? Wie schätzen Sie die Vor- und Nachbereitung der Experimente in der Stunde ein? Werden die Experimente sinnvoll in den Gesamtzusammenhang eingebettet?

Bei der Bedingung ohne instruktionale Unterstützung fehlte die theoretische Einführung in den jeweiligen Analysebereich und die Probanden wurden nach einer allgemeinen Einschätzung der Ereignisse im Hinblick auf den jeweiligen Bereich gefragt.

Der letzte Teil der Lernumgebung (Teil C) präsentiert nochmals die gleichen Unterrichtsausschnitte und Fragen, die die Lehrpersonen bereits im Teil A des Programms bearbeitet haben.

Die Lernumgebung wurde so konzipiert, dass sie möglichst selbsterklärend und technisch wenig anspruchsvoll ist. Im Evaluationsfragebogen wurde dies von den Teilnehmerinnen und Teilnehmern bestätigt. Sie berichteten übereinstimmend, dass sie das Gefühl hatten, über ausreichende Computerkenntnisse für die Nutzung der Lernumgebung zu verfügen, so gut wie keine technische Hilfe in Anspruch nehmen mussten und nicht durch technische Schwierigkeiten behindert wurden (Seidel & Prenzel, 2007).

Für die Analyse der Kompetenz von Lehrpersonen in der Wahrnehmung von Unterrichtsaufzeichnungen konzentriert sich die vorliegende Arbeit auf die Auswertung der schriftlichen Ausführungen der Lehrpersonen zu der gesamten Unterrichtsstunde in Teil B des Programms (siehe Abb. 3). Dabei wurden sowohl der offene Kommentar zur Beschreibung der Unterrichtsstunde als auch die Antworten auf die jeweiligen Fragen zu den vier Inhaltsbereichen hinsichtlich der unterschiedlichen Teilkompetenzen analysiert.

Lernumgebung „LUV"	
Teil A	Lehrereinschätzungen zu ausgewählten Schlüsselszenen des Unterrichts
Teil B	Analyse einer Unterrichtsaufzeichnung (1) offene Kommentare (2) Aufgabenstellungen zur Videoanalyse
Teil C	Lehrereinschätzungen zu ausgewählten Schlüsselszenen des Unterrichts

Abb. 3: Für die vorliegende Untersuchung relevanter Programmabschnitt

Stichprobe der vorliegenden Untersuchung

Die Auswertungen der vorliegenden Untersuchung beziehen sich auf eine ausgewählte Teilstichprobe der oben beschriebenen Gesamtstichprobe der Studie „LUV". Die Teilstichprobe umfasst 83 Personen, die aus vier unterschiedlichen Bundesländern stammen. Alle bearbeiteten innerhalb der Lernumgebung eine Unterrichtsaufzeichnung einer ihnen fremden Lehrperson und analysierten die Aufzeichnung unter strukturierten Aufgabenstellungen. Die Auswahl dieser Teilstichprobe erfolgte vor dem Hintergrund verschiedener Überlegungen. Ein Teil der

Fragestellungen bezieht sich auf die Beschreibung der Kompetenz der Lehrpersonen in der Wahrnehmung von Unterrichtsaufzeichnungen. Hierfür ist es wichtig, dass alle Personen die Unterrichtsaufzeichnung unter gleichen Bedingungen bearbeitet haben, da diese sich auf die Qualität der Analyse auswirken dürften. Des Weiteren ist es ein Anliegen der Studie, die Kompetenzen hinsichtlich unterschiedlicher Voraussetzungen bezüglich Wissen und Erfahrungen zu beschreiben. Aus diesem Grund ist es wichtig, dass die Personen der Stichprobe hinsichtlich dieser Merkmale unterschieden werden können.

Für die Bearbeitung der in Kapitel 6 beschriebenen Fragestellungen wurden vier Gruppen aus der Gesamtstichprobe ausgewählt: Gruppe 2 (Lehrpersonen mit Erfahrung mit videobasierter Unterrichtsforschung), Gruppe 3 (Lehrpersonen ohne Erfahrung mit videobasierter Unterrichtsforschung), Gruppe 5 (Personen aus der Schulinspektion) und Gruppe 6 (Lehramtsstudierende).

Folgende deskriptive Analysen zeigen Ergebnisse zu Merkmalen der gesamten Stichprobe dieser Arbeit und getrennt nach den jeweiligen Untergruppen. Diese sind in den Tabellen 19 bis 24 wiedergegeben.

Tab. 19: Geschlecht

	Gesamt		Gruppe 2 (Lp mit Video-erfahrung)		Gruppe 3 (Lp ohne Video-erfahrung)		Gruppe 5 (Personen aus der Schul-inspektion)		Gruppe 6 (Lehramts-studierende)	
	#	%	#	%	#	%	#	%	#	%
N	83	100	15	18.1	29	34.9	20	24.1	19	22.9
Geschlecht										
weiblich	40	48.2	2	13.3	10	34.5	14	70.0	14	73.7
männlich	41	49.4	12	80.0	18	62.1	6	30.0	5	26.3
o.A.	2	2.4	1	6.7	1	3.4	0	0	0	0

= Anzahl; o.A. = ohne Angabe; Lp = Lehrpersonen

Die Größe der einzelnen Untergruppen variiert zwischen 15 und 30 Personen. Werden die beiden Gruppen der Lehrpersonen zusammengefasst (Gruppe 2 und 3), ergibt sich hier die größte Gruppe mit 44 Lehrpersonen.

In der Gesamtstichprobe sind die Teilnehmerinnen und Teilnehmer im Geschlechterverhältnis ausgeglichen verteilt. In Gruppe 2 befinden sich allerdings deutlich mehr Lehrer als Lehrerinnen. Dieses Verhältnis liegt auch in Gruppe 3 vor, jedoch weniger stark ausgeprägt. In Gruppe 5 und 6 ist das Verhältnis von Teilnehmerinnen und Teilnehmern entgegengesetzt. Hier überwiegen jeweils die weiblichen Personen. Da hinsichtlich der Wahrnehmungsprozesse keine Effekte zwischen den Geschlechtern vermutet werden, kann die ungleiche Verteilung innerhalb der Untergruppen jedoch vernachlässigt werden.

Tab. 20: Alter

	Gesamt		Gruppe 2 (Lp mit Video-erfahrung)		Gruppe 3 (Lp ohne Video-erfahrung)		Gruppe 5 (Personen aus der Schul-inspektion)		Gruppe 6 (Lehramts-studierende)	
	#	%	#	%	#	%	#	%	#	%
N	83	100	15	18.1	29	34.9	20	24.1	19	22.9
Alter in Jahren										
< 35	16	25.0	4	26.7	12	41.4	0	0	-	-
36 bis 45	8	12.5	1	6.7	4	13.8	3	15.0	-	-
46 bis 55	24	37.5	6	40.0	9	31.0	9	45.0	-	-
> 55	10	15.6	2	13.3	3	10.3	5	25.0	-	-
o.A.	6	9.4	2	13.3	1	3.4	3	15.0	-	-

= Anzahl; o.A. = ohne Angabe; Lp = Lehrpersonen

Für die Studierenden wurde kein Alter erfragt. Somit ergeben sich für die Gesamt-stichprobe ohne Berücksichtigung der Studierenden vor allem zwei Gruppen. Eine Gruppe von Personen unter 35 Jahren sowie eine Gruppe zwischen 46 und 55 Jahren. Insgesamt ist die Altersstruktur in der Gesamtstichprobe relativ ausgeglichen. Werden die einzelnen Gruppen hinsichtlich ihrer Altersstruktur getrennt betrachtet, zeigt sich, dass sich insbesondere in Gruppe 3 ein hoher Anteil an Personen unter 35 Jahren befindet, wohingegen in den Gruppen 2 und 5 überwiegend Personen in der Altersgruppe zwischen 46 und 55 Jahren vertreten sind.

Geht man davon aus, dass die Studierenden der Gruppe der unter 35-Jährigen zugeordnet werden können, befinden sich insgesamt 35 Personen (42.2%) in der Gruppe unter 35 Jahren. In den übrigen Gruppen zeigen sich dann Prozentwerte von 9.6 zwischen 36 und 45 Jahren, 28.9% zwischen 46 und 55 und 12% über 55 Jahren. Die fehlenden Angaben nehmen 7.2% ein. Da beim Alter kein Effekt hin-sichtlich der Wahrnehmungsprozesse bei der Unterrichtsanalyse zu vermuten ist, werden auch hier die Unterschiede in der Verteilung zwischen den Gruppen keine weitere Berücksichtigung finden.

Tab. 21: Schulart

	Gesamt		Gruppe 2 (Lp mit Video-erfahrung)		Gruppe 3 (Lp ohne Video-erfahrung)		Gruppe 5 (Personen aus der Schul-inspektion)		Gruppe 6 (Lehramts-studieren-de)	
	#	%	#	%	#	%	#	%	#	%
N	83	100	15	18.1	29	34.9	20	24.1	19	22.9
Schulart										
Hauptschule	1	1.2	0	0	0	0	1	5.0	0	0
Gesamtschule	0	0	0	0	0	0	0	0	0	0
Realschule	18	21.7	2	13.3	10	34.5	0	0	6	31.6
Gymnasium	45	54.2	12	80.0	19	65.5	3	15.0	11	57.9
Sonstige	7	8.4	0	0	0	0	7	35.0	0	0
Mehrere	6	7.2	0	0	0	0	6	30.0	0	0
o.A.	6	7.2	1	6.7	0	0	3	15.0	2	10.5

= Anzahl; o.A. = ohne Angabe; Lp = Lehrpersonen

Insgesamt sind in der Stichprobe überwiegend Lehrpersonen mit einer Ausbildung zur Gymnasiallehrerin beziehungsweise -lehrer vertreten. Zudem sind einige Personen für das Unterrichten an Realschulen befähigt. In den Gruppen 2, 3 und 6 sind dies die Schularten, in denen die betroffenen Personen unterrichten. Dies kommt durch die Auswahl der Stichprobe zustande. Die „IPN-Videostudie" wurde in Realschulen und Gymnasien umgesetzt, sodass für Gruppe 2 nur Lehrpersonen aus diesen Schularten einbezogen waren. Um Vergleichbarkeit herzustellen, wurden daher für die Gruppe 3 ebenfalls nur Realschulen und Gymnasien angeschrieben. Die gleiche Absicht gilt für die Auswahl der Gruppe der Studierenden (Gruppe 6), die umgesetzt werden konnte, da an der Universität Kiel ausschließlich die Ausbildung für das Lehramt an Gymnasien und Realschulen angeboten wird. Lediglich für die Gruppe der Personen aus der Schulinspektion (Gruppe 5) ließ sich diese Variable nicht vorgeben. Daher befinden sich hier auch Personen mit einer Ausbildung für andere Schularten, wie zum Beispiel für die Hauptschule, aber auch für Sonderschulen oder Grundschulen (Kategorie „Sonstige"). Da innerhalb der Lernumgebung eine gymnasiale Unterrichtsstunde betrachtet wird, sollte in den Auswertungen überprüft werden, inwieweit sich die Ausbildung für eine bestimmte Schulart auf Unterschiede in den Analysen auswirkt.

Tab. 22: Fachkombinationen

	Gesamt		Gruppe 2 (Lp mit Video-erfahrung)		Gruppe 3 (Lp ohne Video-erfahrung)		Gruppe 5 (Personen aus der Schul-inspektion)		Gruppe 6 (Lehramts-studierende)	
	#	%	#	%	#	%	#	%	#	%
N	83	100	15	18.1	29	34.9	20	24.1	19	22.9
Lehrbefugnis in Physik										
keine Lehrbefugnis	31	37.3	0	0	2	6.9	14	70.0	15	78.9
Lehrbefugnis	42	50.6	13	86.7	26	89.7	1	5.0	2	10.5
o.A.	10	12.0	2	13.3	1	3.4	5	25.0	2	10.5
Lehrbefugnis in einem mathematisch-naturwissenschaftlichen Fach										
keine Lehrbefugnis	18	21.7	0	0	1	3.4	11	55.0	6	31.6
Lehrbefugnis	55	66.3	13	86.7	27	93.1	4	20.0	11	57.9
o.A.	10	12.0	2	13.3	1	3.4	5	25.0	2	10.5

= Anzahl; o.A. = ohne Angabe; Lp = Lehrpersonen

Eine Lehrbefugnis im Fach Physik war ein Kriterium, das den Lehrpersonen zur Teilnahme an der „IPN-Videostudie" vorgegeben wurde. So ergeben sich wiederum für die Gruppen 2 und 3 keine Personen ohne Lehrbefugnis in Physik. (Einzelne Teilnehmerinnen und Teilnehmer enthielten sich der Angabe. Es ist jedoch davon auszugehen, dass es sich hier ebenfalls um Physiklehrpersonen handelt, da sie im Rahmen der Videoaufzeichnungen innerhalb der „IPN-Videostudie" Physik unterrichtet haben). Dagegen befinden sich sowohl in Gruppe 5 als auch in Gruppe 6 fast keine Personen mit einer Lehrbefugnis in Physik. Dadurch ergibt sich für die Gesamtstichprobe ein fast ausgewogenes Verhältnis. Hier ist allerdings davon auszugehen, dass eine fachliche Involviertheit eine Rolle dabei spielen könnte, welche Aspekte innerhalb einer Unterrichtsstunde erkannt, auf welche Weise sie interpretiert und wie sie verarbeitet werden. Dieses Ungleichgewicht zwischen den jeweiligen Gruppen muss daher bei späteren Auswertungen berücksichtigt werden.

Weiterhin wird erwartet, dass Wahrnehmungsprozesse einer Person, die Physik unterrichtet einer anderen Person mit einem naturwissenschaftlichen Fach ähnlicher sind als beispielsweise einer Person mit sprachwissenschaftlichem Hintergrund. Aus diesem Grunde wird die Stichprobe schließlich nach dem Kriterium beschrieben, ob allgemein eine Lehrbefugnis für ein mathematisch-naturwissenschaftliches Fach vorliegt oder nicht. Zu den mathematisch-naturwissenschaftlichen Fächern zählen Mathematik, Physik, Chemie und Biologie.

Insgesamt ergeben sich mehr Personen mit einer mathematisch-naturwissenschaftlichen Lehrbefugnis als mit einer Lehrbefugnis in anderen Fächern. Für die Gruppen 2 und 3 sind nach dieser Gruppierung keine Veränderungen zu verzeichnen, da Physik mit in die mathematisch-naturwissenschaftliche Fächergruppe einbezogen wurde. Während sich bei der Gruppe der Schulinspektorinnen und Schulinspektoren bei dieser Klassifikation ebenfalls nicht viel verändert, gibt es bei den Studierenden einen deutlich höheren Anteil von Personen mit einer Ausbildung für eine Lehrbefugnis innerhalb mathematisch-naturwissenschaftlicher Fächer. Auch diese Unterschiede sind im Folgenden zu berücksichtigen.

Tab. 23: Bundesland

	Gesamt		Gruppe 2 (Lp mit Video-erfahrung)		Gruppe 3 (Lp ohne Video-erfahrung)		Gruppe 5 (Personen aus der Schul-inspektion)		Gruppe 6 (Lehramts-studierende)	
	#	%	#	%	#	%	#	%	#	%
N	83	100	15	18.1	29	34.9	20	24.1	19	22.9
Bundesland										
Schleswig-Holstein	51	61.4	4	26.7	8	27.6	20	100	19	100
Brandenburg	6	7.2	2	13.3	4	13.8	0	0	0	0
Baden-Württemberg	9	10.8	2	13.3	7	24.1	0	0	0	0
Bayern	16	19.3	6	40.0	10	34.5	0	0	0	0
o.A.	1	1.2	1	6.7	0	0	0	0	0	0

= Anzahl; o.A. = ohne Angabe; Lp = Lehrpersonen

Betrachtet man die Verteilung der Gesamtstichprobe hinsichtlich der Zugehörigkeit zu den einzelnen Bundesländern, fällt ein Übergewicht an Personen aus Schleswig-Holstein auf. Dies erklärt sich zum einen durch die Teilnahme der Personen aus der Schulinspektion, die alle am Landesinstitut in Schleswig-Holstein beschäftigt sind, und zum anderen durch die Studierenden, die an der Universität in Kiel eingeschrieben sind. Die Lehrpersonen dagegen kommen aus den genannten Bundesländern und sind innerhalb der Gruppen relativ gleichmäßig auf diese verteilt. Von der Zugehörigkeit zu einzelnen Bundesländern wird kein Effekt auf Wahrnehmungsprozesse angenommen, so dass diese Unterschiede keine weitere Berücksichtigung bei den Analysen finden.

Tab. 24: Stichprobenziehung

	Gesamt		Gruppe 2 (Lp mit Video-erfahrung)		Gruppe 3 (Lp ohne Video-erfahrung)		Gruppe 5 (Personen aus der Schul-inspektion)		Gruppe 6 (Lehramts-studierende)	
	#	%	#	%	#	%	#	%	#	%
N	83	100	15	18.1	29	34.9	20	24.1	19	22.9
Stichprobenziehung										
Auswahl	gemischt		z.T. zufällig		zufällig		ausgewählt		z.T. zufällig	

= Anzahl; o.A. = ohne Angabe; Lp = Lehrpersonen

Zu beachten ist schließlich das unterschiedliche Vorgehen bei der Stichprobenauswahl, das zu einer gemischten Gesamtstichprobe führt. Die Personen aus Gruppe 2 sind Lehrpersonen, die bereits an der „IPN-Videostudie" teilgenommen hatten. Für diese Studie wurde für die vier Bundesländer die Stichprobe durch das IEA Data Processing Center in Hamburg stratifiziert und zufällig gezogen. Anschließend wurden die betreffenden Schulen angeschrieben, und die Lehrpersonen nahmen freiwillig an der Untersuchung teil. Die Beteiligungsquote lag bei 38% aller angeschriebenen Schulen. Allen 50 Lehrpersonen der „IPN-Videostudie" wurde schließlich die Teilnahme an der Studie „LUV" angeboten, wobei sich 38 Personen dazu entschlossen. Diese 38 Personen wurden innerhalb der experimentellen Studie „LUV" zufällig auf die Gruppen 1 und 2 (eigenes bzw. fremdes Video) aufgeteilt. Dieses Vorgehen ist daher nur zum Teil als zufällig einzustufen.

Für die Lehrpersonen, die neu zur Studie „LUV" hinzukamen, wurde ebenfalls vom IEA Data Processing Center eine stratifizierte und zufällige Stichprobe für die vier Bundesländer gezogen. Alle gelosten Schulen wurden angeschrieben, und die Lehrpersonen meldeten sich freiwillig zur Teilnahme, wobei sie durch den Schulleiter vorgeschlagen wurden. Die Beteiligungsquote für diese Stichprobe lag bei 32%. Die Zuteilung zu den Gruppen 3 und 4 erfolgte durch ein Losverfahren. Gruppe 3 kann somit als weitgehend zufällig gezogen beschrieben werden, wobei dennoch berücksichtigt werden muss, dass es sich aufgrund der freiwilligen Teilnahme um überwiegend engagierte Lehrpersonen handeln könnte.

Bei den Personen aus der Schulinspektion handelt es sich um Mitarbeiterinnen und Mitarbeiter einer Projektgruppe, die vom Landesinstitut Schleswig-Holstein zur Evaluation von Schule und Unterricht eingesetzt wurde. Diese Gruppe ist daher sehr selektiv.

Schließlich wurde am Leibniz-Institut für die Pädagogik der Naturwissenschaften ein Blockseminar für Studierende zum Thema „Lernen und Lehren anhand von Unterrichtsaufzeichnungen ‚sehen': ein praxisorientiertes Seminar zur Erfassung von Unterrichtsqualität mittels Video" ausgeschrieben. Da es sich hierbei um keine Pflichtveranstaltung für die Studierenden handelte, meldeten sie sich freiwillig zu diesem Seminar an. Infolgedessen ist anzunehmen, dass es sich hierbei um Studierende handelt, die besonderes Interesse an der Unterrichtsforschung mitbrachten. Vor diesem Hintergrund ist diese Teilstichprobe als nur zum Teil zufällig einzustufen.

Durch die unterschiedlichen Vorgehensweisen bei der Stichprobenziehung sind Unterschiede zwischen Personengruppen im Folgenden vorsichtig zu interpretieren.

Schließlich muss darauf hingewiesen werden, dass eine einzelne Lehrperson in über der Hälfte der 16 Aufgabenstellungen zur Unterrichtsanalyse keine Antworten verfasst hat. Diese wird daher nicht in die folgenden Analysen einbezogen, da ein Gesamtwert aus den Kodierungen der vorhandenen Ausführungen nicht als aussagekräftig angesehen werden kann. Im Weiteren beziehen sich die Auswertungen daher nicht auf N = 44, sondern auf N = 43 Lehrpersonen. Für die Gesamtstichprobe der vorliegenden Arbeit, die zusätzlich die Gruppen der Studierenden und der Personen aus der Schulinspektion umfasst, ergibt sich daraus eine Gesamtzahl von N = 82 anstelle von N = 83.

7.2 Operationalisierung: Teilkompetenzen

Für die Untersuchung der Teilkompetenzen werden die schriftlichen Ausführungen zugrunde gelegt, die in Teil B der Lernumgebung von den Teilnehmenden angefertigt wurden. Damit liegen zum einen offene Kommentare in Bezug auf eine 45-minütige Unterrichtsstunde vor. Zum anderen werden die schriftlichen Antworten auf die strukturierten Fragen zu den vier Analysebereichen (Zielorientierung, Lernbegleitung, Umgang mit Fehlern und Rolle der Experimente) inhaltsanalytisch ausgewertet. Auf das Verfahren der qualitativen Inhaltsanalyse soll an dieser Stelle kurz eingegangen werden, bevor das Vorgehen der vorliegenden Untersuchung genauer erläutert wird.

Inhaltsanalytische Auswertungen werden seit einigen Jahren in unterschiedlichen Disziplinen angewendet, wie zum Beispiel der Pädagogik, der Psychologie, aber auch der Kommunikations- oder der Literaturwissenschaft. Hierbei handelt es sich in der Regel jedoch nicht um ein rein qualitatives Verfahren zur Datenauswertung, sondern es werden häufig sowohl qualitative als auch quantitative Zugänge kombiniert (Bos & Tarnai, 1989; Mayring, 2005). Die Auswertung des Rohmaterials, zu der Vorgänge der Kategorienbildung und der Zuordnung der Kategorien zum Text gehören, erfolgt auf qualitative Weise. Die Analyse der qualitativen Kategorisierungen kann dann quantifizierend vorgenommen werden. Mayring (2005) nennt einige zentrale Punkte für die qualitative Inhaltsanalyse:

(1) Einordnung in ein Kommunikationsmodell

(2) Regelgeleitetheit

(3) Arbeiten mit Kategorien

(4) Gütekriterien

Auf diese Kriterien wird im Folgenden vertiefend eingegangen, indem sie anhand eines Verlaufsschemas einer inhaltsanalytischen Untersuchung (Bos & Tarnai, 1989) erklärt werden (siehe Abb. 4).

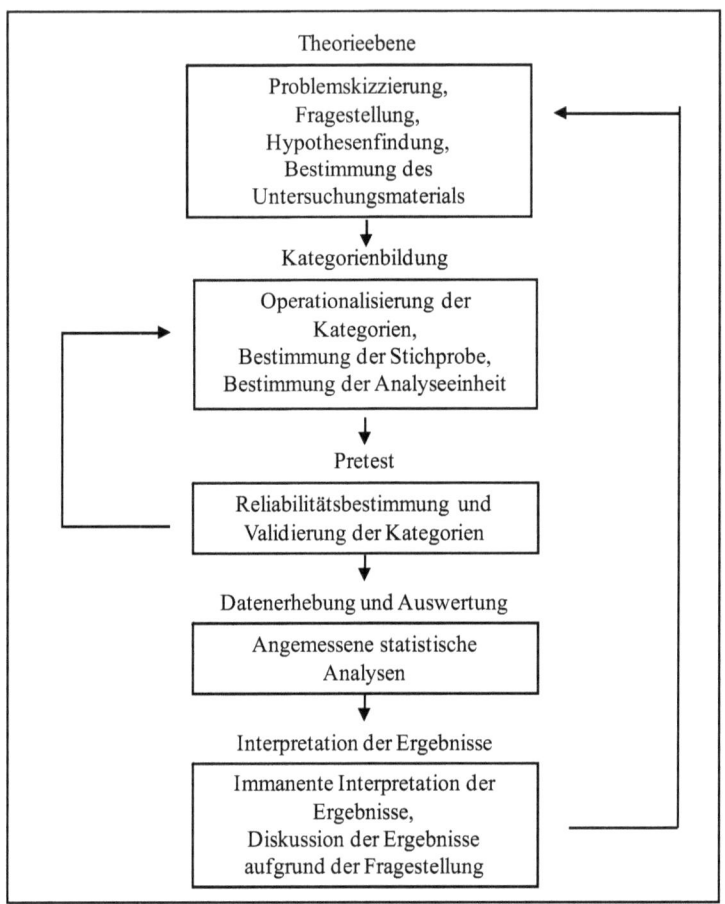

Abb. 4: Verlaufsschema einer inhaltsanalytischen Untersuchung (nach Bos & Tarnai, 1989)

Der erste Schritt auf der Theorieebene beinhaltet die Einordnung der Fragestellung und der Hypothesen in ein theoretisches Modell (1: Einordnung in ein Kommunikationsmodell). Hier werden die Fragen geklärt, was das Ziel der Analyse ist und welches Material der Untersuchung zugrunde gelegt wird (Seidel 2005). Beispielsweise kann hier die Entscheidung getroffen werden, dass für die Beschreibung emotionaler Aspekte während des Lernens besser Protokolle aus Interviews verwendet werden sollen als Tagebucheinträge (Gläser-Zikuda, 2005).

Die zweite Anforderung besteht in der Entwicklung von Kategorien. Vor dem Hintergrund der zentralen Bereiche, die auf der Theorieebene abgesteckt wurden, werden spezifische Kategorien formuliert und festgelegt (Seidel, 2005). Dabei werden verschiedene Regeln aufgestellt (2: Regelgeleitetheit): Die zugrunde liegende Stichprobe wird definiert und die Analyseeinheit, auf die sich die jeweilige Kodierentscheidung beziehen soll, wird festgelegt (Stichprobenplan) (Seidel, 2005). Hier muss beispielsweise entschieden werden, ob sich die Kodierung auf das gesamte Protokoll eines Interviews beziehen soll oder jeweils auf die Antwort zu einer Frage. Zudem steht die Ausarbeitung der Kategorien im Mittelpunkt dieses Entwicklungsschrittes. Hier müssen verschiedene Ausprägungen formuliert werden, denen Ereignisse im Textmaterial zugeordnet werden können. Eine solche Ausarbeitung kann beispielsweise auch durch Unterstützung von Experten vorgenommen werden (Bos & Tarnai, 1989). Zentral ist eine nachvollziehbare und genaue Erklärung der Abstufungen, die mit „Ankerbeispielen" (Gläser-Zikuda, 2005; Reinhoffer, 2005) konkretisiert werden können. Bei der Entwicklung wird immer wieder überprüft, inwieweit sich die theoretisch entwickelten Kategorien und Indikatoren in den vorliegenden Texten abbilden lassen (3: Arbeiten mit Kategorien). Hierbei ist es wichtig, dass die Texte, die zur Entwicklung dienten, keinen Eingang in die spätere Datenanalyse finden. Aus diesem Grunde werden häufig Materialien aus Pilotstudien verwendet (Bortz & Döring, 1995; Seidel, 2005).

Für die Entwicklung der Kategorien werden in der Regel zwei Herangehensweisen unterschieden: eine deduktive und eine induktive Art der Entwicklung (Gläser-Zikuda, 2005). Beim deduktiven Vorgehen werden die Kategorien für die Analyse auf Grundlage von Theorien formuliert und anschließend auf das Material angewendet. Hierfür können zum einen theoretische und empirische Vorüberlegungen eine Rolle spielen, zum anderen geht aber auch das eigene Forschungsinteresse in die Entwicklung mit ein (Reinhoffer, 2005). Dieses Vorgehen führt zu einer hohen Systematik in der Ableitung der Kategorien, birgt jedoch auch die Gefahr, dass aufgrund der eingeschränkten Offenheit Informationen aus dem Rohmaterial verloren gehen und zum Beispiel ein Zugang zu bestimmten subjektiven Sichtweisen verwehrt bleibt (Reinhoffer, 2005). Bei der induktiven Kategorienbildung werden die Kategorien hingegen aus dem Material heraus entwickelt (Mayring, 2005). Hier ist das Textmaterial der Ausgangspunkt, und die Kategorien werden möglichst nah am Text beschrieben. Das Vorgehen basiert in der Regel auf einer Zusammenfassung von Inhalten aus dem Rohmaterial, die dann zu einer Kategorienbildung führen (Gläser-Zikuda, 2005). Das Potential wird bei diesem Vorgehen in der größtmöglichen Offenheit gesehen. Jedoch können hier Schwierigkeiten im Bereich der Systematisierung auftreten (Reinhoffer, 2005). Vor diesem Hintergrund wird häufig eine Kombination der beiden Vorgehensweisen gewählt, indem zuerst theoretisch abgeleitete Kategorien zugrunde gelegt und diese anschließend anhand der vorliegenden Materialien verändert und weiterentwickelt werden (Reinhoffer, 2005).

Im Rahmen des Pre-Tests werden die Kategorien an Texten, die nicht in die Auswertungen eingehen, erprobt. Ziel dieses Schrittes ist es, das Kodierinstrument zu einem geeigneten Instrument zur Datenerhebung und zur Datenanalyse zu entwickeln (4: Gütekriterien) (Bos, 1989). Zur statistischen Objektivierung werden eine Reliabilitätsprüfung und die Validierung der Kategorien vorgenommen. Um die Reliabilität zu überprüfen, kann das Kodiersystem beispielsweise von zwei Kodierern auf die gleichen Texte angewendet werden. Anschließend wird die Interrateübereinstimmung zwischen diesen beiden Personen berechnet. Als statistische Kennwerte werden hierfür die prozentuale Übereinstimmung und Cohen's Kappa herangezogen. Von einer guten Übereinstimmung wird in der Regel dann ausgegangen, wenn eine direkte prozentuale Beobachterübereinstimmung von über 85% sowie ein Cohen's Kappa von über 0.7 erreicht werden (Seidel, 2005).

Erfüllt das Kategoriensystem schließlich die notwendigen Kriterien, werden die Daten der Hauptuntersuchung analysiert, ausgewertet und vor dem Hintergrund der Fragestellungen interpretiert.

In der vorliegenden Untersuchung erfolgt die Operationalisierung der Kompetenz in der Wahrnehmung von Unterrichtsaufzeichnungen durch die Realisierung von fünf Analysedurchgängen für die schriftlichen Ausführungen der Lehrpersonen. Auf der Basis theoretischer Überlegungen wurden für die fünf Kriterien Kodierverfahren entwickelt, die es ermöglichen, die jeweiligen Teilkompetenzen der Lehrpersonen in den schriftlichen Texten zu erfassen. Im Folgenden wird auf das Vorgehen bei der Entwicklung und beim Training der Kodierverfahren eingegangen (7.2.1). Anschließend werden die einzelnen Verfahren dargestellt (7.2.2).

7.2.1 Entwicklung und Umsetzung der Kodierverfahren

Für alle Kodierverfahren, die für die Erfassung der Teilkompetenzen angewendet wurden, dienten Literatur und empirischen Untersuchungen dazu, Ausprägungen zu beschreiben, die unterschiedliche Anforderungen auf den jeweiligen Kriterien abbilden. Bei der Entwicklung der Kodierverfahren wurde deduktives und induktives Vorgehen kombiniert (Bortz & Döring, 1995), d.h. die Kodierverfahren wurden auf der Grundlage theoretischer Kriterien entwickelt (deduktiv) und anhand von Analysetexten einer Pilotstichprobe von jeweils zwei Kodiererinnen getestet und weiterentwickelt (induktiv) (Gläser-Zikuda, 2005; Reinhoffer, 2005). Die Ausprägungen der jeweiligen Kriterien wurden in Indikatoren übersetzt, die sich konkret in den schriftlichen Ausführungen wiederfinden lassen. Um ein geteiltes Verständnis der Ausprägungen zwischen verschiedenen Kodiererinnen zu unterstützen und damit eine objektive und reliable Analyse zu gewährleisten, wurden die Kategorien zusätzlich durch ein Beispiel und in einigen Fällen durch eine bildhafte Beschreibung oder Faustregel erläutert. Das ausführliche Manual, das als Grundlage für die Kodierungen diente, befindet sich im Anhang (Kapitel 11) dieser Arbeit. Tabelle 25 verdeutlicht das jeweilige Vorgehen, das für die Erfassung der einzelnen Teilkompetenzen gewählt wurde.

Tab. 25: Übersicht über die Eigenschaften der einzelnen Kodierverfahren

Kodierverfahren	Stichproben-plan	BE	Art des Kodierverfahrens	Inferenz-niveau
Analyseprozess	Texteinheit: 1 Abschnitt	16	Kategoriensystem	niedrig / mittel
Fokussiertheitsgrad der Analyse	Texteinheit: 1 Frage	14	Kategoriensystem	niedrig / mittel
Umfang und Art der Klassifikation	Texteinheit: 1 Frage	16	Schätzverfahren	hoch
Qualität der schriftlichen Dokumentation	Texteinheit: 1 Frage / 1 Abschnitt	16	Kategoriensystem / Schätzverfahren	mittel / hoch
Umgang mit Wertung	Texteinheit: 1 Abschnitt	16	Kategoriensystem	niedrig / mittel

BE = Beobachtungseinheit

Um Kodierungen von Texten durchführen zu können, müssen Einheiten festgelegt werden, für die einzelne Kodierungen vorgenommen werden (Stichprobenplan) (Bortz & Döring, 1995; Evertson & Green, 1986; Feger, 1983; Seidel, 2005; Seidel & Prenzel, in Druck). Für einige Kodierverfahren wurde die gesamte Antwort auf eine Frage als Bewertungseinheit zugrunde gelegt (Fokussiertheitsgrad der Analyse, Umfang und Art der Klassifikation, Qualität der schriftlichen Dokumentation), für andere jeweils nur ein Abschnitt einer Antwort (Analyseprozess, Umgang mit Wertung). Als ein Abschnitt gilt dabei ein Textblock, der vom nächsten Text durch die Autorin oder durch den Autor mit einem Absatz gekennzeichnet ist. Wurde ein solcher Absatz innerhalb eines Satzes oder Sinnzusammenhangs gesetzt, wurden diese Textabschnitte als zusammengehörig betrachtet. Die Kodierungen für die einzelnen Abschnitte wurden schließlich auf der Ebene der Einzelfrage zusammengefasst, indem die am häufigsten vergebene Kodierung für die gesamte Antwort auf die jeweilige Frage vergeben wurde. Bei gleicher Anzahl an Kodierungen auf verschiedenen Kodierstufen wurde insgesamt die differenziertere Kodierung vergeben. Damit ergaben sich für alle Kodierverfahren insgesamt 16 Beobachtungseinheiten (BE) pro Versuchsperson, die sich aus folgenden Einzelkodierungen zusammensetzen:

- 1 Kodierung für den Kommentar
- 1 Kodierung für die erste allgemeine Frage
- 3 Kodierungen für drei Fragen zum Analysebereich der Zielorientierung
- 3 Fragen zum Umgang mit Fehlern
- 4 Kodierungen für die vier Fragen zu den Bereichen Lernbegleitung
- 4 Fragen zur Rolle der Experimente

Für die Kodierungen zum Fokussiertheitsgrad der Analyse wurden nur die Antworten auf die 14 gestellten Fragen kodiert, da inhaltlich eine Bewertung des Kommentars und der allgemeinen Beschreibung der Stunde keinen Sinn machte. Somit liegen für das Kategoriensystem zum Fokussiertheitsgrad der Analyse 14 Beobachtungseinheiten vor.

Die Kodierverfahren unterscheiden sich weiterhin darin, welcher Grad an Schlussfolgerungen notwendig ist, um zu einer Entscheidung über die Vergabe einer bestimmten Kategorie zu kommen. Bei Kategoriensystemen werden für jede Abstufung genaue Regeln festgelegt, nach denen die Kodierung vergeben wird. Die einzelnen Kategorien schließen sich gegenseitig aus (disjunkte Kategoriensysteme). „Ein Kategoriensystem stellt also die Unterscheidungen zusammen, die der Beobachter treffen kann, und legt fest, bei welchen Zuständen und Prozessen am Beobachteten er sie treffen soll" (Feger, 1983, S. 13). Da die Ereignisse direkt im Text sichtbar sind und entlang der genauen Beschreibung einer bestimmten Kategorie zugeordnet werden können, sind bei einem Kategoriensystem für die Entscheidung zur Vergabe einer Kodierung relativ wenige Schlussfolgerungen notwendig. Diese Art von Kodierverfahren wird als niedrig beziehungsweise mittel inferent bezeichnet (Seidel, 2005; Seidel & Prenzel, in Druck).

Kategoriensysteme wurden für den Analyseprozess, den Fokussiertheitsgrad in der Analyse und den Umgang mit Wertung entwickelt. Neben Kategoriensystemen wurden Schätzverfahren als eine zweite Art von Kodierverfahren verwendet (Feger, 1983; Seidel & Prenzel, in Druck). Hierbei wurden die Kodiereinheiten hinsichtlich festgelegter Kriterien eingeschätzt. Bei diesem Vorgehen spielen Schlussfolgerungen eine wichtige Rolle, da die Entscheidung für eine Codezuweisung letztlich auf eine qualitative Einschätzung des Abschnitts abzielt (Seidel, 2005). Sie werden daher als hoch inferent bezeichnet (Seidel & Prenzel, in Druck). Ein solches Verfahren wurde für den Umfang und die Art der Klassifikation eingesetzt.

Für die Qualität der schriftlichen Dokumentation wurden beide Arten von Kodierverfahren kombiniert. Es wurden detailliert Beschreibungen vorgenommen, anhand derer Entscheidungen zur Einordnung der Ereignisse getroffen wurden. Da innerhalb eines Stichprobenabschnitts unterschiedlich viele Ereignisse dieser Art vorkommen können, wurde die endgültige Zuordnung des gesamten Abschnitts abgeschätzt. Dieses Vorgehen wird aufgrund der notwendigen Schlussfolgerungen als mittel bis hoch inferent eingestuft.

Nach der Entwicklung der Kodierverfahren wurde jeweils eine Kodiererin an Texten einer Pilotstichprobe (N = 6; 94 BE) in der Anwendung der Kodiersysteme geschult. Nach Abschluss des Kodiertrainings wurden 30% der Texte der aktuellen Stichprobe von zwei Personen unabhängig voneinander kodiert und Beobachterübereinstimmungen berechnet (vgl. Tab. 26). Dieses Vorgehen sollte gewährleisten, dass die Zuweisung der Kodierungen durch beide Kodiererinnen einheitlich erfolgt und ein gemeinsames theoretisches Verständnis der zu bewertenden Aspekte vorliegt (Seidel, 2003). Als Werte zur statistischen Überprüfung der Übereinstimmung zwischen den Kodiererinnen wurden prozentuale Übereinstimmungen, Korrelationen und Cohen's Kappa berechnet. Für die prozentuale Übereinstimmung sollte möglichst ein Wert von über 85% erzielt werden; Cohen's Kappa sollte über .70 liegen (Seidel, 2005).

Für zwei Kodierverfahren (Analyseprozess und Umgang mit Wertung) konnte nach 30% der Stichprobe keine ausreichende Übereinstimmung zwischen den zwei Beobachterinnen erreicht werden. Daher wurden für die Kodierungen zum Analyseprozess und zum Umgang mit Wertung Expertenvalidierungen für jeweils N = 4 (64 BE) durchgeführt. Dabei wurden die Einschätzungen beider Kodiererinnen gemeinsam mit einem Experten besprochen und diskutiert. Nachdem man sich auf eine übereinstimmende Einschätzung geeinigt hatte, wurden die Texte von den beiden Kodiererinnen erneut unabhängig voneinander kodiert. Schließlich konnten für alle Kodierverfahren gute Übereinstimmungen zwischen den Kodiererinnen erreicht werden und es konnte von einem gemeinsamen Verständnis der Kodierausprägungen ausgegangen werden. Auf dieser Basis führte nun jeweils eine Kodiererin die Analyse für die gesamte Stichprobe durch.

Tab. 26: Kodiertraining

	Stichprobe	BE	Überein-stimmung in %	Korrelation	Cohen's Kappa
Kodierverfahren: Analyseprozess					
Gesamt 30%	41	656	72.87	.94	.64
nach Experten-validierung			77.44	.95	.70
Kodierverfahren: Fokussiertheitsgrad der Analyse					
Gesamt 30%	41	574	86.59	.71	.74
Kodierverfahren: Umfang und Art der Klassifikation					
Gesamt 30%	41	646	86.07	.75	.72
Kodierverfahren: Qualität der schriftlichen Dokumentation					
Gesamt 30%	41	656	87.04	.99	.82
Kodierverfahren: Umgang mit Wertung					
Gesamt 30%	41	656	75.46	.95	.68
nach Experten-validierung			80.18	.90	.74

BE = Beobachtungseinheiten

Die Texte, die die Teilnehmerinnen und Teilnehmer im Rahmen der computerbasierten Lernumgebung zur Kommentierung der Unterrichtsstunde und zur Beantwortung der Fragen erstellt haben, wurden auf Papier ausgedruckt, sodass auch die Kodierungen der Texte auf dem Papier durchgeführt werden konnten. Zu jeder Beobachtungseinheit wurden die Antworten jeder Person ausgedruckt und es wurde eine entsprechende Kodierung eingetragen. Die vergebenen Kodierungen wurden schließlich in SPSS eingegeben, sodass ein Gesamtdatensatz für die statistischen Auswertungen zur Verfügung stand. Für die Analysen wurde keine der üblichen Auswertungsprogramme, wie beispielsweise Maxqda (Kuckartz, 2001), verwendet, da es sich um große Textmengen handelte, die gelesen und analysiert werden mussten, und sich sowohl das Lesen dieser Texte als auch das Markieren bestimmter Satz- und Textabschnitte auf dem Papier als praktikabler erwiesen hatte.

7.2.2 Inhaltliche Beschreibung der Teilkompetenzen

Im Folgenden werden die Kodierverfahren für die jeweiligen Teilkompetenzen beschrieben. Für die jeweils 16 (beziehungsweise 14) Beobachtungseinheiten wurde je Bereich eine Kodierung vergeben. Lag kein Text innerhalb einer Beobachtungseinheit vor, wurde entsprechend eine 9 für einen fehlenden Wert kodiert.

Teilkompetenz: Analyseprozess

Die Operationalisierung der Teilkompetenz im Analyseprozess erfolgte durch ein Kategoriensystem, das auf die Vollständigkeit der drei Analyseschritte Beschreiben, Erklären und Bewerten abzielte. Die Kodierungen werden auf der Basis einzelner Abschnitte vergeben, für die entschieden werden muss, in welcher Kombination die drei Analyseschritte in dem auszuwertenden Text auftreten. Für die gesamte Beobachtungseinheit wird schließlich die Kodierung vergeben, die der am häufigsten vorgekommenen Form der Analyse entspricht. Inhaltlich wurden für den Analyseprozess vier Ausprägungen unterschieden.

Tab. 27: Kodierverfahren zum Analyseprozess

Kodierung	Kategorien	Ausprägungen
3	3-Schritt der Analyse	Ereignis wird beschrieben, bewertet und erklärt
2	Erklärung	Ereignis wird beschrieben und erklärt
1	Bewertung	Ereignis wird beschrieben und bewertet
0	Beschreibung	Ereignis wird beschrieben

Teilkompetenz: Fokussiertheitsgrad der Analyse

Der Fokussiertheitsgrad der Analyse erfasst das Ausmaß, in dem die gestellten Fragen in den Texten beantwortet werden. Dieses Kategoriensystem wurde daher ausschließlich auf die Antworten zu den gestellten Fragen angewendet. Der offene Kommentar und die allgemeine Beschreibung der Stunde wurden bei diesem Kodierverfahren nicht berücksichtigt. Als Texteinheit dient der gesamte Antwortabschnitt zur jeweiligen Frage. Die Beantwortung der Frage kann auf drei Ausprägungen eingestuft werden.

Tab. 28: Kodierverfahren zum Fokussiertheitsgrad der Analyse

Kodierung	Kategorien	Ausprägungen
2	Beantwortung gezielter Fragen	Frage wird vollständig beantwortet
1	Fokus auf gezielte Fragen	Aufmerksamkeit wird auf den Gegenstand der Frage gerichtet
0	Unfokussiert	Aufmerksamkeit liegt nicht auf dem Gegenstand der Frage

Für jede einzelne Frage wurde im Kodiermanual (Kapitel 11) beschrieben, was der Gegenstand der Frage ist und welche Aspekte genannt werden müssen, sodass die Frage als beantwortet eingestuft wird.

Teilkompetenz: Umfang und Art der Klassifikation

Umfang und Art der Klassifikation werden durch ein Schätzverfahren operationalisiert. Hierbei wird eingestuft, inwieweit es zu einer Einordnung von Ereignissen in übergeordnete Konzepte kommt. Die Analyseeinheit umfasst jeweils einen gesamten Antworttext. Auch hierfür wurden drei Ausprägungen unterschieden.

Tab. 29: Kodierverfahren zu Umfang und Art der Klassifikation

Kodierung	Kategorien	Ausprägungen
2	Integration in Fachkonzepte	Ereignisse werden in lehr-lerntheoretische Konzepte eingeordnet
1	Integration in Alltagskonzepte	Ereignisse werden in Alltagskonzepte eingeordnet
0	Einzelereignisse	Ereignisse werden ohne inhaltlichen Zusammenhang beschrieben

Teilkompetenz: Qualität der schriftlichen Dokumentation

Die Qualität der schriftlichen Dokumentation wurde operationalisiert, indem die Qualität des Antworttextes im Hinblick auf seine Funktion als Gedankenstütze ermittelt wurde. Diese wird jeweils für einzelne Abschnitte betrachtet, auf deren Basis eine Einschätzung für den gesamten Antworttext vorgenommen wird. Somit stellt dieses Kodierverfahren eine Kombination aus einem Kategoriensystem und einem Schätzverfahren dar. Die Qualität der schriftlichen Dokumentation kann in drei Ausprägungen beschrieben werden.

Tab. 30: Kodierverfahren zur Qualität der schriftlichen Dokumentation

Kodierung	Kategorien	Ausprägungen
2	Angereicherte Dokumentation	Antwort besteht aus einem flüssig geschriebenen Text und enthält Zusatzinformationen
1	„Anker"	Text enthält Gedächtnisanker für Ereignisse, denen eine weitergehende Bedeutung beigemessen wird
0	„Fragmente"	Text enthält Hinweise auf Einzelereignisse

Teilkompetenz: Umgang mit Wertung

Für die Bestimmung des Umgangs mit Wertung wird das Augenmerk auf den Umgang mit Ereignissen gerichtet, die von den Beobachtenden als kritisch eingestuft wurden. Für jeden Abschnitt werden daher die als kritisch erkannten Ereignisse betrachtet und die weiteren Ausführungen im Text analysiert. Auf dieser Grundlage wird für die gesamte Beantwortung der Frage die Kodierung vergeben, die am häufigsten auf den Text zutrifft. Dabei gibt es fünf unterschiedliche Ausprägungen für den Umgang mit Wertung.

Tab. 31: Kodierverfahren zum Umgang mit Wertung

Kodierung	Kategorien	Ausprägungen
4	Aufzeigen von Handlungsalternativen	Ereignisse werden als kritisch erkannt und denkbare Handlungsalternativen werden aufgezeigt
3	Aufzeigen von Konsequenzen	Ereignisse werden als kritisch erkannt und mögliche Konsequenzen werden aufgezeigt
2	Bewertung kritischer Ereignisse	Ereignisse werden als kritisch erkannt und negativ bewertet
1	Beschreibung kritischer Ereignisse	Ereignisse werden als kritisch beschrieben
0	Keine kritischen Ereignisse	Es werden keine kritischen Ereignisse beschrieben

7.3 Operationalisierung: Wissen und Erfahrung

Im theoretischen Teil dieser Arbeit wurden Wissen und Erfahrung als Komponenten des professionellen Wissens herausgestellt, die sich auf Wahrnehmungsprozesse auswirken können. Es wird angenommen, dass Wissen und Erfahrungen in kognitiven Schemata abgespeichert sind, die während der Informationsverarbeitung als Filtermechanismen wirken und die Aufmerksamkeit lenken. Somit bestimmen sie mit, welche Informationen aus einem Geschehen herausgefiltert und wie sie interpretiert und erinnert werden (Fiske, 1995). Neben Fragestellungen, die sich auf die einzelnen Teilkompetenzen in der Wahrnehmung von Unterrichtsaufzeichnungen beziehen, ist es Ziel der Arbeit, Unterschiede zwischen Personen mit verschiedenen Voraussetzungen im Hinblick auf Wissen und Erfahrung in ihrer Analyse zu untersuchen. Hierzu werden mithilfe von Außenkriterien Personengruppen gebildet, die sich in ihrem Wissen und ihrer Erfahrung unterscheiden. Für diese Gruppen werden die Kodierungen in Bezug auf die schriftlichen Ausführungen beschrieben und miteinander verglichen.

Für die Unterscheidung der Personengruppen wird ein in der Expertiseforschung übliches Vorgehen gewählt (Gruber, 2001). Die Stichprobe umfasst Personen, die aufgrund ihrer Ausbildung und ihrer beruflichen Tätigkeit zu qualitativ unterschiedlichen Gruppen zugeordnet werden können. Als solche Gruppen werden in dieser Arbeit Lehramtsstudierende, die sich noch in ihrer Ausbildung befinden, Lehrpersonen, die den Lehrberuf aktuell ausüben (mit und ohne Erfahrung in der videobasierten Unterrichtsforschung) und Personen aus der Schulinspektion, die sich mit der Beurteilung von Unterricht befassen, unterschieden.

Die beiden Gruppen der Lehrpersonen werden im Folgenden als eine Personengruppe zusammengefasst, da sie sich in den Merkmalen, wie sie in Kapitel 7.2 beschrieben wurden, nicht wesentlich voneinander unterschieden. Die Erfahrung, über die die Personen aus Gruppe 2 in videobasierter Unterrichtsforschung verfügen, wird im Hinblick auf die Unterscheidungskriterien Wissen und Erfahrung in der Wahrnehmung von Unterricht nicht als bedeutsam eingestuft. Diese Personen verteilen sich ähnlich über die Altersstruktur und die Anzahl an Berufsjahren, sodass davon ausgegangen werden kann, dass sie hinsichtlich der Verfügbarkeit des Wissens und der Möglichkeiten, persönliche Erfahrungen zu machen, vergleichbar sind.

Die drei Teilgruppen der Studierenden, der Lehrpersonen und der Personen aus der Schulinspektion werden im Folgenden in Bezug auf Wissen und Erfahrung eingestuft. Tabelle 32 zeigt die Einordnung der Teilstichproben.

Tab. 32: Einordnung der Teilstichproben hinsichtlich Wissen und Erfahrung

	Wissen	**Erfahrung**
Studierende (N = 19)	Differenziert	Eingeschränkt
Lehrpersonen (N = 43)	Praktisch überlagert	Umfangreich
Personen aus der Schulinspektion (N = 20)	Differenziert	Umfangreich

Die Studierenden befinden sich an unterschiedlichen Zeitpunkten innerhalb ihres Studiums (zwischen dem 1. und dem 14. Fachsemester) und geben zum Großteil an, über praktische Erfahrungen zu verfügen (57.9%). Diese Erfahrungen beschränken sich jedoch auf Schulpraktika, die in der Regel bis zu zwei Wochen

(42.1%), in einigen Fällen auch bis zu vier Wochen dauerten (26.3%). Das im Hauptstudium vorgesehene Hauptpraktikum wurde bisher von keiner der Personen absolviert. Praktische Erfahrungen aus weiteren pädagogischen Einrichtungen werden so gut wie nicht genannt. Aufgrund der Veranstaltungen, die in der Studiengangsregelung als verpflichtend für das Lehramtsstudium vorgesehen sind, und der Eigenangaben hinsichtlich der praktischen Erfahrungen kann diese Personengruppe als eine Gruppe mit relativ gut ausdifferenziertem theoretischen Wissen, gleichzeitig jedoch mit eingeschränkter Erfahrung in der Wahrnehmung von Unterricht charakterisiert werden.

Die Lehrpersonen stellen hingegen eine Gruppe mit viel schulpraktischer Erfahrung dar. 54.5% der Personen sind bereits über zehn Jahre im Schuldienst tätig und unterrichten ebenso lange das Fach Physik. Zu Beginn dieser Arbeit wurde professionelles Wissen von Lehrpersonen als eine Mischung aus theoretischem Wissen und eigenen praktischen Erfahrungen beschrieben. Verschiedene Untersuchungen zeigten, dass innerhalb des professionellen Wissens rein wissenschaftliche Theorien in Begründungen von Lehrpersonen nicht mehr auszumachen sind (Bawden, Buike, & Duffy, 1979; Carpenter, Fennema, Peterson, & Carey, 1988; Hollon & Anderson, 1987). Theoretisches Wissen ist oftmals mit praktischen Erfahrungen verknüpft, erweitert und verändert. Die Lehrpersonen berichten überwiegend, dass sie sich bei der Planung und Durchführung des Unterrichts nur teilweise oder gar nicht auf fachdidaktische (73.2%), fachspezifische (65.9%) oder erziehungswissenschaftliche (87.8%) Kenntnisse aus Veranstaltungen an der Hochschule stützen. Auch bei der Erfüllung pädagogischer Aufgaben greifen die meisten Lehrpersonen (56.1%) nicht oder nur teilweise auf Wissen und Fähigkeiten zurück, die ihnen im Studienseminar vermittelt wurden. Der Besuch von Fortbildungsveranstaltungen wurde von den Lehrpersonen für die letzten zwei Jahre mit 10 bis 30 Stunden (36.4%) beziehungsweise mit 31 bis 60 Stunden (22.7%) angegeben. Aufgrund dieser Angaben ist als Charakteristik dieser Gruppe eine umfangreiche Basis an Erfahrungen und theoretischem Wissen, das von persönlichen Erfahrungen überlagert und häufig nicht mehr direkt greifbar ist, zu nennen.

Schließlich bilden Personen aus der Schulinspektion die Gruppe, bei der davon ausgegangen werden kann, dass sie sowohl über eine differenzierte Wissensbasis als auch über eigene praktische Erfahrungen verfügt. Alle 20 Personen dieser Gruppe haben ein Universitätsstudium mit der Ausbildung zum Lehramt absolviert (100% der gültigen Angaben). 65% von ihnen waren mehr als 10 Jahre im Schuldienst tätig; 15% verbringen neben ihrer Tätigkeit im Landesinstitut, der alle Personen dieser Gruppe nachkommen, immer noch einen Anteil ihrer Arbeitszeit in der Schule. Ein Großteil der Personen gibt an, im letzten Jahr bis zu fünf Fortbildungen besucht zu haben; einige Personen berichten sogar über mehr als fünf Fortbildungen. Die Veranstaltungen bezogen sich überwiegend auf lehr-lernbezogene Themen. Zudem wurden von ihnen selbst zahlreiche Fortbildungen zu ebenfalls unterrichtsbezogenen Themen angeboten. Schließlich gab die Hälfte der Schulinspektorinnen und -inspektoren an, mehr als zwei Fachzeitschriften regelmäßig zu lesen. Vor diesem Hintergrund lassen sich für diese Personengruppe ein differenziertes Wissen und eine umfangreiche Erfahrung erwarten.

7.4 Auswertung der Daten

Die Auswertung der Daten erfolgt entsprechend den Fragestellungen in zwei Schritten. Zunächst werden deskriptive Analysen der Kodierungen zu den offenen Antworttexten der Lehrpersonen vorgenommen. Anschließend werden anhand von univariaten Varianzanalysen Unterschiede zwischen verschiedenen Personengruppen innerhalb der Unterrichtsanalysen untersucht.

Die einzelnen Kodierverfahren beruhen jeweils auf 16 beziehungsweise 14 Beobachtungseinheiten (vgl. Tab. 25), die sich auf den Kommentar und die Beschreibung zur Unterrichtsstunde sowie auf die Beantwortung der Fragen beziehen. Im Folgenden ist daher zu klären, wie die einzelnen Kodierungen pro Person zusammengefasst werden können, sodass für die Auswertungen pro Kodiersystem ein Wert für jede Person vorliegt. Zu diesem Zweck wird zuerst auf Verfahren der Datenaggregation eingegangen, die in dieser Untersuchung Anwendung finden (7.4.1). Anschließend wird beschrieben, wie die verschiedenen Kodierungen, die sich auf unterschiedliche Textarten (Kommentar, Beschreibung, Beantwortung der Fragen) beziehen, zusammengefasst werden (7.4.2).

7.4.1 Aggregation der Daten

Für die Teilkompetenzen in der Wahrnehmung von Unterrichtsaufzeichnungen (Analyseprozess, Fokussiertheitsgrad der Analyse, Umfang und Art der Klassifikation, Qualität der schriftlichen Dokumentation, Umgang mit Wertung) wurden verschiedene Kategoriensysteme und Schätzverfahren entwickelt. Diese beziehen sich jeweils auf 16 beziehungsweise 14 (Fokussiertheitsgrad der Analyse) Beobachtungseinheiten, für die je eine Kodierung vergeben wurde. So liegen je Kodierverfahren für jede Person 16 Einzelkodierungen vor. Für eine Beschreibung der Teilkompetenzen der Personen müssen die Einzelkodierungen so zusammengefasst werden, dass sich für jede Person ein aussagekräftiger Wert für jeden Bereich ergibt. Dabei können verschiedene Verfahren gewählt werden, die entweder für jede Person der Stichprobe die Berechnung eines repräsentativen Wertes ermöglichen, bei denen der Wert inhaltlich aussagekräftig bleibt oder durch die möglichst viele Einzelinformationen erhalten bleiben. Da jedes Verfahren bezüglich der genannten Kriterien verschiedene Vor- und Nachteile aufweist, werden für die vorliegende Arbeit je nach Fragestellung unterschiedliche Vorgehensweisen zur Aggregation gewählt.

Für Fragestellungen, die die inhaltliche Beschreibung der Kompetenzen in der vertiefenden Analyse von Unterrichtsaufzeichnungen im Blick haben, werden die

Daten durch den Median zusammengefasst. Beziehen sich die Fragestellungen dagegen auf eine Beschreibung von Kompetenzprofilen über die verschiedenen Kriterien hinweg, wird ein Gesamtwert jeweils durch die gewichtete Summe der Kodierungen gebildet. Diese Vorgehensweisen werden im Folgenden begründet.

Aggregation durch den Median

Für die Berechnung eines Gesamtwertes durch den Median werden zunächst (von der niedrigsten Kodierung angefangen) die Häufigkeiten aufgeschlüsselt, mit denen die einzelnen Kodierungen einer Teilkompetenz vergeben wurden. Bei insgesamt 16 Kodierungen wurde als Median der achte Wert, bei 14 Kodierungen der siebte Wert festgelegt. Einen Wert, der die Kodierungen bei exakt 50% trennt, gibt es bei einer geraden Anzahl an Einheiten nicht, sodass hier die jeweils etwas strengeren Kriterien gewählt wurden. Infolgedessen wurde für eine Person jeweils die Kodierung, die in 50% der Beobachtungseinheiten höchstens erreicht wurde, als Gesamtwert übernommen.

Der Vorteil dieses Vorgehens gegenüber anderen Verfahren der Aggregation ist, dass zwar der Wert, der in 50% der Einheiten höchstens erreicht wurde, für den Gesamtwert ausschlaggebend ist, die Gesamtverteilung der Kodierungen jedoch durch die Berechnung des Median mit berücksichtigt wird. Daher fließen möglichst viele Informationen in diesen Wert mit ein. Ein Gesamtwert, der sich durch dieses Vorgehen ergibt, lässt sich inhaltlich interpretieren, indem er die Personen durch die Ausprägung der jeweiligen Teilkompetenzen charakterisiert, der sie in 50% der Kodiereinheiten höchstens zugeordnet wurden.

Aggregation durch die gewichtete Summe

Die zweite Art der Datenaggregation, die in dieser Studie verwendet wird, besteht darin, durch die gewichtete Summe der Kodierungen für jede Person einen Gesamtwert zu berechnen. Hierzu wird die Häufigkeit der jeweils vergebenen Kodierung mit einem festgelegten Faktor multipliziert (siehe Tab. 33). Dieser ist umso höher, je größer das Ausmaß der Differenziertheit der jeweiligen Ausprägung auf der Teilkompetenz ist. Schließlich werden die Produkte für die einzelnen Kodierungen innerhalb der Teilkompetenzen aufsummiert, sodass sich pro Person für jeden Bereich ein Gesamtwert ergibt. Da für die einzelnen Teilkompetenzen unterschiedlich viele Ausdifferenzierungen vorgenommen wurden, errechnen sich entsprechend unterschiedliche mögliche Maximalpunktwerte. Tabelle 33 zeigt die jeweiligen Faktoren und Höchstpunktzahlen, die sich durch das geschilderte Vorgehen für jedes Kodierverfahren ergeben.

Tab. 33: Faktoren und Höchstpunktzahlen für die einzelnen Kodierverfahren

	Faktoren für				
	Analyse-prozess	Fokussiert-heitsgrad der Analyse	Umfang und Art der Klassi-fikation	Qualität der schrift-lichen Doku-mentation	Umgang mit Wertung
# Kodierung 0	#*1	#*1	#*1	#*1	#*1
# Kodierung 1	#*2	#*2	#*2	#*2	#*2
# Kodierung 2	#*3	#*3	#*3	#*3	#*3
# Kodierung 3	#*4	-	-	-	#*4
# Kodierung 4	-	-	-	-	#*5
# Kodierung 9	#*0	#*0	#*0	#*0	#*0
Möglicher Höchstpunktwert	$\Sigma = 64$	$\Sigma = 42$	$\Sigma = 48$	$\Sigma = 48$	$\Sigma = 80$

= Anzahl

Aus den Werten, die sich für die einzelnen Personen durch dieses Vorgehen er-rechnen, lassen sich die Kompetenzen der Personen in einer Rangreihe miteinander vergleichen (ordinalskaliert). Hiermit ist es möglich, feinere Unterschiede zwischen Personen aufzuzeigen als durch die Aggregation mittels Mediansplit. Die Werte lassen sich jedoch inhaltlich schwerer interpretieren, da sie in den Punktwerten nicht mehr direkt auf die definierten Ausprägungen bezogen werden können. Das Vorgehen trägt jedoch dem Umstand Rechnung, dass die Ausprägungen in ihrem Grad der Differenziertheit von global bis differenziert unterschieden wurden. So zeigt nun ein hoher Punktwert eine hohe Differenziertheit an, ein niedriger Wert weist auf eine globale Qualität der Analyse hin.

Um die Kompetenzwerte nicht nur in ihrer Rangreihe vergleichen zu können, sondern auch Gruppen mit unterschiedlichen Ausprägungen der Kompetenzen bil-den zu können, wurden für diese Untersuchung weiterhin qualitative Schwellen definiert, die Grenzen darstellen, zwischen die Personen mit bestimmten Punktzah-len eingeordnet werden können. Diese Schwellen trennen Stufen mit unterschiedli-chem Grad der Differenziertheit innerhalb der Analyse voneinander ab.

Derartige Schwellen können auf unterschiedliche Weise festgelegt werden. Da es in dieser Arbeit darum geht, verschiedene Qualitäten der vertiefenden Analyse innerhalb der Stichprobe zu differenzieren, stellt die sozial vergleichende Bezugs-norm ein geeignetes Kriterium für das Bestimmen der Schwellen dar.

Für jede Teilkompetenz werden in der vorliegenden Arbeit drei Qualitätsstufen für die Analyse unterschieden. Pro Teilkompetenz werden für die Gesamtstichpro-be drei Perzentile berechnet. Daraus ergeben sich jeweils die Punktbereiche, die

33%, 66% beziehungsweise 99% der Personen aus der Stichprobe erreicht haben. Diese werden als Schwellen für die Zuordnung der Personen zu den Qualitätsstufen festgelegt, sodass in jedem Bereich ca. ein Drittel der Stichprobe eingeordnet wird. Durch die Punktegrenzen werden nun Personen den festgelegten Qualitätsstufen zugeordnet, die im Vergleich zur Gesamtstichprobe eine eher differenzierte, mittlere oder globale Analyse durchgeführt haben. Diese Qualitätsstufen entsprechen jedoch nicht den inhaltlich definierten Ausprägungen der Teilkompetenzen, sondern stellen die tendenzielle Einordnung der Qualität der Analyse im Vergleich zu den übrigen Personen der Stichprobe dar. Tabelle 34 zeigt die Punktegrenzen zwischen den Qualitätsstufen pro Kodierverfahren.

Tab. 34: Schwellen für die Qualitätsstufen nach der sozial vergleichenden Bezugnorm

Qualitätsstufe	Analyse-prozess	Fokussiert-heitsgrad der Analyse	Umfang und Art der Klassifi-kation	Qualität der schriftlichen Doku-mentation	Umgang mit Wertung
differenziert	38-56	38-41	38-43	39-48	43-68
mittel	30-37	35-37	35-37	31-38	33-42
global	13-29	9-34	12-34	14-30	15-32

Je nach erreichter Punktzahl kann auf dieser Basis jede Person einer Qualitätsstufe zugeordnet werden.

Die Ausführungen machen deutlich, dass beide Arten der Datenzusammenfassung Vorteile aufweisen. Während es die Aggregation durch den Median zulässt, dass die Werte ihre inhaltliche Bedeutung behalten, bietet eine Zusammenfassung durch die gewichtete Summe die Möglichkeit, Personengruppen zu bilden, die sich qualitativ unterscheiden, wobei eine detaillierte Rangreihe erstellt werden kann. Durch das Errechnen von definierten Schwellen lassen sich die Personen unterschiedlichen Qualitätsstufen zuordnen. Aus diesen Gründen finden beide Vorgehensweisen in dieser Arbeit Anwendung.

7.4.2 Umgang mit unterschiedlichen Textarten

Eine zweite Frage, die sich für das Zusammenfassen der Daten stellt, ergibt sich aus den unterschiedlichen Textarten, auf die die 16 Kodierungen angewendet wurden. Eine der 16 Beobachtungseinheiten bezieht sich auf die Ausführungen, die die Teilnehmenden als offenen Kommentar zum Video verfasst haben (v153: 1 BE). Eine weitere Einheit bildet die Kodierung zum Text, den die Lehrpersonen auf die Aufforderung, die Stunde zu beschreiben, erstellt haben (v169: 1 BE). Die übrigen Beobachtungseinheiten basieren auf den 14 strukturierten Fragen, die ebenfalls in offener Textform beantwortet wurden.

Da die Fragestellungen dieser Arbeit auf eine Beschreibung der kompetenten Unterrichtswahrnehmung abzielen, die über die gesamte Bearbeitung der Unterrichtsaufzeichnung gezeigt werden soll, gehen alle genannten Textabschnitte in die Auswertungen mit ein. Um Aussagen über Teilkompetenzen von Personen oder Personengruppen treffen zu können, müssen die 16 vergebenen Kodierungen auf individueller Ebene zusammengefasst werden, sodass die Kompetenz pro Person durch einen einzigen Wert beschrieben werden kann. Bei diesem Vorgehen stellt sich jedoch die Frage, ob den drei Textteilen bei einer Zusammenfassung der Kodierungen das gleiche Gewicht im Hinblick auf eine Bestimmung der Kompetenz beigemessen werden kann. Hierfür muss geklärt werden, ob sich die Personen stark in den Kodierungen unterscheiden, die sie für die verschiedenen Beobachtungseinheiten erreichen. Da keiner der Aufgabenbereiche (Kommentierung, Beschreibung der Stunde und Beantwortung der Fragen) eine explizite Aufforderung zur vertiefenden Analyse beinhaltet, wird davon ausgegangen, dass gleiche Chancen vorliegen, die jeweiligen Kompetenzen zu zeigen. Ob diese Chancen von den Personen jedoch unabhängig der Aufgabenstellung in gleicher Weise genutzt werden, zeigt eine Analyse der Profile der Personen für die drei Bereiche.

Das Kategoriensystem zur Beantwortung der Fragen wurde nur in Bezug auf die strukturierten Fragen kodiert, sodass sich hier insgesamt 14 Beobachtungseinheiten ergeben. Für den Kommentar und die Beschreibung der Stunde wäre eine Kodierung für das Ausmaß der treffenden Beantwortung der gestellten Frage nicht sinnvoll gewesen. Die Frage nach einer unterschiedlichen Behandlung der Beobachtungseinheiten stellt sich dadurch für dieses Kodierverfahren nicht.

Im Folgenden werden die einzelnen Kodierungen auf individueller Ebene über die drei Aufgabenstellungen innerhalb der Lernumgebung (offener Kommentar, Beschreibung der Stunde, Beantwortung der strukturierten Fragen) betrachtet, um so Unterschiede in den Kodierungen zu prüfen. Die Personen werden zu diesem Zweck in drei Gruppen eingeteilt: in eine erste Gruppe von Personen, die über die drei Bereiche hinweg konstant auf einer Ausprägung der jeweiligen Teilkompetenz bleiben, in eine zweite Gruppe von Personen, die über die drei Bereiche auf der Teilkompetenz „aufsteigen" und in eine dritte Gruppe von Personen, die über die Bereiche hinweg auf der Teilkompetenz „absteigen". Um die drei Abschnitte miteinander vergleichen zu können, werden die 14 Beobachtungseinheiten für die Fragen durch die Berechnung des Medians zu einem Wert zusammengefasst. Als Median wurde jeweils der siebte Wert zugrunde gelegt. Durch dieses Vorgehen liegen schließlich für jede Person ein Wert für den Kommentar (1 BE), ein Wert für die Beschreibung der Stunde (1 BE) und ein Wert für die Fragen (Median) vor. Diese können nun miteinander verglichen werden. Personenprofile zeigen an, wie viele Teilnehmerinnen und Teilnehmer ihre Zuordnung konstant über die drei Bereiche beibehalten, wie viele „aufsteigen" und wie viele „absteigen". Die Kriterien für die Einteilung der Personen in Gruppen von „konstanten Personen", „Aufsteigern" und „Absteigern" wurden wie folgt festgelegt: Als „konstante Person" wird eingestuft, wer in mindestens zwei der drei Bereiche innerhalb des jeweiligen Kodierverfahrens die gleiche Ausprägung erreicht hat. „Aufsteiger" sind Personen, die beim Kommentar eine geringere Kodierung als bei der Beschreibung der Stunde und hier wiederum eine geringere Kodierung als bei der Beantwortung der Fragen erhalten haben. Schließlich werden Personen als „Absteiger" eingestuft, wenn die Kodierung beim Kommentar höher ist als bei der Beschreibung der Stunde und diese wiederum höher ist als bei der Beantwortung der Fragen. Die Profile können beispielhaft dargestellt werden, wie Abbildung 5 beispielhaft für das Kodierverfahren zum Analyseprozess zeigt.

Ausprägung	Kommentar	Beschreibung der Stunde	Beantwortung der Fragen
3-Schritt der Analyse			
Erklärung			
Bewertung			
Beschreibung			

Abb. 5: Beispielprofile für die drei Bereiche Kommentar, Beschreibung der Stunde, Beantwortung der Fragen für das Kodierverfahren zum Analyseprozess
‒‒‒ konstante Personen ⎯ „Aufsteiger" ‑‑‑‑ „Absteiger"

Personen, die nach der festgelegten Definition für „konstante Personen", „Aufsteiger" und „Absteiger" keiner der beschriebenen Gruppen eindeutig zugeordnet werden können, werden im Folgenden als „Fehlende" behandelt. Dies ist der Fall, wenn eine 9 kodiert wurde (die Person in dem entsprechenden Abschnitt der Lernumgebung also keinen Text geschrieben hat; siehe Manual in Kapitel 11) oder wenn die drei Kodierungen nach den Kriterien keine eindeutige Entscheidung zulassen. Tabelle 35 zeigt für die einzelnen Kodierverfahren, wie sich die Teilnehmerinnen und Teilnehmer auf die drei Gruppen verteilen.

Tab. 35: Prozentuale Verteilung der Personen auf die Gruppen „konstante Person",
„Aufsteiger" und „Absteiger" in den vier Teilkompetenzen der vertieften
Unterrichtsanalyse

Profil		Analyse-prozess	Umfang und Art der Klassifikation	Qualität der schriftlichen Dokumen-tation	Umgang mit Wertung
	N	66	79	79	56
„Konstante	#	59	79	78	45
Personen"	%[1]	89.4	100	98.7	80.4
„Aufsteiger"	#	1	0	0	1
	%[1]	1.5	0	0	1.8
„Absteiger"	#	6	0	1	10
	%[1]	9.1	0	1.3	17.9

= Anzahl; [1] Prozentangaben sind gültige Prozent

Wie Tabelle 35 zeigt, überwiegt bei jeder Teilkompetenz die Gruppe der konstanten Personen. Im Bereich des Analyseprozesses gehören 89.4% der konstanten
Gruppe an, im Bereich Umfang und Art der Klassifikation 100%, bei der Qualität
der schriftlichen Dokumentation 98.7% und beim Umgang mit Wertung 80.4%.
Die Gruppen der „Aufsteiger" beziehungsweise der „Absteiger" sind dagegen jeweils dünn besetzt. Beim Analyseprozess gibt es ähnlich wie beim Umgang mit
Wertung etwas mehr „Absteiger" als „Aufsteiger" (Analyseprozess: 9.1% „Absteiger" versus 1.5% „Aufsteiger"; Umgang mit Wertung: 17.9% „Absteiger" versus
1.8% „Aufsteiger").

Diese Verteilungen, die sich für die Personen über die drei Aufgabenbereiche je
Teilkompetenz ergeben, unterstützen das Vorgehen, die Kodierungen über die 16
Beobachtungseinheiten gleich gewichtet zu behandeln. Es kann davon ausgegangen
werden, dass aufgrund der unterschiedlichen Aufgabenstellungen (offener Kommentar, Beschreibung der Stunde, Beantwortung strukturierter Fragen) keine systematischen Verzerrungen resultieren.

8 Ergebnisse

In diesem Kapitel werden Ergebnisse vorgestellt, die die Kompetenz von Lehrpersonen in der Wahrnehmung von Unterrichtsaufzeichnungen beschreiben. Außerdem werden Unterschiede zwischen Personen aufgezeigt, die einen verschiedenen Hintergrund in Bezug auf die Wahrnehmung von Unterricht haben. Für die Kompetenz in der Wahrnehmung von Unterrichtsaufzeichnungen wurden im theoretischen Teil der Arbeit fünf Teilkompetenzen skizziert: Analyseprozess, Fokussiertheitsgrad der Analyse, Umfang und Art der Klassifikation, Qualität der schriftlichen Dokumentation und Umgang mit Wertung. Auf Grundlage verschiedener Forschungstraditionen wird davon ausgegangen, dass diese Aspekte wichtige Kriterien im Hinblick auf eine vertiefende Analyse von Unterrichtsaufzeichnungen darstellen.

Die Präsentation der Ergebnisse orientiert sich an der Struktur der Fragestellungen. Daher werden zunächst deskriptive Befunde der Gesamtstichprobe im Hinblick auf die Kompetenzen der Teilnehmerinnen und Teilnehmer in der vertiefenden Analyse von Unterrichtsaufzeichnungen berichtet (8.1.1) sowie Profile über die Kriterien hinweg beschrieben (8.1.2). Anschließend werden die Analysen von verschiedenen Teilstichproben miteinander verglichen (8.2).

8.1 Deskriptive Befunde

Das folgende Kapitel bezieht sich auf die Beschreibung der Kompetenzen der Lehrpersonen in der Wahrnehmung von Unterrichtsaufzeichnungen. Diese Kompetenz wird als Indikator dafür betrachtet, über welches Potential die Lehrpersonen verfügen, auch im realen Unterrichtsgeschehen relevante Aspekte erkennen zu können. Es wurde herausgestellt, dass lehr-lernrelevante Merkmale im Unterricht nicht auf einer oberflächlichen Ebene wahrgenommen werden können, sondern dass erst ein fokussierter Blick auf das Unterrichtsgeschehen das Erkennen zentraler Aspekte ermöglicht (vgl. Kapitel 5). In dieser Hinsicht wurde die Wahrnehmung von Unterrichtsaufzeichnungen mit der Durchführung einer Beobachtung verglichen und Merkmale aus der Beobachtungsforschung wurden auf die Wahrnehmung von Unterrichtsaufzeichnungen übertragen. Hieraus ergeben sich fünf Teilkompetenzen, die Kriterien für die vertiefende Analyse darstellen. Diese Kriterien bilden die Grundlage für eine Beschreibung der Kompetenzen der Lehrpersonen in der Analyse von Unterrichtsaufzeichnungen. Entlang der Fragestellungen aus Kapitel 6 werden im Folgenden zuerst die Teilkompetenzen von Lehrpersonen getrennt betrachtet und die Verteilungen der Personen auf den inhaltlichen Ausprägungen der theoretisch entwickelten Kriterien beschrieben (8.1.1). Weiterhin wird das Zusammenspiel der Teilkompetenzen für eine Beschreibung der kompetenten Unterrichtsanalyse in den Blick genommen. Daher werden in Abschnitt 8.1.2 Befunde zur Dimensionalität der Gesamtkompetenz und zu Profilen über die Teilkompetenzen hinweg berichtet.

8.1.1 Teilkompetenzen der Lehrpersonen

In einem ersten Schritt werden die Teilkompetenzen der Lehrpersonen betrachtet. Für die Beschreibung wurden die 16 Beobachtungseinheiten pro Person durch den Mediansplit zusammengefasst (vgl. Kapitel 7.4.1). Die Darstellung der Ergebnisse erfolgt getrennt für die fünf Teilkompetenzen.

Kompetenzen im Analyseprozess

Im Folgenden werden die Teilkompetenzen der Lehrpersonen im Hinblick auf den Analyseprozess dargestellt. Grundlage für die Entwicklung des Aspektes „Analyseprozess" war, dass in der Beobachtungsforschung drei Schritte als zentral für das Verhindern subjektiver Verzerrung gelten: Selektion, Abstraktion und Klassifikation (Bortz & Döring, 1995). Diese beziehen sich auf das Herausfiltern und Abstrahieren von Informationen aus einem Geschehen und das Bündeln dieser Informationen zu spezifischen Merkmalsklassen. Übertragen auf die Wahrnehmung von Unterrichtsaufzeichnungen wird in Bezug auf den Analyseprozess in den Blick genommen, inwieweit es Lehrpersonen gelingt, Ereignisse aus dem Unterrichtsgeschehen herauszufiltern und zu beschreiben, sie als Einzelereignisse losgelöst vom aktuellen Kontext zu betrachten und zu erklären und sie schließlich in übergeordnete Zusammenhänge einzubetten (vgl. Kapitel 5.2.1). Das Kodierverfahren, das die Teilkompetenz der Teilnehmerinnen und Teilnehmer im Analyseprozess abbildet, unterscheidet vier Inhaltsbereiche. Eine Ausprägung im Analyseprozess zeigt sich in der Beschreibung von Ereignissen („Beschreibung"). Eine Beschreibung und eine zusätzliche Bewertung der Ereignisse werden durch die Ausprägung „Bewertung" charakterisiert. Des Weiteren kommt die Ausprägung „Erklärung" zum Tragen, wenn Ereignisse beschrieben und im Hinblick auf mögliche Erklärungsansätze analysiert werden. Die Ausprägung „3-Schritt der Analyse" kennzeichnet einen Analyseprozess, der sowohl eine Beschreibung der Ereignisse als auch mögliche Erklärungen und eine Bewertung der Ereignisse umfasst. Die Kodierungen beziehen sich jeweils auf 16 Beobachtungseinheiten, die sich aus Einschätzungen zu einzelnen Abschnitten zusammensetzen (siehe Tab. 25). Die Beobachtungseinheiten wurden durch den Median zu einem Gesamtwert für jede Person zusammengefasst (siehe Kapitel 7.2.1). Tabelle 36 zeigt die Verteilung der Teilnehmerinnen und Teilnehmer auf die einzelnen inhaltlichen Ausprägungen im Analyseprozess.

Tab. 36: Verteilung der Personen auf die Ausprägungen im Analyseprozess; N = 82

	Beschrei-bung	Bewertung	Erklärung	3-Schritt der Analyse	Md	M	SD
#	26	30	21	5	1.00	1.06	0.91
%[1]	31.7	36.6	25.6	6.1			

[1]Prozentangaben sind gültige Prozentwerte

Die größten Personengruppen finden sich für die beiden Ausprägungen „Beschreibung" (31.7%) und „Bewertung" (36.6%). Für insgesamt 68.3% bedeutet dies, dass sie die Ereignisse überwiegend beschreiben beziehungsweise beschreiben und eine Bewertung vornehmen, ohne jedoch Überlegungen zu möglichen Erklärungen für die genannten Ereignisse zu explizieren. Durch die entsprechende Ausprägung („Erklärung") lassen sich 25.6% der Personen kennzeichnen. Den vollständigen 3-Schritt der Analyse, der die Beschreibung, die Erklärung und die Bewertung des Geschehens umfasst und der für eine vertiefende Analyse als relevant angesehen wird, vollziehen lediglich 6.1% der Stichprobe. Über die statistischen Kennwerte (Md = 1.00; M = 1.06; SD = 0.91) ist die Teilkompetenz der Lehrpersonen im Hinblick auf den Analyseprozess insgesamt durch eine vor allem beschreibende und bewertende Ausprägung charakterisiert.

Somit lassen sich die Kompetenzen der Teilnehmerinnen und Teilnehmer im Analyseprozess hauptsächlich durch das Durchführen einzelner Schritte darstellen. Ein großer Anteil der Personen innerhalb der Stichprobe beschreibt Unterrichtsereignisse, andere beschreiben und bewerten, wieder andere beschreiben und erklären das Geschehen. Die Kombination der drei Schritte, die in der Beobachtungsforschung als zentral für eine vollständige Analyse beschrieben wird, wenden nur wenige Personen an. Abbildung 6 verdeutlicht die Verteilung der Personen auf den einzelnen Ausprägungen im Analyseprozess graphisch.

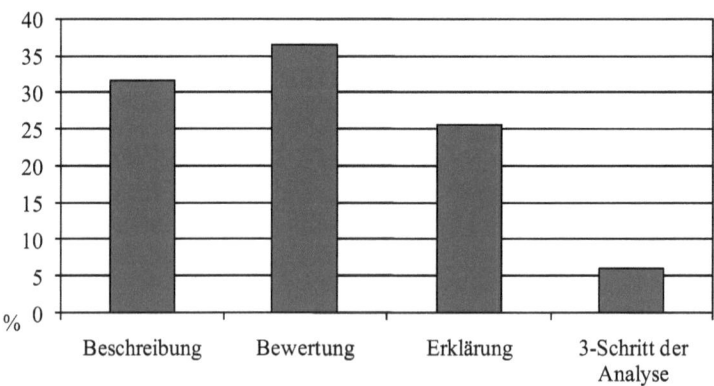

Abb. 6: Prozentuale Verteilung der Lehrpersonen auf die Ausprägungen im Analyseprozess (gültige Prozentwerte); N = 82

Unterrichtsgeschehen ist durch eine große Fülle an Informationen charakterisiert. Um aus diesem komplexen Geschehen relevante Ereignisse auswählen zu können, ist eine zielgerichtete und fokussierte Wahrnehmung der Unterrichtssituationen notwendig. Gezielten Fragen, vor deren Hintergrund das Geschehen betrachtet wird, kommt in diesem Zusammenhang eine wichtige Rolle für die vertiefende Analyse zu (Brophy, 2004; Seidel, Dalehefte et al., 2005). Der Fokussiertheitsgrad der Analyse beschreibt die Teilkompetenz, Ereignisse im Hinblick auf gezielte Fragen aus dem Geschehen herauszufiltern und sie zu einer Beantwortung der Fragen zusammenzuführen.

Das Kodierverfahren, das die Teilkompetenzen im Hinblick auf den Fokussiertheitsgrad der Analyse erfasst, unterscheidet drei Ausprägungen. Wurden Einzelereignisse in den Texten beschrieben, die keinen Fokus auf gezielte Fragen erkennen lassen, wird dies durch die Ausprägung „unfokussiert" gekennzeichnet. Bei der Ausprägung „Fokus auf gezielte Fragen" werden in den Texten Ereignisse aufgezeigt, die einen Bezug zu den jeweiligen Fragen haben. Schließlich werden Antworten der Ausprägung „Beantwortung gezielter Fragen" zugeordnet, wenn Einzelereignisse in Bezug auf die Fragen beschrieben und zu einer Beantwortung der Fragen zusammengeführt werden.

Die Kodierungen zum Fokussiertheitsgrad der Analyse wurden in Bezug auf die Beantwortung der Fragen durchgeführt, die den Teilnehmerinnen und Teilnehmern im Rahmen der Lernumgebung vorgegeben wurden (vgl. Tab. 18). Die Einschätzungen beziehen sich daher auf 14 Beobachtungseinheiten, die jeweils den gesamten Antworttext zu einer Frage berücksichtigen. Aus den 14 Kodierungen wurde durch den Median pro Person ein Gesamtwert gebildet (vgl. Kapitel 7.5.1). Tabelle 37 zeigt die Verteilung der Personen auf die beschriebenen Ausprägungen zum Fokussiertheitsgrad der Analyse.

Tab. 37: Verteilung der Personen auf die Ausprägungen im Fokussiertheitsgrad der Analyse; N = 82

	Unfokussiert	Fokus auf gezielte Fragen	Beantwortung gezielter Fragen	Md	M	SD
#	1	2	79	2.00	1.95	0.27
%[1]	1.2	2.4	96.3			

[1]Prozentangaben sind gültige Prozentwerte

Nahezu alle Personen (96.3%) werden der Ausprägung „Beantwortung gezielter Fragen" zugeordnet. Dies bedeutet, dass sie die Fragen, die innerhalb der Lernumgebung in Bezug auf die vier Inhaltsbereiche von Unterrichtsqualität (Zielorientierung, Lernbegleitung, Umgang mit Fehlern, Rolle von Experimenten) gestellt wurden, treffend beantworteten. Lediglich 2.4% der Personen (= 2 Personen) beschreiben überwiegend Einzeldetails in Bezug auf die gestellten Fragen („Fokus auf gezielte Fragen") und eine Person (= 1.2%) wird der Ausprägung „unfokussiert" zugeordnet, bei der sich kein Fokus in Bezug auf die gestellten Fragen erkennen lässt. Auch die statistischen Kennwerte (Md = 2.00; M = 1.95; SD = 0.27) verdeutlichen das Ergebnis, dass die Kompetenzen der Teilnehmerinnen und Teilnehmer im Hinblick auf den Fokussiertheitsgrad der Analyse durch eine gezielte Betrachtung des Unterrichts auf bestimmte Aspekte hin charakterisiert werden können. Inhaltlich lässt sich die Teilkompetenz dahingehend beschreiben, dass die Lehrpersonen Einzelereignisse im Hinblick auf eine gezielte Frage herausstellen und sie zu einer Beantwortung der Frage zusammenführen. Werden bei der Analyse Fragen vorgegeben, fokussieren die Lehrpersonen ihre Wahrnehmung auf relevante Ereignisse und beantworten die Fragen treffend. Die Verteilung der Personen auf die inhaltlichen Ausprägungen im Hinblick auf den Fokussiertheitsgrad der Analyse wird in Abbildung 7 graphisch verdeutlicht.

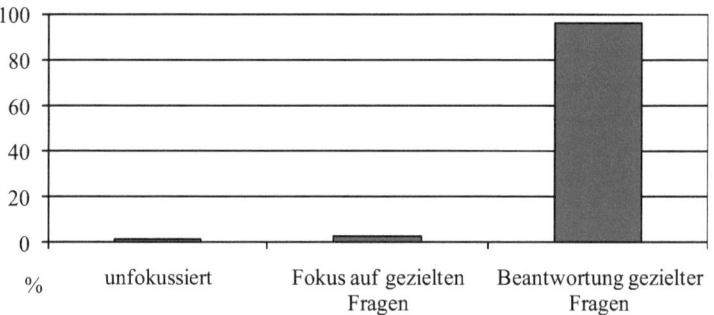

Abb. 7: Prozentuale Verteilung der Lehrpersonen auf die Ausprägungen im Fokussiertheitsgrad der Analyse (gültige Prozentwerte); N = 82

Kompetenzen in der Klassifikation

Die Klassifikation von Ereignissen wurde als dritter wichtiger Schritt in der Durchführung von Beobachtungen betont (Bortz & Döring, 1995; Seidel & Prenzel, in Druck). In der Beobachtungsforschung steht die Klassifikation für das Bündeln von Einzelinformationen zu zusammengehörigen Merkmalsklassen. Für die Wahrnehmung von Unterrichtsaufzeichnungen wurde dies in das Einordnen von Ereignissen in bestehende Wissensstrukturen übersetzt. Grundlage für die Klassifikation von Ereignissen ist somit das Wissen um Konzepte und ihre Komponenten. Hierbei lässt sich weiter unterscheiden, ob eher weitläufige Vorstellungen von Konzepten vorhanden sind oder ob diese fachlich gefasst und definiert sind. Für die Klassifikation von Ereignissen im Unterrichtsgeschehen wurde daher neben einer Einordnung der Informationen in Merkmalsklassen die fachliche Verortung in Konzepte als zentral herausgestellt.

114

Die Kodierungen wurden im Hinblick auf drei Ausprägungen durchgeführt. Eine Ausprägung der Teilkompetenz lässt sich dadurch kennzeichnen, dass Einzelereignisse beschrieben werden, die in keinen inhaltlichen Zusammenhang zueinander gesetzt werden („Einzelereignisse"), sodass keine Integration in Wissensstrukturen vorgenommen wird. Die Art der Klassifikation kann weiterhin durch die Ausprägung „Integration in Alltagskonzepte" charakterisiert werden. Hierbei werden in den Antworttexten verschiedene Einzelereignisse zusammengefasst und in übergeordnete Alltagskonzepte integriert. Die Ausprägung „Integration in Fachkonzepte" bezeichnet Texte, in denen Einzelereignisse ebenfalls zu übergeordneten Konzepten zusammengefügt und diese zusätzlich lehr-lerntheoretisch eingeordnet werden. Grundlage der Kodierungen sind wiederum 16 Beobachtungseinheiten, die jeweils die gesamte Antwort auf eine Frage zusammenfassen (vgl. Tab. 25). Durch den Median wurde pro Person abschließend ein Wert für die Teilkompetenz in der Klassifikation gebildet (vgl. Kapitel 7.5.1).

In Tabelle 38 wird die Verteilung der Personen auf die Ausprägungen zum Umfang und zur Art der Klassifikation dargestellt.

Tab. 38: Verteilung der Personen auf die Ausprägungen zum Umfang und zur Art der Klassifikation; N = 82

	Einzelereignisse	Integration in Alltagskonzepte	Integration in Fachkonzepte	Md	M	SD
#	0	72	10	1.00	1.12	0.33
%[1]	0	87.8	12.2			

[1]Prozentangaben sind gültige Prozentwerte

Die meisten Personen liegen in dem Bereich, der als „Integration in Alltagskonzepte" beschrieben wird. 87.8% der Teilnehmerinnen und Teilnehmer werden auf dieser Ausprägung eingestuft. Die Texte zeichnen sich dadurch aus, dass Ereignisse zusammengefasst und in übergeordnete Alltagskonzepte eingeordnet werden. Die Verortung der Ereignisse in Fachkonzepte mithilfe von Fachbegriffen wird hier von 12.2% der Personen umgesetzt. Lediglich eine Beschreibung von Einzelereignissen, ohne diese inhaltlich in Bezug zueinander zu setzen („Einzelereignisse"), wurde für keine der Personen kodiert.

Im Hinblick auf Umfang und Art der Klassifikation zeigt also der größte Anteil an Personen die Kompetenz, Ereignisse in übergeordnete Konzepte einzuordnen und diese alltagssprachlich zu umschreiben. Dies drückt sich deutlich in den statistischen Kennwerten aus, die einen Median von 1.00 und einen Mittelwert von 1.12 mit einer Standardabweichung von 0.33 ergeben. Die Verteilung der Teilnehmerinnen und Teilnehmer im Hinblick auf die Teilkompetenz Umfang und Art der Klassifikation wird in Abbildung 8 graphisch wiedergegeben.

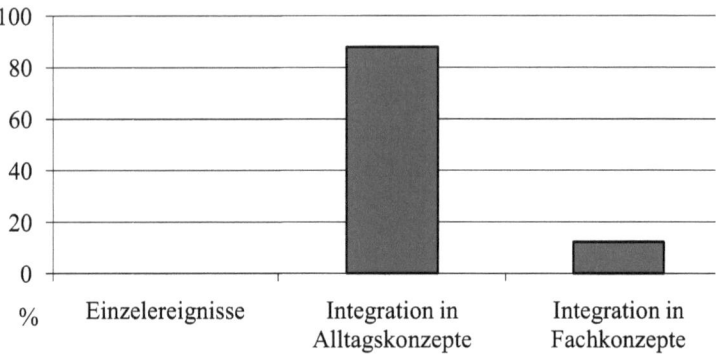

Abb. 8: Prozentuale Verteilung der Lehrpersonen auf die Ausprägungen in Umfang und Art der Klassifikation (gültige Prozentwerte); N = 82

Kompetenzen in Bezug auf die Qualität der schriftlichen Dokumentation

Neben den drei Schritten der Selektion, Abstraktion und Klassifikation wurde in Kapitel 5.1.3 auch die Systematisierung der Notizen thematisiert. Für die Auswertung von Beobachtungsdaten spielen die schriftlichen Notizen eine wichtige Rolle, da sie die Datengrundlage darstellen. Daher sollten diese in der Beobachtungsforschung möglichst strukturiert und systematisch aufbereitet werden, damit die enthaltenen Informationen auch weiterhin nutzbar sind (Bortz & Döring, 1995). Im Rahmen der Wahrnehmung von Unterrichtsaufzeichnungen dienen die Notizen in erster Linie als Gedächtnishilfe für die gesamte Zeit der Analyse. Ereignisse, die zu Beginn der Stunde ins Auge fielen, sollen auch zu späteren Zeitpunkten präsent sein. Abschließende Einschätzungen und Beurteilungen von Unterrichtsabschnitten sollten auf Grundlage der verfassten Notizen vorgenommen werden können. Für schriftliche Ausführungen wurde als wichtig herausgestellt, dass sie aussagekräftig sind, Ereignisse klar benannt werden, sodass im Nachhinein keine Missinterpretationen entstehen, und dass notwendige Zusatzinformationen festgehalten werden.

Für die Kodierungen zur Qualität der schriftlichen Dokumentation ergeben sich hiermit ebenfalls drei Ausprägungen. Im Hinblick auf ihre Funktion als Erinnerungshilfe werden Texte, die aus Stichworten bestehen, die auf Einzelereignisse hinweisen, als „Fragmente" bezeichnet. Wenn die Texte Hinweise auf solche Ereignisse beinhalten, die für das weitere Geschehen als bedeutungsvoll eingestuft wurden, und deutlich wird, auf welche spezifische Situation sie sich beziehen, werden sie durch die Ausprägung „Anker" gekennzeichnet. Schließlich wird eine „angereicherte Dokumentation" dadurch beschrieben, dass in den Notizen Hinweise auf mögliche Zusammenhänge und Hintergründe für einzelne Ereignisse enthalten sind, die für die weitere Beobachtung als Gedächtnisstütze dienen können. Die Kodierungen im Hinblick auf diese Ausprägungen wurden jeweils für einen Textabschnitt vorgenommen. Anschließend wurde die Ausprägung pro Antworttext abgeschätzt (vgl. Tab. 25). Aus diesem Vorgehen ergeben sich pro Person 16 Beobachtungseinheiten, die durch die Berechnung des Medians zu einem Wert zusammengefasst wurden (vgl. Kapitel 7.5.1). Tabelle 39 zeigt, wie sich die Lehrpersonen im Hinblick auf die Qualität der schriftlichen Dokumentation auf die einzelnen Ausprägungen verteilen.

Tab. 39: Verteilung der Personen auf die Ausprägungen zur Qualität der schriftlichen Dokumentation; N = 82

	„Fragmente"	„Anker"	Angereicherte Dokumentation	Md	M	SD
#	6	50	26	1.00	1.24	0.58
%[1]	7.3	61.0	31.7			

[1]Prozentangaben sind gültige Prozentwerte

Die Mehrheit der Personen wird auf der Ausprägung „Anker" eingeordnet. Dies bedeutet, dass diese Personen ihre Notizen so gestalten, dass sie Hinweise auf Ereignisse enthalten, die als relevant für das weitere Geschehen betrachtet werden. Die Texte dienen dazu, dass die Ereignisse für die weitere Beobachtung nicht in Vergessenheit geraten. Ein weiterer bedeutsamer Anteil der Stichprobe (31.3%) wird durch die Ausprägung „angereicherte Dokumentation" beschrieben. Die schriftlichen Ausführungen bestehen hier aus einem Text, der Hinweise auf Hintergründe und Zusammenhänge beinhaltet. Schließlich werden 7.3% der Personen auf der Ausprägung verortet, bei der der Text aus Stichworten zu einzelnen Ereignissen ohne weiterführende Hinweise besteht („Fragmente"). Die statistischen Kennwerte (Md = 1.00; M = 1.24; SD = 0.58) weisen darauf hin, dass sich die Teilkompetenzen im Hinblick auf die Qualität der Dokumentation für die Lehrpersonen dieser Stichprobe dadurch beschreiben lassen, dass sie die Notizen überwiegend als Gedächtnisstütze anlegen und Hinweise auf wichtige Ereignisse berücksichtigen. Die Notizen werden von der Mehrheit der Personen so genutzt, dass sie eine Erinnerungshilfe für die weitere Durchführung der Analyse darstellen. Wichtige Ereignisse werden fixiert, sodass sie im Weiteren präsent bleiben. Die notierten Ereignisse werden jedoch auf ihren Kernbereich reduziert; weitere Zusammenhänge oder Überlegungen werden hingegen nicht festgehalten. Die Verteilung der Personen auf die inhaltlichen Ausprägungen der Qualität der schriftlichen Dokumentation wird in Abbildung 9 graphisch wiedergegeben.

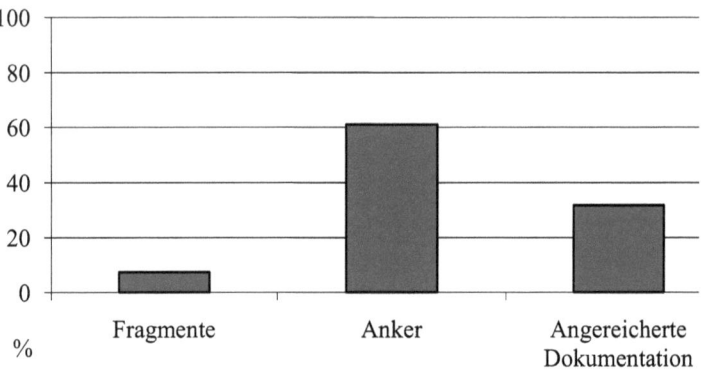

Abb. 9: Prozentuale Verteilung der Lehrpersonen auf die Ausprägungen im Hinblick auf die Qualität der schriftlichen Dokumentation (gültige Prozentwerte); N = 82

Kompetenzen im Umgang mit Wertung

Als fünfter Aspekt für die Durchführung einer systematischen Beobachtung wurde die Relativierung genannt (Bortz & Döring, 1995). Diese bezieht sich auf den Schritt der Beobachtung, bei dem die eigenen Eindrücke geprüft und objektiviert werden sollen. Dies gelingt, indem die eigene Beobachtung reflektiert wird und mögliche Störeinflüsse aufgedeckt und dokumentiert werden. So können die eigenen Eindrücke bei späteren Analysen berücksichtigt und subjektive Verzerrungen der Einschätzungen reduziert werden. Im Hinblick auf die Beobachtung von Unterrichtsaufzeichnungen kann eine Relativierung dadurch erreicht werden, dass Bewertungen des Geschehens erst auf Grundlage einer fundierten Analyse der Situation abgegeben werden. So werden Ursachen aufgedeckt, vor deren Hintergrund eine Einschätzung vorgenommen wird. Eine differenzierte Basis für Bewertungen ergibt sich dadurch, dass für Ereignisse mögliche Erklärungen, Konsequenzen oder Handlungsalternativen in den Blick genommen werden.

Für die Analyse von Unterrichtsaufzeichnungen wird in dieser Teilkompetenz der Umgang mit der Bewertung von Ereignissen betrachtet, die als kritisch herausgestellt wurden. In den Kodierungen wurden die genannten Aspekte mit fünf Ausprägungen berücksichtigt. Da nicht alle Personen in ihren Antworttexten kritische Ereignisse herausgestellt haben, wurde eine Kategorie „keine kritischen Ereignisse" vorgesehen. Ein Text, in dem im Unterrichtsgeschehen Ereignisse als kritisch erkannt und als solche beschrieben wurden, wurde der Ausprägung „Beschreibung kritischer Ereignisse" zugeordnet. Werden die Ereignisse zudem negativ bewertet, wurde der Text einer weiteren Ausprägung zugeordnet („Bewertung kritischer Ereignisse"). Als „Aufzeigen von Konsequenzen" wurde der Text eingestuft, wenn

Ereignisse als kritisch erkannt und ihre möglichen Konsequenzen aufgezeigt werden. Schließlich wurde der Text der Ausprägung „Aufzeigen von Handlungsalternativen" zugeordnet, wenn für Ereignisse, die als kritisch beschrieben wurden, Überlegungen zu möglichen Handlungsalternativen angestellt wurden. Für den Umgang mit Wertung wurde damit ein Kategoriensystem entwickelt, das die einzelnen Textabschnitte in den Blick nimmt. Insgesamt ergeben sich für die Personen damit wiederum 16 Beobachtungseinheiten (vgl. Tab. 25), die durch den Median aggregiert wurden (vgl. Kapitel 7.5.1). Für die Kodierungen zum Umgang mit Wertung zeigt Tabelle 40 die Verteilung der Personen auf die verschiedenen Ausprägungen.

Tab. 40: Verteilung der Personen auf die Ausprägungen im Umgang mit Wertung; N = 83

	Keine kritischen Ereignisse	Beschrei-bung	Bewer-tung	Konse-quenzen	Hand-lungs-alternati-ven	Md	M	SD
#	26	27	20	7	2	1.00	1.17	1.05
%[1]	31.7	32.9	24.4	8.5	2.4			

[1]Prozentangaben sind gültige Prozentwerte

Eine mit 31.7% relativ große Gruppe von Personen hat in ihren Texten keine kritischen Ereignisse genannt. Des Weiteren werden 32.9% der Personen der Kodierung „Beschreibung kritischer Ereignisse" zugeordnet, d.h. sie haben Ereignisse als kritisch erkannt und als solche berichtet. 24.4% bewerten Ereignisse, die von ihnen als kritisch empfunden werden zudem als negativ („Bewertung kritischer Ereignisse"). Bei der Ausprägung „Aufzeigen von Konsequenzen" ist es neben dem Erkennen von kritischen Ereignissen erforderlich, dass mögliche Konsequenzen der betreffenden Ereignisse aufgezeigt werden. Dies wird von 8.5%, also von 7 Personen durchgeführt. Schließlich beschreibt die Ausprägung „Aufzeigen von Handlungsalternativen", dass für kritische Ereignisse mögliche Handlungsalternativen angeführt werden. Dieser Ausprägung der Kodierungen werden lediglich 2.4% der Teilnehmerinnen und Teilnehmer zugeordnet. Die statistischen Kennwerte (Md = 1.00; M = 1.17; SD = 1.05) weisen auf einen Umgang mit Wertung hin, der vor allem im Beschreiben und Bewerten der Ereignisse besteht. Konsequenzen oder Handlungsalternativen werden nur in wenigen Fällen mit angeführt. Die Verteilung der Lehrpersonen auf die einzelnen Ausprägungen im Umgang mit Wertung wird in Abbildung 10 deutlich.

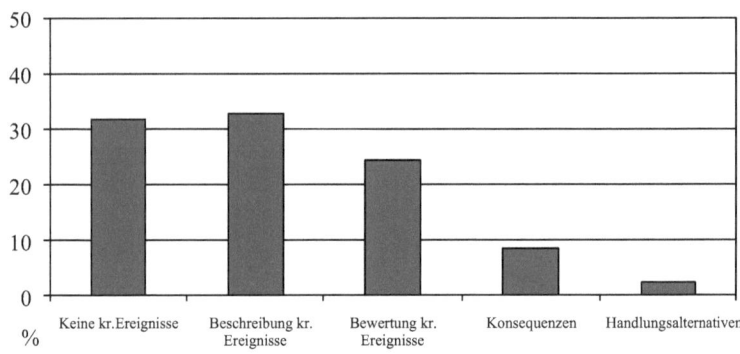

Abb. 10: Prozentuale Verteilung der Lehrpersonen auf die Ausprägungen im Umgang mit Wertung (gültige Prozentwerte); N = 82

Zusammenfassung

Die erste Fragestellung der Arbeit bezieht sich auf die Beschreibung der Kompetenz der Teilnehmerinnen und Teilnehmer in der Wahrnehmung von Unterrichtsaufzeichnungen. Vor dem Hintergrund verschiedener Merkmale aus der Beobachtungsforschung wurden theoretisch Kriterien abgeleitet, die Teilkompetenzen beschreiben, die für eine vertiefende Analyse von Unterrichtsaufzeichnungen als zentral angesehen werden. Die Kompetenz in der Wahrnehmung von Unterrichtsaufzeichnungen lässt sich daher detailliert durch Teilkompetenzen in Bezug auf die einzelnen Kriterien beschreiben. Gegenstand dieses Abschnitts war es, die Teilkompetenzen innerhalb der Stichprobe vor dem Hintergrund der verschiedenen inhaltlichen Ausprägungen abzubilden.

Insgesamt wird für die Teilnehmerinnen und Teilnehmer die Qualität im Analyseprozess vor allem durch das Vollziehen einzelner Schritte der Analyse, wie beispielsweise der Beschreibung oder der Bewertung von Ereignissen, gekennzeichnet. Nur selten werden alle drei Schritte des Beschreibens, Erklärens und Bewertens vollzogen. Der Fokussiertheitsgrad der Analyse wird hingegen dadurch beschrieben, dass in den meisten Fällen Einzelereignisse im Hinblick auf gezielte Fragen ausgewählt und diese zu einer Beantwortung der Fragen zusammengefasst werden. Der Umfang und die Art der Klassifikation zeichnen sich dadurch aus, dass Einzelereignisse in übergeordnete Konzepte eingeordnet und diese alltagssprachlich umschrieben werden. Eine Einordnung in lehr-lernpsychologisch relevante Konzepte wird nur in Ausnahmefällen umgesetzt. Schließlich werden die Teilkompetenzen im Hinblick auf die Qualität der schriftlichen Dokumentation ähnlich eingestuft wie die Art der Klassifikation. In den Notizen werden relevante

Ereignisse festgehalten, sodass sie für den weiteren Verlauf der Beobachtung als Gedächtnisstütze dienen. Zusammenhänge und Hintergrundinformationen sind in den Ausführungen selten enthalten. Schließlich zeigt sich für den Umgang mit der Bewertung kritischer Ereignisse, dass Personen, die kritische Ereignisse in ihren Analysen anführen, sie in den meisten Fällen beschreiben beziehungsweise beschreiben und anschließend negativ bewerten.

Nachdem die Kompetenz der Lehrpersonen in der Wahrnehmung von Unterrichtsaufzeichnungen anhand der Teilkompetenzen im Hinblick auf die einzelnen Kriterien dargestellt wurde, wird im Folgenden das Zusammenspiel der Teilkompetenzen als einzelne Komponenten der Gesamtkompetenz thematisiert.

8.1.2 Kompetenzprofile

Nachdem im vorangegangenen Abschnitt die Kompetenzen der Personen im Hinblick auf die einzelnen Kriterien der Wahrnehmungskompetenz im Vordergrund standen, wird nun betrachtet, wie sich die Teilkompetenzen in ein Gesamtbild der kompetenten Unterrichtswahrnehmung integrieren lassen.

Dimensionalität der Gesamtkompetenz

Die Gesamtkompetenz in der Wahrnehmung von Unterrichtsaufzeichnungen wurde vor dem Hintergrund von Merkmalen aus der Beobachtungsforschung beschrieben, die gemeinsam als relevante Faktoren zur Reduzierung subjektiver Verzerrung betrachtet werden. Als solche wurden die Selektion, Abstraktion, Klassifikation, Systematisierung und Relativierung herausgestellt (Bortz & Döring, 1995; Seidel & Prenzel, in Druck). Diese Schritte wurden auf die Wahrnehmung von Unterrichtsaufzeichnungen übertragen. So ergaben sich die fünf Kriterien Analyseprozess, Fokussiertheitsgrad der Analyse, Umfang und Art der Klassifikation, Qualität der schriftlichen Dokumentation und Umgang mit Wertung. Analog zur Beobachtungsforschung werden auch die abgeleiteten Teilkompetenzen als gemeinsame Aspekte für eine Gesamtkompetenz in der Wahrnehmung von Unterrichtsaufzeichnungen verstanden. Es wird angenommen, dass die Kriterien jeweils einzelne Komponenten der Gesamtkompetenz abbilden und sie gemeinsam die Kompetenz in der Wahrnehmung von Unterrichtsaufzeichnungen beschreiben. Diese Annahme soll anhand der vorliegenden Daten abgesichert werden. Damit die Teilkompetenzen, die durch die einzelnen Kodierverfahren umgesetzt werden, als unterschiedliche Indikatoren zur Beschreibung der Gesamtkompetenz herangezogen werden können, müssen sie zum einen unterschiedliche Kompetenzbereiche abdecken, zum anderen sollten sie jedoch jeweils einen Teil der Gesamtvarianz im Hinblick auf die Gesamtkompetenz aufklären. Dies wird im Folgenden mithilfe einer Korrelationsmatrix überprüft.

Grundlage für die Berechnung der Korrelationsmatrix sind die gewichteten Summenwerte, die nach dem in Kapitel 7.5.1 beschriebenen Vorgehen für jede Person errechnet wurden. So können Zusammenhänge zwischen den Teilkompetenzen und Anteilen der Varianzaufklärung in verschiedenen Kombinationen miteinander betrachtet werden. Die errechneten Gesamtpunktwerte sind ordinalskaliert, sodass für die Höhe der Korrelation die Rangkorrelation nach Spearman berichtet wird (Rho). Für die Zuweisung von Rangplätzen für die einzelnen Punktwerte wird bei diesem Vorgehen die ordinale Datenstruktur berücksichtigt. Tabelle 41 zeigt die Korrelationen zwischen den jeweiligen Teilkompetenzen.

Tab. 41: Korrelationsmatrix der fünf Teilkompetenzen; N = 83

		Fokussiertheitsgrad der Analyse	Umfang und Art der Klassifikation	Qualität der schriftlichen Dokumentation	Umgang mit Wertung
Analyseprozess	Rho	.45	.37	.86	.36
	p	.000	.001	.000	.001
	R2	.20	.14	.74	.13
Fokussiertheitsgrad der Analyse	Rho	-	.49	.51	.18
	p	-	.000	.000	.098
	R2	-	.24	.26	.03
Umfang und Art der Klassifikation	Rho	-	-	.40	.40
	p	-	-	.000	.000
	R2	-	-	.16	.16
Qualität der schriftlichen Dokumentation	Rho	-	-	-	.26
	p	-	-	-	.020
	R2	-	-	-	.07

Die Korrelationsmatrix zeigt für fast alle Paare der Teilkompetenzen signifikante Korrelationen. Lediglich der Zusammenhang zwischen dem Fokussiertheitsgrad der Analyse und dem Umgang mit Wertung ist nicht signifikant. Insgesamt weisen die Ergebnisse darauf hin, dass die fünf Teilkompetenzen, die durch die Kodierverfahren abgebildet werden, gemeinsam Indikatoren für die Gesamtkompetenz darstellen. Werden die Höhe der Korrelationskoeffizienten (Spearman-Rho) und die erklärte Varianz (R2) betrachtet, deuten diese jedoch auch darauf hin, dass die beschriebenen Kriterien unterschiedliche Kompetenzdimensionen darstellen. Die Korrelationskoeffizienten liegen zwischen Werten von .26 und .86. Ein Wert von 1 würde anzeigen, dass beide Kriterien die gleiche Dimension beschreiben. Wird dieser Koeffizient quadriert (R2), bedeutet der Wert den prozentualen Anteil der gemeinsam aufgeklärten Gesamtvarianz. Dieser liegt in Bereichen zwischen 10% und 70% (gerundet). Diese Werte zeigen zum einen, dass die Teilkompetenzen zusammenhängen (signifikante Korrelationen) und gemeinsam die Gesamtkompetenz beschreiben (aufgeklärte Varianzanteile), zum anderen machen sie deutlich, dass die Kriterien unterschiedliche Kompetenzdimensionen abbilden (Korrelationskoeffizienten <1). Hiermit kann die Annahme bestätigt werden, dass mit den Teilkompetenzen einzelne Komponenten einer Gesamtkompetenz in der Wahrnehmung von Unterrichtsaufzeichnungen identifiziert wurden, diese gleichzeitig jedoch zur Erklärung des Gesamtkonstruktes beitragen.

Stabilität der Kompetenzprofile

Nachdem die fünf Teilkompetenzen gemeinsam als wichtige Komponenten der Gesamtkompetenz identifiziert werden konnten, wird im Weiteren in den Blick genommen, wie sich Profile der einzelnen Personen über alle Kriterien hinweg beschreiben lassen. Aufgrund der Konzeption der Teilkompetenzen mit einem jeweils zunehmenden Grad an Differenziertheit innerhalb der Ausprägungen wird angenommen, dass Personen auf den einzelnen Ausprägungen der Kriterien jeweils eine ähnliche Qualität der Analyse erzielen. Dies würde sich in stabilen Profilen über die Ausprägungen der Kriterien hinweg zeigen.

Im Hinblick auf die Kodierungen über die Kriterien hinweg ist es von Interesse, ob Personen in den fünf Teilkompetenzen auf konstanten Qualitätsstufen bleiben oder ob sie über die Bereiche im Grad der Differenziertheit variieren. Die Qualitätsstufen sollen hier keine inhaltlich beschreibende Funktion haben (siehe Abschnitt 7.5.1), sondern vielmehr die Position einzelner Personen in der Rangreihe im Vergleich zur Gesamtstichprobe anzeigen. Für Personen, die beispielsweise auf einer globalen Ausprägung der Differenziertheit verortet werden, bedeutet dies, dass sie im Vergleich zur Gesamtstichprobe eher einer globalen als einer mittleren oder differenzierten Qualitätsstufe zugeordnet werden. Für die Analysen wurden daher die 16 Beobachtungseinheiten pro Person durch die gewichtete Summe in einem Gesamtpunktwert zusammengefasst (vgl. Kapitel 7.5.1). Die Personen wurden anhand der erreichten Punktwerte unterschiedlichen Qualitätsstufen der Analyse zugewiesen, die auf Grundlage der sozial vergleichenden Bezugsnorm festgelegt wurden. Die Gesamtstichprobe wurde so in drei Gruppen mit unterschiedlichen Qualitätsstufen untergliedert: eine Gruppe, die die Analysen auf globaler Ebene durchführt, eine Gruppe auf mittlerer Stufe und eine Gruppe, deren Analysen durch eine hohe Differenziertheit gekennzeichnet werden. Pro Person liegen über die Teilkompetenzen hinweg fünf Werte vor, die jeweils Aussagen über die Qualität der Analyse zulassen.

Um individuelle Profile über die Teilkompetenzen zu untersuchen, wurden weiterhin verschiedene Gruppen von Personen gebildet. Unterschieden wird eine erste Gruppe, die über die Kriterien hinweg stabil auf einer Qualitätsstufe der Analyse bleibt, und eine zweite Gruppe, die zwischen den Stufen wechselt und daher als instabil bezeichnet wird. Die Gruppen wurden folgendermaßen definiert: Als „stabil" gilt eine Person, wenn sie auf mindestens drei der fünf Kriterien die gleiche

Qualitätsstufe (global, mittel, differenziert) erreicht hat. „Instabil" sind Personen hingegen, wenn sie höchstens zweimal der gleichen Qualitätsstufe zugeordnet wurden. „Stabil" wurde als 1, „instabil" als 0 kodiert. Tabelle 42 gibt wieder, wie sich die Anzahl der Personen auf die beiden Gruppen mit den beschriebenen Extremprofilen verteilt.

Tab. 42: Verteilung der Personen auf Gruppen mit Extremprofilen

	instabil	stabil	N	Md	M	SD
#	14	69	83	1.00	0.83	0.38
%	16.9	83.1				

Tabelle 42 zeigt eine deutlich größere Gruppe von Personen mit stabilem Profil über die fünf Teilkompetenzen hinweg als mit instabilem Profil. 83.1% der Personen bleiben auf mindestens drei Kriterien auf der gleichen Differenziertheitsstufe, wohingegen lediglich 16.9% in höchstens zwei der fünf Teilkompetenzen jeweils die gleiche Ausprägung erreichten. Auch der Median von 1.00 und der Mittelwert von 0.83 (SD = 0.38) zeigen, dass die Personen mit stabilen Profilen in der Stichprobe überwiegen.

Mit den fünf Teilkompetenzen gelingt es daher in vielen Fällen, eine relativ konsistente Einschätzung der Gesamtkompetenz in der Wahrnehmung von Unterrichtsaufzeichnungen vorzunehmen. Damit bestätigt sich auch die Annahme, dass sich für die Personen stabile Profile über die Kriterien identifizieren lassen. Dies weist darauf hin, dass mithilfe der Teilkompetenzen eine Gesamtkompetenz in der Wahrnehmung von Unterrichtsaufzeichnungen beschrieben werden kann.

Qualität der Kompetenzprofile

Weiterhin soll untersucht werden, ob die stabilen Profile auf allen Ebenen der Differenziertheit der Analyse zu finden sind oder ob Profile insbesondere dann stabil sind, wenn Personen differenzierte oder globale Analysen durchführen. Es wurde angenommen, dass sich stabile Profile auf allen Qualitätsebenen identifizieren lassen. Personen mit Profilen, die über die einzelnen Teilkompetenzen hinweg konstant bleiben, werden daher genauer betrachtet. Die entsprechenden Personen wurden jeweils auf der Qualitätsstufe verortet, die sie dreimal oder öfter erreichten. Die Stufe, die als „global" beschrieben wurde, erhielt die Kodierung 0, „mittel" wurde mit 1 kodiert und die „differenzierte" Ausprägung mit 2. Tabelle 43 zeigt die Verteilung der Personen mit stabilem Profil auf die jeweiligen Qualitätsstufen.

Tab. 43: Verteilung der Personen mit stabilem Profil (N = 69) auf die jeweiligen Qualitätsstufen

	global	mittel	differenziert	N	Md	M	SD
#	21	25	23	69	1.00	1.03	0.80
%[1]	30.4	36.2	33.3				

[1]Prozentangaben sind gültige Prozentwerte

Wird die Verteilung der Personen, die ein stabiles Profil aufweisen (N = 69) auf den drei unterschiedlichen Qualitätsstufen betrachtet, zeigt sich keine der Stufen als überdurchschnittlich häufig besetzt. Auf jeder Stufe sind ungefähr gleich viele Personen zu finden (global: 30.4%; mittel: 36.2%; differenziert: 33.3%). Dies weist darauf hin, dass stabile Profile auf allen Qualitätsstufen der Analyse zu finden sind und sich auch diese Annahme bestätigen lässt.

Zusammenfassung

Die zweite Fragestellung der Arbeit bezieht sich auf das Zusammenspiel der Teilkompetenzen für eine Beschreibung der Gesamtkompetenz in der Wahrnehmung von Unterrichtsaufzeichnungen. Hierzu wurden zuerst Korrelationen zwischen den Teilkompetenzen berichtet, die gezeigt haben, dass die Kriterien sowohl gemeinsam die Varianz der Gesamtkompetenz aufklären, gleichzeitig jedoch einzelne Komponenten der Wahrnehmungskompetenz abdecken. Des Weiteren ließen sich für einen Großteil der Stichprobe stabile Profile über die Teilkompetenzen identifizieren, sodass diese ein konsistentes Bild für die kompetente Unterrichtswahrnehmung ergeben. Schließlich zeigten sich stabile Profile für alle Qualitätsstufen in der Analyse.

Insgesamt weisen diese Befunde darauf hin, dass mit den fünf Teilkompetenzen wichtige Aspekte der Gesamtkompetenz in der Wahrnehmung von Unterrichtsaufzeichnungen erfasst werden und mit den Kriterien auf allen qualitativen Ebenen konsistente Einschätzungen der kompetenten Unterrichtsanalyse erreicht werden können.

8.2 Einfluss von Wissen und Erfahrung auf die kompetente Unterrichtsanalyse

In diesem Kapitel des Ergebnisteils geht es schließlich darum zu untersuchen, wie sich Personen mit unterschiedlichen Voraussetzungen in Bezug auf die Wahrnehmung von Unterricht in ihrer Analyse von Unterrichtsaufzeichnungen unterscheiden. Da theoretisches Wissen und praktische Erfahrungen wichtige Faktoren für die Steuerung von Wahrnehmungsprozessen darstellen (vgl. Kapitel 3.2), werden im Folgenden Teilgruppen verglichen, die sich hinsichtlich dieser Merkmale unterscheiden. Der Vergleich erfolgt in dieser Arbeit zwischen einer Gruppe von Lehramtsstudierenden, aktiv tätigen Lehrpersonen und Personen aus der Schulinspektion. Diese wurden im Hinblick auf die Merkmale theoretisches Wissen und Erfahrung mit der Beobachtung von Unterricht folgendermaßen eingeordnet.

In der Gruppe der Schulinspektorinnen und Schulinspektoren befinden sich Personen, die über eine Ausbildung zur Lehrtätigkeit verfügen und diese auch für eine gewisse Zeit ausgeübt haben beziehungsweise noch ausüben. In ihrer aktuellen Funktion sind sie mit der Beobachtung und Beurteilung von Unterricht betraut. Durch diese Aufgabe ist davon auszugehen, dass sie über Wissen über relevante Aspekte von Unterrichtsqualität verfügen und Erfahrungen in der Wahrnehmung von Unterricht haben. Diese Teilgruppe von Personen wurde daher durch differenziertes Wissen und umfangreiche Erfahrung klassifiziert.

Die Studierenden zeichnen sich hingegen dadurch aus, dass sie sich alle in der Ausbildung für den Lehrberuf befinden, jedoch erst wenig praktische Tätigkeit im

rem mit theoretischen Konzeptionen von Unterricht, haben jedoch nur selten Möglichkeiten, realen Unterricht zu beobachten. Diese Personengruppe wurde daher durch differenziertes Wissen und eingeschränkte Erfahrung charakterisiert.

Schließlich wurden die Lehrpersonen dahingehend beschrieben, dass das in der Ausbildung erworbene theoretische Wissen zu großen Teilen durch persönliche Erfahrungen verändert und überlagert ist. Allerdings verfügen diese Personen aus ihrer täglichen Berufspraxis über umfangreiche Erfahrungen in der Wahrnehmung von Unterricht. Sie wurden daher durch eingeschränktes Wissen und umfangreiche Erfahrung gekennzeichnet.

Im Folgenden ist es von Interesse zu untersuchen, inwieweit sich die genannten Personengruppen in ihrer Kompetenz zur vertiefenden Analyse von Unterrichtsaufzeichnungen unterscheiden. Daher werden nun die Teilkompetenzen der Personen im Vergleich der Teilstichproben in den Blick genommen. Die Vermutung ist, dass Unterschiede in den Voraussetzungen Wissen und Erfahrung einen Einfluss auf die kompetente Unterrichtswahrnehmung haben. Zur Erinnerung werden in Abbildung 11 die spezifischen Annahmen zusammengefasst.

	Differenziertes Wissen	Geringes Wissen
Umfangreiche Erfahrung	**Teilstichprobe**: Personen aus der Schulinspektion **Annahme**: hoher Grad an Differenziertheit in der Analyse	**Teilstichprobe**: Lehrpersonen **Annahme**: globale Analyse
Eingeschränkte Erfahrung	**Teilstichprobe**: Studierende **Annahme**: mittlerer Grad an Differenziertheit in der Analyse	

Abb. 11: Annahmen zu Unterschieden in der kompetenten Unterrichtswahrnehmung in Abhängigkeit der Voraussetzungen Wissen und Erfahrung

Für die Teilkompetenzen wird davon ausgegangen, dass Personen mit differenziertem Wissen und umfangreicher Erfahrung in der Lage sind, eine differenzierte Analyse des Unterrichtsgeschehens durchzuführen. Durch die Erfahrung in der Beobachtung von Unterricht stehen kognitive Ressourcen zur Verfügung, die vor dem Hintergrund verfügbaren theoretischen Wissens dazu genutzt werden können, Unterricht tiefergehend zu betrachten. Für Personen mit differenziertem Wissen, aber eingeschränkter Erfahrung wird eine Analyse von Unterricht mit einem mittleren Grad an Differenziertheit erwartet. Die Annahme ist, dass das theoretische Wissen die Grundlage für das Erkennen relevanter Ereignisse im Unterricht ist. Die eingeschränkte Erfahrung in der Wahrnehmung von Unterricht kann jedoch dazu führen, dass das Auswählen zentraler Ereignisse kognitiv anspruchsvoll ist, da das Unterrichtsgeschehen eine große Fülle an Informationen beinhaltet, die bei der Wahrnehmung gefiltert werden müssen. Eine Analyse, die sich als global beschreiben lässt, wird für Personen vermutet, die über eingeschränktes Wissen und umfangreiche Erfahrung verfügen. Es ist denkbar, dass durch das eingeschränkte theoretische Wissen die vorstrukturierende Wirkung von kognitiven Schemata nur ansatzweise vorhanden ist. Gleichzeitig könnte die umfangreiche Erfahrung in der Wahrnehmung von Unterricht dazu beitragen, dass Automatismen für die Wahrnehmung gewöhnlicher und formaler Ereignisse vorliegen und Ressourcen für die Aufnahme von abweichenden Ereignissen zur Verfügung stehen. Diese Kombination könnte dazu führen, dass zahlreiche Einzelereignisse wahrgenommen werden können, diese aufgrund der fehlenden theoretischen Strukturen jedoch nicht vertiefend analysiert werden.

Ziel des folgenden Abschnitts ist es, diese Annahmen anhand der Daten der vorliegenden Stichprobe zu überprüfen. Es werden die Befunde zu den Teilkompetenzen der Personen für die jeweiligen Teilstichproben beschrieben. Hierbei liegt der Fokus darauf, inwieweit sich die Teilnehmerinnen und Teilnehmer der verschiedenen Gruppen in ihren Teilkompetenzen unterscheiden. Wie bereits für die Gesamtstichprobe wird auch für die Beschreibung der Teilkompetenzen der Personen aus den Teilstichproben eine Aggregation der Daten auf individueller Ebene durch die Berechnung des Medians für alle 16 Beobachtungseinheiten vorgenommen. Im Folgenden werden die Verteilungen und die Mittelwerte für die Teilstichproben je Kodierverfahren berichtet. Zudem wird der F-Test (univariate Varianzanalyse) als statistischer Indikator für signifikante Unterschiede zwischen den Personengruppen durchgeführt. Dabei fungieren die Kodierungen zur jeweiligen Teilkompetenz als abhängige Variable und die Zugehörigkeit zur Teilstichprobe als Faktor (unabhängige Variable). Die Darstellung erfolgt getrennt für die einzelnen Kriterien.

Unterschiede in den Kompetenzen im Analyseprozess

Der Analyseprozess unterscheidet die vier Ausprägungen „Beschreibung", „Bewertung", „Erklärung" und „3-Schritt der Analyse". Diese nehmen von der Beschreibung der Ereignisse bis zur Analyse, bei der alle drei Schritte des Beschreibens, Bewertens und Erklärens berücksichtigt werden, an Differenziertheit zu.

Für die drei Teilstichproben besteht im Hinblick auf die Differenziertheit im Analyseprozess die Annahme, dass sich die Texte der Lehrpersonen durch eine globale Analyse auszeichnen, während sich die Studierenden durch eine Analyse mit mittlerer Differenziertheit und die Personen aus der Schulinspektion mit einem hohen Grad an Differenziertheit beschreiben lassen. Tabelle 44 zeigt die Verteilungen der Personen innerhalb der Teilstichproben und die statistischen Unterschiede für die Kompetenzen im Analyseprozess.

Tab. 44: Unterschiede in den Kompetenzen der Teilstichproben im Analyseprozess

		Beschrei-bung	Bewertung	Erklärung	3-Schritt der Analyse
Lehrpersonen	#	16	21	5	1
	%[1]	37.2	48.8	11.6	2.3
Studierende	#	1	3	12	3
	%[1]	5.3	15.8	63.2	15.8
Schulinspektion	#	9	6	4	1
	%[1]	45.0	30.0	20.0	5.0

	N	M	SD	$F(2,79)$	p	η^2
Lehrpersonen	43	0.79	0.74	13.77	.000	.26
Studierende	19	1.89	0.74			
Schulinspektion	20	0.85	0.93			

[1]Prozentangaben sind gültige Prozentwerte

In der Gruppe der Lehrpersonen wird der Großteil der Stichprobe durch die beiden Ausprägungen repräsentiert, die eine globale Analyse widerspiegeln. Die Ausprägung „Beschreibung" wurde für 37.2% der Lehrpersonen vergeben, weitere 48.8% sind durch die Ausprägung „Bewertung" charakterisiert. Lediglich 11.6% der Lehrpersonen liegen im Bereich einer erklärenden Analyse und 2.3% wurden der Kategorie zugeordnet, in der der 3-Schritt der Analyse mit den Schritten Beschreiben, Bewerten und Erklären durchgeführt wird. Der Mittelwert von 0.79 (SD = 0.74) bedeutet für die Lehrpersonen eine globale Analyse, die überwiegend durch das Beschreiben und Bewerten von Ereignissen geprägt ist.

Ein Beispiel soll die Analyse der Lehrpersonen verdeutlichen. Eine Lehrperson schreibt in ihren Aufzeichnungen:

„Schwerpunkte der Stunde ungünstig gewählt. Vorlauf (Auge) zu lange. Erarbeitung der Lupe zu kurz." (Person 57)

Hier werden einzelne Aspekte der Stunde herausgegriffen (Schwerpunkte; Vorlauf; Erarbeitung) und bewertet (ungünstig, zu lange, zu kurz).

Die größte Gruppe der Studierenden lässt sich dagegen durch die Ausprägung „Erklärung" beschreiben. 63.2% der Personen dieser Teilstichprobe lassen sich hier einordnen. Jeweils 15.8% der Studierenden werden durch die Ausprägung „Bewertung" beziehungsweise durch „3-Schritt der Analyse" charakterisiert. Schließlich finden sich 5.3% der Personen im Bereich „Beschreibung". Auch der Mittelwert (M = 1.89; SD = 0.74) weist darauf hin, dass die Studierenden insgesamt einen relativ differenzierten Analyseprozess durchlaufen. Inhaltlich lässt sich die Teilstichprobe insgesamt durch das Beschreiben und Erklären einzelner Ereignisse kennzeichnen.

Ein Beispiel für einen differenzierten Analyseprozess, durch den sich die Studierenden auszeichnen, ist der Text der folgenden Person:

„Lehrer diktiert Schlusssatz, damit alle das Ergebnis richtig im Heft stehen haben." (Person 909)

Im Nebensatz wird eine mögliche Erklärung für die Handlung des Lehrers aufgeführt.

Schließlich stellt sich für die Verteilung der Personen aus der Schulinspektion ein ähnliches Bild dar wie für die Lehrpersonen. Die jeweils größten Gruppen befinden sich im Bereich der Beschreibung (45%) und im Bereich der Bewertung von Ereignissen (30%).

Eine Person aus der Schulinspektion beschreibt das Geschehen folgendermaßen:

„Lehrkraft hält einen Magneten hoch und lässt einen Schüler einen Gegenstand abziehen. Zwei Begriffe stehen sich gegenüber: Muskelkraft – Magnetkraft." (Person 827)

20% der Personen wurden der Ausprägung „Erklärung" zugeordnet und weitere 5% dem Bereich „3-Schritt der Analyse". Insgesamt ergibt sich für diese Stichprobe ein Mittelwert von 0.85 (SD = 0.93). Daher wird die Differenziertheit der Analyse der Personen aus der Schulinspektion, ähnlich wie bei den Lehrpersonen, als eher global eingeschätzt. Insgesamt lässt sich die Analyse auch hier durch das Beschreiben und Bewerten der Unterrichtsereignisse darstellen.

Für den Vergleich der Teilstichproben wurde eine univariate Varianzanalyse berichtet. Diese zeigt zwischen den drei Gruppen einen signifikanten Unterschied (F = 13.77; p = .000; η^2 = .26). Um zu überprüfen, zwischen welchen Teilgruppen der Unterschied besteht, wurde eine Post-Hoc-Analyse durchgeführt. Da der Levene-Test auf Varianzhomogenität nicht signifikant ist (p = .183), wird für die Post-Hoc-Analyse zwischen Gruppenpaaren der Scheffé-Test berechnet. Dieser Test zeigt, dass zwischen den Lehrpersonen und Studierenden (mittlere Differenz = -1.104; p = .000) sowie zwischen den Personen aus der Schulinspektion und den Studierenden (mittlere Differenz = -1.045; p = .000) signifikante Differenzen bestehen, wobei die Studierenden jeweils die höheren Mittelwerte erreichen. Zwischen den Lehrpersonen und den Personen aus der Schulinspektion werden dagegen im Hinblick auf die Kodierungen zum Analyseprozess keine nennenswerten Unterschiede festgestellt. Abbildung 12 fasst die Verteilungen der Teilstichproben für die Kodierungen zum Analyseprozess zusammen.

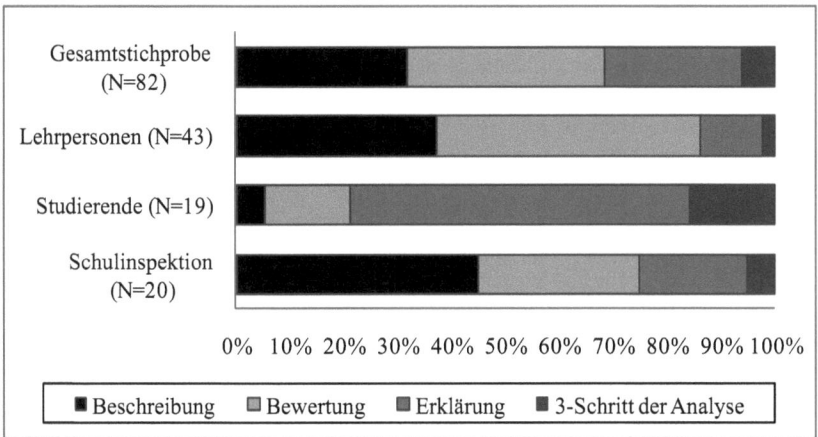

Abb. 12: Prozentuale Anteile (gültige Prozent) der Teilstichproben auf den einzelnen Ausprägungen im Analyseprozess

Die prozentualen Anteile der einzelnen Teilstichproben auf den verschiedenen Ausprägungen im Analyseprozess sind in dieser Abbildung durch unterschiedliche Farbanteile der Balken wiedergegeben. Insgesamt wird verdeutlicht, dass in den Teilstichproben der Lehrpersonen und der Personen aus der Schulinspektion jeweils ein großer Anteil an Personen durch Ausprägungen beschrieben wird, die eine globale Analyse bedeuten. Dagegen überwiegen in der Stichprobe der Studierenden Ausprägungen, die für differenzierte Prozesse der Analyse stehen.

Die Ergebnisse unterstützen die Annahmen im Hinblick auf die Unterschiede zwischen den Stichproben nur teilweise. Für die Lehrpersonen und die Studierenden haben sich erwartungskonforme Befunde gezeigt. Da für die Gruppe der Lehrpersonen von umfangreicher Erfahrung und überlagertem theoretischem Wissen ausgegangen wird, bestand die Annahme, dass aufgrund dieser Voraussetzung Ereignisse vor allem beschrieben, jedoch nur in Ansätzen tiefergehend analysiert werden. Dieses Muster zeigte sich auch in den Auswertungen, in denen Lehrpersonen vor allem durch das Beschreiben und Bewerten von Ereignissen charakterisiert wurden und eine Erklärung oder eine Verknüpfung der Schritte kaum durchgeführt wurde. Der Analyseprozess besteht in dieser Gruppe also der Erwartung gemäß in einer globalen Bearbeitung des Unterrichtsgeschehens.

Die Studierenden wurden aufgrund ihrer Voraussetzungen durch eine differenzierte Wissensbasis und eingeschränkte Erfahrung in der Wahrnehmung von Unterricht beschrieben. Für diese Gruppe war die Annahme ein mittlerer Grad an Differenziertheit in der Analyse, da es zum einen aufgrund der geringen Erfahrung eine hohe Belastung darstellen dürfte, einzelne relevante Ereignisse auszuwählen, das theoretische Wissen zum anderen jedoch dazu beitragen könnte, Einzelereignisse vertiefend zu betrachten. Die Befunde weisen darauf hin, dass erwartungskonform viele Studierende Ereignisse beschreiben und erklären.

Schließlich haben sich für die Personen aus der Schulinspektion überraschende Ergebnisse gefunden. Hier wurde davon ausgegangen, dass umfangreiche Erfahrung und differenziertes Wissen eine vertiefende Analyse des Geschehens erleichtern. Dies hätte sich darin zeigen können, dass die Personen aus der Schulinspektion eine differenzierte Analyse durchführen. Die Ergebnisse kennzeichnen diese Teilstichprobe jedoch, ähnlich wie die Lehrpersonen, durch das Beschreiben und Bewerten von Ereignissen.

Um Erklärungsmöglichkeiten für dieses Ergebnis aufzudecken, wurden verschiedene Variablen kontrolliert. Die Videoaufzeichnung, die innerhalb der Lernumgebung analysiert wurde, zeigt eine Physikunterrichtsstunde einer neunten Jahrgangsstufe im Gymnasium. Da sich die Teilstichproben in ihrer Ausbildung für die Schulart und die Fakultas für das Fach unterscheiden, wurden diese als Kontrollvariablen berücksichtigt. Beide Faktoren zeigten jedoch keine Auswirkung auf die Unterschiede zwischen den Gruppen, sodass diese nicht zur Erklärung herangezogen werden können.

Unterschiede in den Kompetenzen im Fokussiertheitsgrad der Analyse

Für den Fokussiertheitsgrad der Analyse wurden drei Ausprägungen unterschieden. Die Ausprägung, die als global eingeordnet wird, erhielt die Bezeichnung „unfokussiert". Hierbei werden Einzelereignisse ohne inhaltlichen Zusammenhang beschrieben. Eine weitere Ausprägung legt den Fokus auf gezielte Fragen, wobei Ereignisse im Hinblick auf die Fragen ausgewählt, jedoch nicht für eine Beantwortung zusammengefasst werden. Schließlich wurde eine differenzierte Analyse durch die Ausprägung „Beantwortung gezielter Fragen" gekennzeichnet. Hier wurde wiederum angenommen, dass Lehrpersonen die Analyse relativ unfokussiert durchführen und der Grad der Fokussiertheit für die Studierenden bis hin zu den Personen aus der Schulinspektion zunimmt. Die Tabelle 45 zeigt die Ergebnisse für die Verteilungen innerhalb der Stichproben und die statistischen Unterschiede zwischen den Gruppen.

Tab. 45: Unterschiede der Teilstichproben im Fokussiertheitsgrad der Analyse

		Unfokussiert	Fokus auf gezielte Fragen	Beantwortung der Fragen
Lehrpersonen	#	1	1	41
	%[1]	2.3	2.3	95.3
Studierende	#	0	0	19
	%[1]	0	0	100.0
Schulinspektion	#	0	1	19
	%[1]	0	5.0	95.0

	N	M	SD	F(2,79)	p	η^2
Lehrpersonen	43	1.93	0.34	.442	.645	-
Studierende	19	2.00	0.00			
Schulinspektion	20	1.95	0.22			

[1]Prozentangaben sind gültige Prozentwerte

Die Lehrpersonen lassen sich fast einheitlich durch die Ausprägung „Beantwortung der Fragen" beschreiben. 95.3% der Teilstichprobe konnten dieser Ausprägung zugeordnet werden. Die übrigen 4.6% verteilen sich gleichmäßig auf die Ausprägungen „unfokussiert" und „Fokus auf gezielte Fragen". Der Mittelwert von 1.93 (SD = 0.34) kennzeichnet die gesamte Teilstichprobe durch einen hohen Fokussiertheitsgrad in der Analyse, bei dem Einzelereignisse im Hinblick auf gezielte Fragen aus dem Gesamtgeschehen herausgefiltert und zu einer Beantwortung der Frage zusammengeführt werden. Eine Zusammenführung von Einzelereignissen, die zu der Beantwortung der Frage nach der Zielklarheit für die Schülerinnen und Schüler führt, wurde von einer Lehrperson beispielsweise folgendermaßen formuliert:

„Ja, durch teilweise Wiederholung, sowie zwischenzeitliche Rückführung" (Person 38)

Die Wiederholung und die Rückführung werden als wichtige Merkmale im Hinblick auf die Zielklarheit für die Schülerinnen und Schüler angesehen. Durch das Auftreten der Lehrperson in der beobachteten Stunde wird die Frage schließlich zustimmend beantwortet.

Die Studierenden lassen sich ebenfalls durch die Ausprägung „Beantwortung der Fragen" kennzeichnen. Alle 100% der Stichprobe wurden in diesem Bereich eingeordnet. Auch die Analysen der Studierenden sind damit als fokussiert einzustufen.

Schließlich zeigt sich für die Personen aus der Schulinspektion ein ähnliches Bild. Hier erreichen 95% die Ausprägung „Beantwortung der Fragen"; die übrigen

5% wurden durch den Bereich „Fokus auf gezielte Fragen" beschrieben. Durch einen Mittelwert von 1.95 (SD = 0.22) ist auch innerhalb dieser Teilstichprobe ein hoher Fokussiertheitsgrad charakteristisch.

Auch der statistische Vergleich zwischen den Gruppen weist auf eine hohe Ähnlichkeit der Kompetenzen im Fokussiertheitsgrad hin. Der Test zeigt keine signifikanten Unterschiede zwischen den Teilgruppen (F = .442; p = .645). In Abbildung 13 werden die ähnlichen Verteilungen nochmals graphisch deutlich.

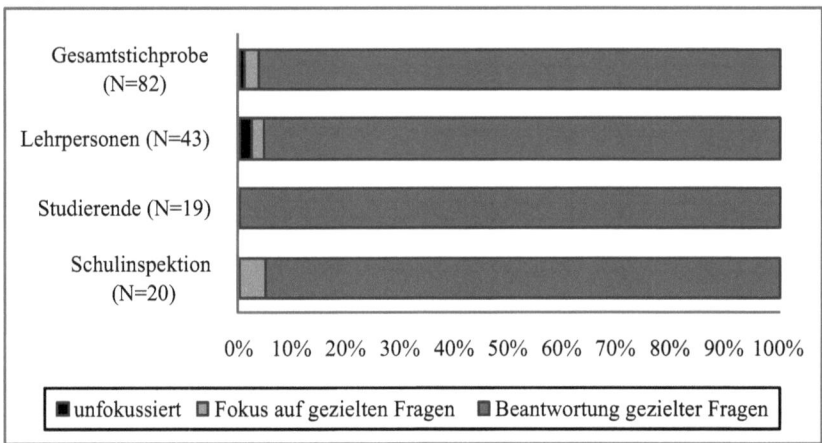

Abb. 13: Prozentuale Anteile (gültige Prozent) der Teilstichproben auf den einzelnen Ausprägungen im Fokussiertheitsgrad der Analyse

In allen Teilgruppen liegt der größte Anteil an Personen in dem Bereich, in dem die Fragen vollständig beantwortet werden. Die anderen Ausprägungen sind so gut wie nicht besetzt. Dieses Ergebnis zeigt keine Unterschiede zwischen den verschiedenen Teilstichproben auf.

Die Befunde zeigen, dass es den Lehrpersonen entgegen der Erwartung überwiegend gelingt, Ereignisse im Hinblick auf gezielte Fragen auszuwählen und diese zu einer Beantwortung der Fragen zusammenzuführen. Es wurde vermutet, dass aufgrund der eingeschränkten Wissensbasis eine Kombination von Einzelinformationen zur Beantwortung gezielter Fragen schwer fällt. Dies ist jedoch nachweislich nicht der Fall.

Bei den Studierenden wurde erwartet, dass es durch die eingeschränkte Erfahrung anspruchsvoll ist, relevante Einzelereignisse aus der Fülle an Informationen herauszufiltern. Auch hier hat sich jedoch gezeigt, dass eine Auswahl von Informationen und eine Zusammenführung im Hinblick auf die Fragen von allen Studierenden geleistet werden konnte. Theoretisches Hintergrundwissen in Bezug auf die vier bearbeiteten Inhaltsbereiche scheint die Analyse für die Studierenden deutlicher erleichtert zu haben, als dies vermutet wurde.

Für die Personen aus der Schulinspektion haben sich die erwarteten Befunde gezeigt. Basierend auf umfangreicher Erfahrung und differenziertem Wissen ist es den Personen dieser Teilstichprobe gelungen, die Fragen aufgrund relevanter Einzelereignisse treffend zu beantworten.

Zum einen lässt sich festhalten, dass es für keine Person der Stichprobe eine Schwierigkeit darzustellen scheint, gezielte Fragen im Hinblick auf das Unterrichtsgeschehen zu beantworten. Zum anderen muss angemerkt werden, dass es mit den unterschiedlichen Ausprägungen des Kodierverfahrens nicht gelungen ist, ausreichend zwischen unterschiedlichen Personengruppen zu differenzieren. In den Kodierungen zum Fokussiertheitsgrad der Analyse zeigte sich daher ein Deckeneffekt.

Unterschiede in den Kompetenzen in Umfang und Art der Klassifikation

Der Umfang und die Art der Klassifikation wurden inhaltlich durch verschiedene Bereiche konkretisiert. Die Ausprägung, bei der keine Klassifikation der Ereignisse vorgenommen wird und es bei einer Beschreibung einzelner Informationen bleibt, wird als „Einzelereignisse" bezeichnet (global). Eine einfache Form der Klassifikation wurde dadurch gekennzeichnet, dass Ereignisse in übergeordnete Konzepte eingebettet werden, die schließlich alltagssprachlich umschrieben werden („Integration in Alltagskonzepte"). Eine differenzierte Klassifikation wurde dadurch gekennzeichnet, dass die Ereignisse in lehr-lerntheoretisch relevante Konzepte eingeordnet und diese fachsprachlich benannt werden („Integration in Fachkonzepte").

Für die Teilkompetenzen in Umfang und Art der Klassifikation wird angenommen, dass sich die Lehrpersonen auf Ausprägungen verorten lassen, die eine globale Art der Klassifikation beschreiben, Studierende sollten durch mittlere Ausprägungen repräsentiert werden und für die Personen aus der Schulinspektion wird eine differenzierte Art der Klassifikation vermutet. In Tabelle 46 werden die Verteilungen der einzelnen Teilstichproben und das Ergebnis der Varianzanalyse dargestellt.

Tab. 46: Unterschiede der Teilstichproben in Umfang und Art der Klassifikation

		Einzelereignisse	Integration in Alltagskonzepte	Integration in Fachkonzepte
Lehrpersonen	#	0	41	2
	%[1]	0	95.3	4.7
Studierende	#	0	17	2
	%[1]	0	89.5	10.5
Schulinspektion	#	0	14	3
	%[1]	0	70.0	30.0

	N	M	SD	F(2,79)	p	η^2
Lehrpersonen	43	1.05	0.21	4.422	.015	.10
Studierende	19	1.11	0.32			
Schulinspektion	20	1.30	0.47			

[1]Prozentangaben sind gültige Prozentwerte

Wie sich schon in der Verteilung der Gesamtstichprobe gezeigt hat, wurde keine Person dem Bereich „Einzelereignisse" zugeordnet. Dies bedeutet, dass alle Personen eine gewisse Art der Klassifikation der Ereignisse vorgenommen haben. Auf welche Weise dies jedoch umgesetzt wurde, beleuchten die beiden Ausprägungen „Integration in Alltagskonzepte" und „Integration in Fachkonzepte". Der größte Anteil der Lehrpersonen (95.3%) wird durch den Bereich „Integration in Alltagskonzepte" gekennzeichnet. Lediglich ein sehr kleiner Teil der Stichprobe (4.7%) fällt in den Bereich „Integration in Fachkonzepte". Durch einen Mittelwert von M = 1.05 (SD = 0.21) lässt sich die Art der Klassifikation für die Teilstichprobe der Lehrpersonen durch die Ausprägung der Integration von Einzelereignissen in Konzepte, die alltagssprachlich umschrieben werden, kennzeichnen.

Eine Lehrperson beschreibt die beobachtete Stunde zum Beispiel dadurch:

„Meist wussten die Schüler nicht, wohin es gehen sollte." (Person 5)

Die Lehrperson scheint eine Zielklarheit für wichtig zu erachten, benennt diese jedoch nicht.

Die Studierenden werden in ähnlich großen Prozentanteilen auf die Arten der Klassifikation verteilt. Die größere Gruppe mit 89.5% der Personen wurde durch die Integration der Ereignisse in Alltagskonzepte dargestellt; 10.5% der Personen lassen sich durch die Kompetenz zur Integration von Ereignissen in Fachkonzepte charakterisieren. Hier ergibt sich ein Mittelwert von 1.11 (SD = 0.32).

Schließlich zeigt sich das gleiche Muster für die Personen aus der Schulinspektion, wobei der Stichprobenanteil im Bereich der Integration der Ereignisse in

Fachkonzepte hier mit 30% höher ist als in den übrigen Teilstichproben. Dies ist in absoluten Zahlen jedoch lediglich eine Person mehr als in den übrigen Gruppen. Auch bei den Personen aus der Schulinspektion lassen sich 70% durch die Ausprägung „Integration in Alltagskonzepte" beschreiben. Der Mittelwert ist mit 1.30 (SD = 0.47) in dieser Gruppe am höchsten, weist aber auch hier auf eine Art der Klassifikation hin, die überwiegend durch die Integration von Ereignissen in Alltagskonzepte ausgezeichnet wird.

Ein Beispiel für eine Integration der Ereignisse in Fachkonzepte liefert dieser Text einer Person aus der Schulinspektion zur Beschreibung der Unterrichtsstunde:

„Fehlerkultur ist nicht erkennbar, da kaum Fehler gemacht werden, er bereitet die richtige Antwort so genau vor, dass sie dann auch kommt oder sagt sie einfach selbst." (Person 810)

Die Person beschreibt einzelne Vorgehensweisen der Lehrperson im Stellen von Fragen und bettet die einzelnen Ereignisse in das Konzept „Fehlerkultur" ein.

Trotz des einheitlichen Kompetenzbildes für die drei Teilstichproben zeigt die Varianzanalyse hinsichtlich der Kodierungen zum Umfang und der Art der Klassifikation einen signifikanten Unterschied zwischen den drei Teilstichproben auf dem 5%-Niveau (F = 4.422; p = .015; η^2 = .10). Der Levene-Test gibt Varianzinhomogenität an (p = .000), sodass für die Post-Hoc-Analyse hier der Tamhane-Test gewählt wird. Dieser zeigt Differenzen zwischen den Lehrpersonen und den Personen aus der Schulinspektion an (mittlere Differenz = -.253), die im Test mit p = .089 jedoch nicht signifikant sind. Im Vergleich liegen die Werte der Personen aus der Schulinspektion für den Umfang und die Art der Klassifikation über denen der Lehrpersonen. Abbildung 14 zeigt die Verteilungen der drei Teilstichproben im Hinblick auf Umfang und Art der Klassifikation graphisch.

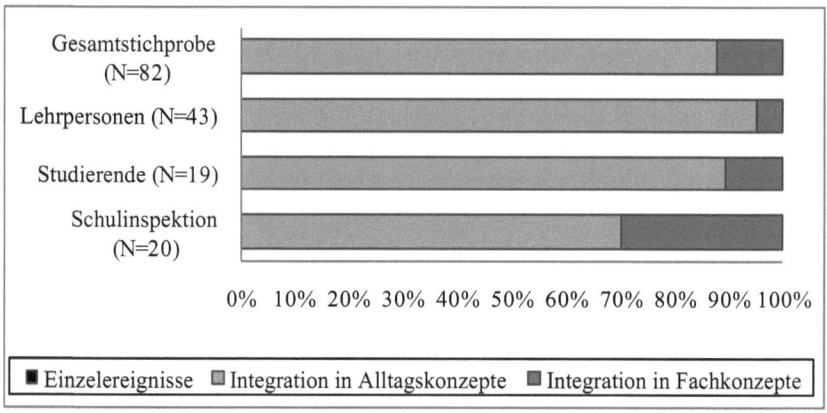

Abb. 14: Prozentuale Anteile (gültige Prozent) der Teilstichproben auf den einzelnen Ausprägungen im Umfang und der Art der Klassifikation

Ähnlich wie in Abbildung 13 fällt hier auf, dass für keine Stichprobe schwarze Balken dargestellt sind, die Anteile auf der Ausprägung „Einzelereignisse" anzeigen würden. Dafür ergibt sich für alle Teilstichproben ein überdurchschnittlich großer prozentualer Anteil an Personen innerhalb des Bereichs „Integration in Alltagskonzepte" (mittelgrauer Balken). Den größten prozentualen Anteil im Bereich „Integration in Fachkonzepte" weist die Gruppe der Personen aus der Schulinspektion auf. In absoluten Häufigkeiten entspricht dies jedoch beinahe der Anzahl der Personen auf dem gleichen Bereich in den beiden anderen Gruppen.

Für die Lehrpersonen entsprechen die Befunde in etwa den Erwartungen. So ist es nachvollziehbar, dass es aufgrund der Erfahrung gelingt, Einzelereignisse auszuwählen und in Konzepte zu integrieren. Durch die eingeschränkte Wissensbasis werden diese jedoch nicht in fachliche Strukturen eingebettet, sondern alltagssprachlich umschrieben.

Für die Studierenden und die Personen aus der Schulinspektion wäre dagegen denkbar gewesen, dass sie vor dem Hintergrund der differenzierten Wissensbasis eine Integration der Ereignisse in Fachkonzepte vollziehen. In der Tendenz befinden sich in diesen Gruppen zwar mehr Personen, die Ereignisse in Fachkonzepte integrieren, als bei den Lehrpersonen, die Gruppen unterscheiden sich jedoch nicht signifikant voneinander im Grad der Differenziertheit der Klassifikation. Dies liefert jedoch Hinweise darauf, dass mit einer feineren Ausdifferenzierung der unterschiedenen Ausprägungen Unterschiede zwischen Personengruppen identifiziert werden könnten.

Unterschiede in den Kompetenzen der Qualität der schriftlichen Dokumentation

Auch für die Qualität der schriftlichen Dokumentation wurden drei Aspekte betrachtet. Die Notizen wurden dabei in ihrer Funktion im Hinblick auf eine Gedächtnishilfe für die weitere Beobachtung eingeschätzt. Eine globale Art der Dokumentation wird dabei durch die Ausprägung „Fragmente" klassifiziert. Diese beschreibt Notizen, die einzelne Stichworte zu Ereignissen beinhalten. Eine mittlere Ausprägung im Grad der Differenziertheit wurde als „Anker" bezeichnet, da hier Ereignisse notiert werden, die als relevant für das weitere Geschehen eingeschätzt wurden, sodass sie für die weitere Analyse des Unterrichts im Blick behalten werden können. Schließlich wurde eine hohe Differenziertheit im Bereich der schriftlichen Dokumentation dadurch gekennzeichnet, dass die Notizen Ereignisse beinhalten, die mit weiteren Hinweisen auf mögliche Zusammenhänge und Hintergründe verknüpft sind („angereicherte Dokumentation"). Auch hier wird vermutet, dass die Gruppe der Lehrpersonen auf der globalen Ausprägung im Bereich der schriftlichen Dokumentation eingeordnet wird, Studierende mittlere Ausprägungen erreichen und die Personen aus der Schulinspektion eine differenzierte Art der Dokumentation vornehmen. Die Tabelle 47 zeigt die Verteilungen der Stichproben und den Test auf statistische Unterschiede (univariate Varianzanalyse).

Tab. 47: Unterschiede der Teilstichproben in der Qualität der schriftlichen Dokumentation

		„Fragmente"	„Anker"	Angereicherte Dokumentation
Lehrpersonen	#	4	33	3
	%[1]	9.1	75.0	13.6
Studierende	#	0	3	16
	%[1]	0	15.8	84.2
Schulinspektion	#	2	14	4
	%[1]	10.0	70.0	20.0

	N	M	SD	$F_{(2,79)}$	p	η^2
Lehrpersonen	43	1.05	0.49	19.256	.000	.33
Studierende	19	1.84	0.38			
Schulinspektion	20	1.10	0.55			

[1]Prozentangaben sind gültige Prozentwerte

Der größte prozentuale Anteil der Lehrpersonen (75.0%) wird durch die Ausprägung „Anker" charakterisiert. Hier wurden wichtige Ereignisse als Gedächtnisstütze festgehalten. 13.6% der Personen notierten zusätzlich zu den Ereignissen Hinweise, die sie offenbar für die weitere Analyse als relevant erachteten („angereicherte Dokumentation"). Schließlich werden 9.1% der Lehrpersonen dadurch gekennzeichnet, dass sie Einzelereignisse unsystematisch notieren („Fragmente"). Der Mittelwert liegt für die Gruppe der Lehrpersonen bei 1.05 (SD = 0.49), sodass sich die Qualität der schriftlichen Dokumentation für diese Teilstichprobe durch die Ausprägung „Anker" charakterisieren lässt.

Eine Lehrperson hält beispielsweise folgende Ereignisse in ihren Ausführungen fest:

„Nette Einführung des neuen Themas, abgerundet mit dem Stundenziel, im Heft festgehalten. Lehrer leitet konsequent und kleinschrittig weiter. Lockere Atmosphäre bei dem Unterrichtsgespräch mit gezielten Fragen, Störungen werden kurz angesprochen, dann weitergegangen..." (Person 43)

Verschiedene Ereignisse werden notiert vor dem Hintergrund, dass sie für spätere Beobachtungen eventuell noch relevant werden.

Die Verteilung der Studierenden hat ihren Schwerpunkt hingegen im Bereich der angereicherten Dokumentation. 84.2% der Personen fertigten Ausführungen an, die überwiegend Ereignisse enthalten, zu denen Zusatzinformationen ergänzt wurden. Die übrigen 15.8% der Stichprobe wurden durch die Ausprägung „Anker" beschrieben, bei der die Notizen relevante Ereignisse beinhalten. Dem Bereich „Fragmente" wurde keiner der Studierenden zugeordnet. Für diese Verteilung ergibt sich ein Mittelwert von 1.84 (SD = 0.38), sodass sich die Studierenden insgesamt durch einen hohen Grad an Differenziertheit in der Qualität der schriftlichen Dokumentation auszeichnen. Inhaltlich wurde dieser durch die Anreicherung der Dokumentation mit Zusatzhinweisen konkretisiert.

Die Ausführungen eines Studierenden enthalten beispielsweise folgende Zusatzinformationen:

> „Die Unterrichtsstunde war sicher angenehm für die meisten Schüler. Sie mussten nicht dem Lehrervortrag folgen, sondern konnten eigene Erfahrungswerte in das Unterrichtsgespräch einbringen. Außerdem hat der Lehrer alles, was sie erarbeitet haben, an der Tafel festgehalten und den Schülern genug Zeit gelassen es abzuschreiben. Die benutzte Sprache war sehr schülerfreundlich und daher glaube ich, dass die Schüler auch zu Hause bei genauem Lesen noch verstehen können, was sie aufgeschrieben haben." (Person 905)

> Der Text umfasst die Beschreibung von Ereignissen mit zusätzlichen Hinweisen auf Zusammenhänge, die dem Beobachtenden während des Geschehens durch den Kopf gegangen sind.

Schließlich zeigt sich für die Personen aus der Schulinspektion wiederum eine ähnliche Verteilung zu der der Lehrpersonen. Die meisten Personen (70%) werden durch die Ausprägung „Anker" gekennzeichnet, 20% der Personen liegen im Bereich der angereicherten Dokumentation und 10% konnten im Bereich „Fragmente" verortet werden. Für diese Gruppe ergibt sich durch die Verteilung ein Mittelwert von 1.10 (SD = .55), der die Qualität der schriftlichen Dokumentation wie bei den Lehrpersonen durch das Notieren von Gedächtnisankern klassifiziert.

In der Varianzanalyse ergibt sich im Hinblick auf diese Teilkompetenz wiederum ein signifikanter Unterschied zwischen den Gruppen (F = 19.256; p = .000; η^2 = .33). Da Varianzhomogenität angenommen werden kann (p = .628), wird der Post-Hoc-Analyse der Scheffé-Test zugrunde gelegt. Dieser zeigt, dass sich die Studierenden signifikant von der Gruppe der Lehrpersonen und den Personen aus der Schulinspektion unterscheiden. Zwischen den Studierenden und den Lehrpersonen besteht eine mittlere Differenz von .796 (p = .000), zwischen Studierenden und Personen aus der Schulinspektion eine mittlere Differenz von .742 (p = .000). Die positiven Differenzwerte bedeuten einen jeweils höheren Grad an Differenziertheit der Analysen der Studierenden. Die Gruppen der Lehrpersonen und der Personen aus der Schulinspektion unterscheiden sich dagegen nicht voneinander. In Abbildung 15 sind die Verteilungen der Stichproben im Vergleich zueinander graphisch veranschaulicht.

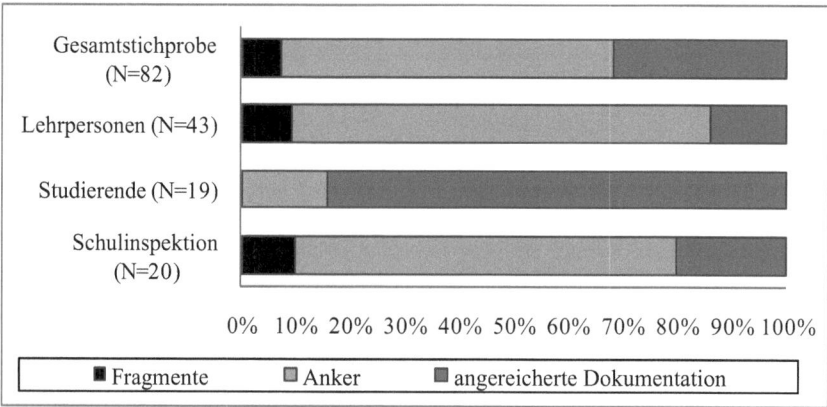

Abb. 15: Prozentuale Anteile (gültige Prozent) der Teilstichproben auf den einzelnen Ausprägungen der Qualität der schriftlichen Dokumentation

Die Merkmale der Teilstichproben werden in dieser Grafik deutlich. Die Gruppen der Lehrpersonen und der Personen aus der Schulinspektion sind in ihren Verteilungen ähnlich. Ein großer Anteil der Personen dieser Gruppen ist auf der Ausprägung „Anker" zu finden (mittelgraue Balken); an den beiden Extrempunkten des Kodierverfahrens (Ausprägung „Fragmente"; Ausprägung „angereicherte Dokumentation") zeigen sich jeweils kleinere Gruppen von Personen. Die Verteilung innerhalb der Gruppe der Studierenden hebt sich jedoch deutlich von diesem Bild ab. Hier lassen sich keine Personen durch die Ausprägung „Fragmente" beschreiben und auch im Bereich „Anker" wird nur ein geringer Anteil an Personen aus der Gruppe der Studierenden verortet. Der Großteil der Studierenden wird dagegen durch die Ausprägung „angereicherte Dokumentation" charakterisiert, bei der schriftliche Notizen angelegt werden, welche Hinweise auf Hintergründe und Zusammenhänge der Ereignisse beinhalten.

Die Ergebnisse der Lehrpersonen liegen im Bereich der Annahmen. Relevante Ereignisse wurden als Gedächtnisanker in den schriftlichen Notizen festgehalten.

Auch die Befunde für die Studierenden lassen sich vor dem Hintergrund ihrer Voraussetzungen nachvollziehen. Die eingeschränkte Erfahrung könnte dazu führen, dass sehr viele Informationen schriftlich notiert werden, da weniger klar zwischen relevanten und weniger relevanten Ereignissen differenziert werden kann als von den Lehrpersonen.

Schließlich zeigten sich im Hinblick auf die Gruppe der Personen aus der Schulinspektion überraschende Ergebnisse. Ähnlich wie die Lehrpersonen legen diese Notizen als Gedächtnisstütze an, produzieren jedoch entgegen den Erwartungen kaum Aufzeichnungen, die in die Kategorie „angereicherte Dokumentation" eingeordnet würden.

Auch hier zeigten sich unter Kontrolle der Variablen Ausbildung für bestimmte Schulart und Fakultas für Physik oder ein anderes naturwissenschaftliches Fach keine veränderten Ergebnisse.

Unterschiede in den Kompetenzen im Umgang mit Wertung

Für den Umgang mit Wertung wurden fünf Inhaltsbereiche unterschieden. Für Texte, in denen keine Ereignisse beschrieben werden, die als kritisch im Sinne von relevant für Lehr-Lernprozesse im Unterrichtsgeschehen herausgestellt wurden, wurde eine Kategorie „keine kritischen Ereignisse" festgelegt. Als globale Ausprägung im Bereich des Umgangs mit Wertung wurde die „Beschreibung kritischer Ereignisse" vorgenommen. Im Weiteren wurden Texte identifiziert, bei denen kritische Ereignisse zusätzlich negativ bewertet wurden. Diese wurden durch die Ausprägung „Bewertung kritischer Ereignisse" gekennzeichnet. Differenzierter wurde der Umgang mit Wertung durch den Bereich „Aufzeigen von Konsequenzen" dargestellt, bei dem neben dem Benennen von kritischen Ereignissen mögliche Konsequenzen des Geschehens erwähnt werden. Schließlich wurde ein hoher Grad der Differenziertheit im Umgang mit Wertung dadurch konkretisiert, dass zu kritischen Ereignissen mögliche Handlungsalternativen angeführt werden („Aufzeigen von Handlungsalternativen").

Es wird vermutet, dass Lehrpersonen einen globalen Umgang mit Wertung aufweisen, Studierende einen mittleren Grad an Differenziertheit erreichen und dass Personen aus der Schulinspektion einen differenzierten Umgang mit Wertung ausüben. Tabelle 48 zeigt die Verteilungen der Stichproben auf die verschiedenen Ausprägungen zum Umgang mit Wertung und die Ergebnisse der Varianzanalyse auf Unterschiede zwischen den Gruppen.

Tab. 48: Unterschiede der Teilstichproben im Umgang mit Wertung

		Keine kritischen Ereignisse	Beschrei-bung kritischer Ereignisse	Bewer-tung kritischer Ereignisse	Konse-quenzen	Hand-lungs-alternati-ven
Lehrpersonen	#	13	15	11	3	1
	%[1]	30.2	34.9	25.6	7.0	2.3
Studierende	#	12	3	3	0	1
	%[1]	63.2	15.8	15.8	0	5.3
Schulinspektion	#	1	9	6	4	0
	%[1]	5.0	45.0	30.0	20.0	0

	N	M	SD	$F(2,79)$	p	η^2
Lehrpersonen	43	1.16	1.02	4.461	.015	.10
Studierende	19	0.68	1.11			
Schulinspektion	20	1.65	0.88			

[1]Prozentangaben sind gültige Prozentwerte

Bedeutsame prozentuale Anteile der Gruppe der Lehrpersonen sind auf den globalen Ausprägungen der Teilkompetenz verortet. Der Kodierung „keine kritischen Ereignisse" wurden 30.2% der Personen zugeordnet. Weitere 34.9% der Gruppe werden durch die Ausprägung „Beschreibung kritischer Ereignisse" dargestellt, und 25.6% liegen im Bereich „Bewertung kritischer Ereignisse". Mit diesen drei Bereichen sind ca. 90% der Lehrpersonen eingeordnet. 7.0% wurden zudem durch das Aufzeigen von Konsequenzen charakterisiert und eine Person (2.3%) erreicht die Ausprägung „Aufzeigen von Handlungsalternativen". Für diese Verteilung ergibt sich ein Mittelwert von 1.16 (SD = 1.02). Dieser steht für einen globalen Umgang mit der Bewertung kritischer Ereignisse und kennzeichnet die Gruppe der Lehrpersonen überwiegend durch die Beschreibung kritischer Ereignisse.

Eine Lehrperson beschreibt die kritischen Ereignisse im Hinblick auf die Frage, wie die Interaktionen zwischen der Lehrkraft und der Klasse in Bezug auf die Lernbegleitung eingeordnet werden würden:

„Wenig eigene Gestaltungsmöglichkeit durch den Schüler selbst." (Person 42)

Dies wird von der Lehrperson als kritisches Ereignis im Hinblick auf den Lernprozess des Schülers herausgestellt. Ein für das Lernen der Schülerinnen und Schüler als relevant angesehener Zustand wird als solcher festgehalten.

In der Teilstichprobe der Studierenden befindet sich über die Hälfte der Personen (63.2%) in dem Bereich, in dem keine kritischen Ereignisse beschrieben werden.

Die Frage, wie die Lehrkraft mit den Beiträgen der Lernenden umgeht, beantwortet ein Studierender beispielsweise mit:

> „Alle Beiträge werden berücksichtigt und wenn fraglich zur Diskussion an die Klasse weitergegeben." (Person 909)
>
> Hierbei wird das Vorgehen der Lehrperson im Hinblick auf den Umgang mit den Beiträgen beschrieben, jedoch nicht als kritisch für Lehr-Lernprozesse herausgestellt.

Jeweils 15.8% der Studierenden wurden durch die Ausprägungen „Beschreibung kritischer Ereignisse" und „Bewertung kritischer Ereignisse" gekennzeichnet. Im Bereich, in dem Konsequenzen der Ereignisse aufgezeigt werden, wurde keiner der Studierenden verortete; eine Person wurde der Ausprägung zugeschrieben, in der Handlungsalternativen zu kritischen Ereignissen zentral sind. Die Studierenden erreichen insgesamt einen Mittelwert von 0.68 (SD = 1.11). Dieser zeigt einen globalen Umgang mit Wertung an und charakterisiert die Stichprobe insgesamt überwiegend durch die Beschreibung kritischer Ereignisse.

Im Gegensatz dazu befinden sich lediglich 5% der Personen aus der Schulinspektion in dem Bereich, in dem keine kritischen Ereignisse beschrieben werden. Weiterhin werden 45% der Stichprobe durch die Ausprägung „Beschreibung kritischer Ereignisse" gekennzeichnet. Weitere 30% ergeben sich für den Bereich „Bewertung kritischer Ereignisse", und die übrigen 20% der Personen aus der Schulinspektion werden durch das Aufzeigen von Konsequenzen charakterisiert. Letzteres zeigt sich beispielsweise in der folgenden Antwort auf die Frage nach der Funktion der Schülerinnen und Schüler in den Gesprächen mit der Lehrkraft:

> „Beiträge werden entsprechend sortiert, alles ist schon fertig im Kopf des Lehrers vorhanden, Abweichungen davon werden als störend oder unwichtig angesehen. Die Schülerinnen und Schüler sind Stichwortgeber." (Person 815)
>
> Die Funktion der Schülerinnen und Schüler wird hier als Konsequenz des Verhaltens der Lehrperson im Umgang mit den Schülerbeiträgen angemerkt.

Keine Person wird in dieser Stichprobe jedoch dem Bereich des Aufzeigens von Handlungsalternativen zugeordnet. Insgesamt ergibt sich aus dieser Verteilung ein Mittelwert von 1.65 (SD = 0.88). Daher lässt sich die Stichprobe der Personen aus der Schulinspektion überwiegend durch eine Bewertung kritischer Ereignisse charakterisieren.

Der statistische Test für Unterschiede zwischen den Gruppen liefert ein signifikantes Ergebnis (F = 4.461; p = .015; η^2 = .10). Da Varianzhomogenität vorliegt (p = .821), werden im Folgenden Ergebnisse des Scheffé-Tests berichtet. Bedeutsame Differenzen ergaben sich demnach zwischen den Teilstichproben der Personen aus der Schulinspektion und den Studierenden (mittlere Differenz = .966, p = .015), wobei die Personen aus der Schulinspektion insgesamt auf Ausprägungen mit einem höheren Grad an Differenziertheit verortet wurden. Zu den Lehrpersonen zeigten sich für keine der beiden Teilstichproben bemerkenswerte Differenzen. Abbildung 16 zeigt die Verteilungen der Teilstichproben für den Umgang mit Wertung.

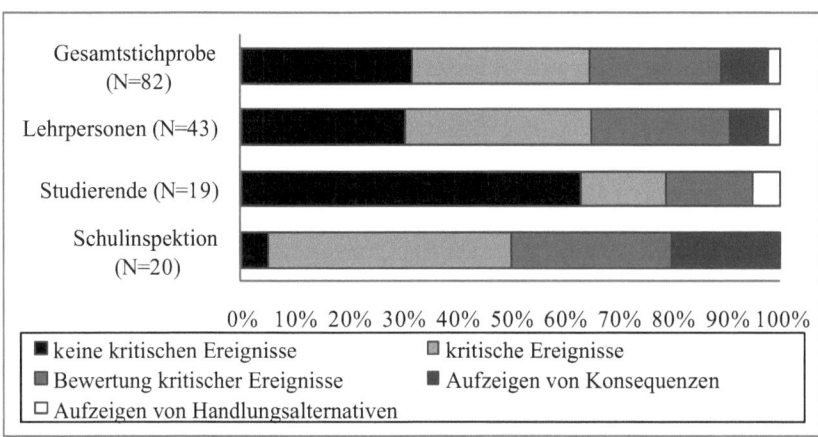

Abb. 16: Prozentuale Anteile (gültige Prozent) der Teilstichproben auf den einzelnen Ausprägungen im Umgang mit Wertung

Die Abbildung zeigt deutliche Unterschiede zwischen allen drei Teilstichproben. In der Gruppe der Personen aus der Schulinspektion ist der Unterschied zu den Lehrpersonen innerhalb der Bereiche „kritische Ereignisse" (hellgrauer Balken) und „negativ bewertend" (mittelgrauer Balken) relativ gering. Dagegen befindet sich in der Stichprobe der Personen aus der Schulinspektion nur ein sehr geringer Anteil an Personen auf der Ausprägung „keine kritischen Ereignisse" (schwarzer Balken); ein im Vergleich dazu relativ großer Anteil wurde auf dem Bereich „Konsequenzen" (dunkelgrauer Abschnitt) eingeordnet. Es befinden sich weiterhin keine Personen im Bereich der „Handlungsalternativen" (weißer Abschnitt). Anders ist dies bei den Studierenden, wo der größte Teil der Stichprobe durch die Ausprägung „keine kritischen Ereignisse" (schwarzer Balken) gekennzeichnet wurde. Hingegen ist der prozentuale Anteil, anders als in den übrigen Teilstichproben, in dem Bereich „kritische Ereignisse" (hellgrauer Balken) und in dem Bereich „negativ bewertend" (mittelgrauer Balken) geringer. Der im Vergleich zu den anderen Gruppen größte Anteil der Personen auf der Ausprägung „Handlungsalternativen" (weißer Abschnitt) befindet sich in der Gruppe der Studierenden. Auf Grundlage der Häufigkeitswerte ist jedoch sowohl in der Gruppe der Lehrpersonen als auch in der Gruppe der Studierenden jeweils eine Person auf dieser Ausprägung zu finden. Der größte Anteil an Personen mit der Ausprägung „Konsequenzen" wurde in der Gruppe der Schulinspektorinnen und Schulinspektoren gefunden. In den Gruppen der Studierenden und der Lehrpersonen befindet sich der Großteil der Personen dagegen in den Bereichen „keine kritischen Ereignisse" oder „kritische Ereignisse".

Das Ergebnis für die Lehrpersonen bestätigt die Vermutung, dass der Umgang mit Wertung global vorgenommen wird. Der Großteil der Teilstichprobe führt Analysen durch, bei denen keine kritischen Ereignisse aufgezeigt werden oder Ereignisse lediglich beschrieben werden.

Unerwartet ist im Bereich Umgang mit Wertung das Ergebnis für die Studierenden. Der größte Anteil der Studierenden beschreibt keine kritischen Ereignisse. Dies ist insbesondere vor dem Hintergrund des angenommenen differenzierten Wissens erstaunlich. Eine mögliche Erklärung ist in der Tatsache zu vermuten, dass für einen großen Teil der Studierenden die Unterrichtsaufzeichnung fachfremd und somit kritische Ereignisse weniger gut erkennbar waren. Allerdings zeigten sich unter Kontrolle der Variable „studierte Fachkombination" keine Veränderungen im Unterschied zwischen den Gruppen. Gleichzeitig scheint die Fremdheit des Faches auch für die Personen aus der Schulinspektion unproblematisch gewesen zu sein.

Bei den Personen aus der Schulinspektion zeigten sich Befunde, die in die Richtung der Annahmen weisen. Kritische Ereignisse werden beschrieben und in vielen Fällen auch bewertet. Vor dem Hintergrund der Erfahrung und des differenzierten Wissens wurde jedoch auch hier erwartet, dass ein größerer Anteil an Personen auf den Ausprägungen „Aufzeigen von Konsequenzen" und „Aufzeigen von Handlungsalternativen" zu finden ist.

Zusammenfassung

In diesem Abschnitt des Ergebnisteils wurden die Verteilungen der drei Teilstichproben auf die fünf einzelnen Teilkompetenzen ausführlich dargestellt und miteinander verglichen. Um die Ausprägungen der jeweiligen Kompetenzen und insbesondere die Unterschiede zwischen den Teilgruppen nochmals zu verdeutlichen, zeigt Abbildung 17 die Mittelwerte der Stichproben für die einzelnen Kriterien und gibt die signifikanten Unterschiede zwischen den Gruppen wieder.

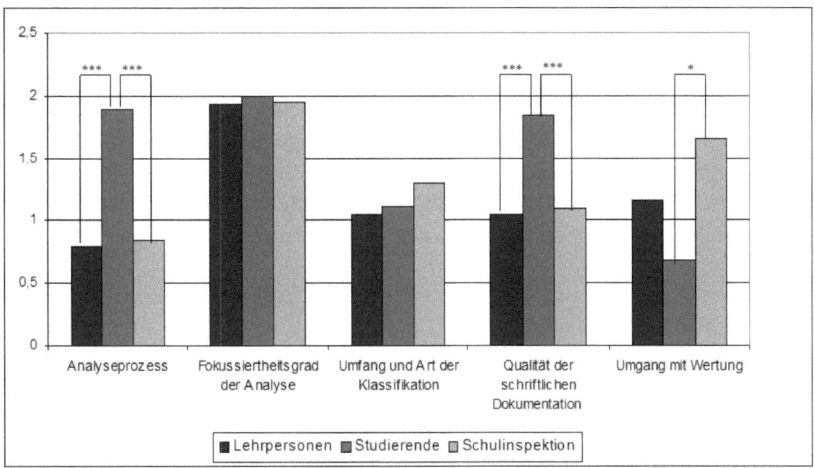

Abb. 17: Mittelwerte und sign3ifikante Unterschiede der Teilstichproben in Bezug auf die einzelnen Teilkompetenzen; * = p<.05; *** = p<.001

Signifikante Unterschiede konnten zwischen den Teilstichproben für die Teilkompetenzen Analyseprozess, Qualität der schriftlichen Dokumentation und Umgang mit Wertung gezeigt werden. Für die Kriterien Fokussiertheitsgrad in der Analyse und Umfang und Art der Klassifikation ließen sich dagegen keine bedeutsamen Unterschiede zwischen den Gruppen feststellen.

Im Hinblick auf den Analyseprozess fällt die Gruppe der Studierenden durch einen deutlich höheren Mittelwert auf als die Gruppen der Lehrpersonen und der Personen aus der Schulinspektion. Die Lehrpersonen und die Inspektorinnen und Inspektoren wurden insgesamt durch das Beschreiben und Bewerten von Ereignissen gekennzeichnet, wohingegen die Studierenden Ereignisse überwiegend beschrieben und erklärten. Für die Lehrpersonen und die Personen aus der Schulinspektion ergibt sich für die Teilkompetenz Analyseprozess, bei der maximal ein Wert von 3 in der Kodierung erreicht werden kann, das Bild einer globalen Analyse. Der Prozess kann für die Gruppe der Studierenden hingegen als eher differenziert beschrieben werden.

Auch im Hinblick auf die Qualität der schriftlichen Dokumentation zeigen die Studierenden deutlich höhere Mittelwerte als die beiden anderen Gruppen. Die Studierenden werden daher durch die Ausprägung „angereicherte Dokumentation" klassifiziert, wohingegen die Personen der beiden anderen Teilstichproben Notizen angefertigt haben, die Ereignisse als Gedächtnisanker beinhalten. Für die Qualität der schriftlichen Dokumentation wurden drei Kodierungen unterschieden, sodass die Qualität der Notizen bei den Studierenden als differenziert, bei den Lehrpersonen und den Personen aus der Schulinspektion hingegen als global eingestuft werden kann.

Schließlich haben sich auch im Umgang mit Wertung Unterschiede zwischen den Gruppen gezeigt, dies jedoch nur zwischen den Personen aus der Schulinspektion und den Studierenden, wobei hier die Studierenden niedrigere Mittelwerte erreichten. Bei den Studierenden fiel ein großer Anteil an Personen auf, der keine kritischen Ereignisse erwähnte. Bei den Personen aus der Schulinspektion wurden kritische Ereignisse beschrieben, zum Teil bewertet und in einigen Fällen auch Konsequenzen aufgezeigt. Der Umgang mit Wertung kann für die Studierenden daher als global bezeichnet werden, bei den Personen aus der Schulinspektion stellt er sich differenzierter dar.

Zusammenfassend lassen sich die Kompetenzen der Personen der Teilstichproben folgendermaßen beschreiben: Die Lehrpersonen zeichnen sich insgesamt durch globale Analysen aus. Die Ausführungen lassen sich dadurch charakterisieren, dass sie überwiegend eine Beschreibung von Ereignissen beinhalten, die zum Teil als kritisch für Lehr-Lernprozesse herausgestellt werden. Die Ereignisse werden in Alltagskonzepte eingeordnet und können zu einer Beantwortung gezielter Fragen zusammengeführt werden. In den Notizen werden zentrale Ereignisse festgehalten, damit sie als Gedächtnisstütze für die weitere Analyse genutzt werden können.

Das Ausmaß an Differenziertheit in der Analyse der Studierenden stellt sich weniger kohärent dar als das der Lehrpersonen. In Bezug auf die Kriterien Analyseprozess, Fokussiertheitsgrad der Analyse und Qualität der Dokumentation nehmen die Studierenden differenzierte Analysen vor; im Umfang und der Art der Klassifikation und im Umgang mit Wertung wurde die Analyse hingegen als global beschrieben. Die Teilkompetenzen der Studierenden lassen sich daher durch eine Beschreibung und Erklärung von relevanten Ereignissen charakterisieren, die mit umfangreichen Zusatzinformationen in den schriftlichen Ausführungen festgehalten werden. Die Ereignisse werden überwiegend in Alltagskonzepte integriert. Im Hinblick auf gezielte Fragen führen die Studierenden relevante Ereignisse zu einer Beantwortung der Fragen zusammen. Es fällt zudem auf, dass Ereignisse in der Regel nicht als kritisch für Lehr-Lernprozesse herausgestellt oder bewertet werden.

Entgegen den Erwartungen erscheinen die Analysen der Personen aus der Schulinspektion als überwiegend global. Ähnlich wie bei der Gruppe der Lehrpersonen werden Ereignisse vorwiegend in Alltagskonzepte eingeordnet beziehungsweise zu einer Beantwortung der Fragen zusammengeführt. Die Notizen dienen ebenfalls vor allem als Gedächtnisstütze, indem relevante Ereignisse schriftlich festgehalten werden. Als Besonderheit lässt sich für diese Gruppe herausstellen, dass kritische Ereignisse überwiegend beschrieben und bewertet werden. Diese Ergebnisse werden in Kapitel 9 zu diskutieren sein.

9 Diskussion

Die vorliegende Arbeit ist in das DFG-Projekt „LUV – Lernen aus Unterrichtsvideos" eingebettet (Prenzel & Seidel, 2003). Für dieses Projekt wurde in der Einführung der Arbeit (Kapitel 1) neben der Untersuchung von Lernprozessen, die bei Lehrpersonen während der Arbeit mit Unterrichtsaufzeichnungen ablaufen, die Beschreibung der Kompetenz von Lehrpersonen in der Analyse von Unterrichtsaufzeichnungen als ein zentrales Anliegen herausgestellt. Grundlage hierfür liefern sowohl Rating-Einschätzungen der Lehrpersonen zu kurzen Videosequenzen als auch offene Antworttexte zu einer videographierten Unterrichtsstunde, die von den Lehrpersonen innerhalb der Lernumgebung „LUV" erstellt wurden.

Die vorliegende Arbeit hatte zum Ziel, differenziert zu untersuchen, über welche Kompetenzen Lehrpersonen in der Wahrnehmung von Unterrichtsaufzeichnungen verfügen und inwiefern sich Personen mit unterschiedlichem Erfahrungshintergrund in dieser Kompetenz unterscheiden. Grundlage hierfür bildeten die schriftlichen Ausführungen der Lehrpersonen aus der Analyse einer videographierten Unterrichtsstunde. Vor diesem Hintergrund stellte sich die Aufgabe, Kriterien zu identifizieren, die auf der Basis des Forschungsstandes für eine Beschreibung von Kompetenzen in der Unterrichtswahrnehmung als relevant erachtet werden können. Zudem wurde der Versuch unternommen, Verfahren zu entwickeln, mit denen Kompetenzkomponenten innerhalb der schriftlichen Ausführungen der Teilnehmerinnen und Teilnehmer erfasst werden können. Durch diese Vorgehensweise konnten Kompetenzen von Lehrpersonen in der Wahrnehmung von Unterrichtsaufzeichnungen anhand verschiedener Kriterien differenziert untersucht werden. Weiterhin liefern die Ergebnisse dieser Untersuchung erste Ansatzpunkte für eine Nutzung von Unterrichtsaufzeichnungen für die Diagnose von Wahrnehmungskompetenzen (Kersting, in Druck; Seidel, Schwindt, Kobarg & Prenzel, in Druck), indem relevante Faktoren für die kompetente Unterrichtswahrnehmung identifiziert werden konnten.

Im Folgenden werden die Ergebnisse und Vorgehensweisen dieser Arbeit diskutiert. Zunächst werden die Befunde der Untersuchung zusammengefasst und inhaltlich diskutiert (9.1). Anschließend werden Anmerkungen zum konzeptionellen Vorgehen dieser Arbeit dargelegt (9.2) und die Befunde werden im Hinblick auf ihre praktische Relevanz für die Lehrerbildung und für weitere Forschungsvorhaben eingeordnet (9.3).

9.1 Diskussion der Ergebnisse

Im Mittelpunkt der Arbeit stand der Ansatz, mithilfe videobasierter Verfahren die Kompetenz von Lehrpersonen in der Wahrnehmung von Unterrichtsaufzeichnungen zu untersuchen und zu beschreiben. Schriftliche Ausführungen, die Lehrpersonen während der Beobachtung einer videographierten Unterrichtsstunde erstellt haben, wurden mittels Kodierverfahren inhaltsanalytisch ausgewertet. Zudem dienten die Notizen von Personen mit unterschiedlichen Voraussetzungen im Hinblick auf die Analyse von Unterricht dafür, die Kompetenzen dieser Personen miteinander zu vergleichen.

Bisherige Studien zu Wahrnehmungsprozessen von Lehrpersonen wurden im Bereich der Expertiseforschung durchgeführt (Berliner, 1987). Durch einen Vergleich der Verarbeitungsprozesse von unterschiedlich erfahrenen Personen wurden Vorgehensweisen herausgestellt, durch die sich Experten von Novizen in ihrer Wahrnehmung unterscheiden. Daraus ließen sich Kriterien ableiten, die besonders erfolgreiche Personen in ihrer Wahrnehmung auszeichnen. Aufgrund verschiedener methodischer Schwierigkeiten, die sich aus einem solchen Vergleich ergeben (Palmer, Stough, Burdenski, & Gonzales, 2005), wurde dieses Vorgehen in der vorliegenden Arbeit erweitert. Für die Beschreibung der Kompetenz in der Wahrnehmung von Unterrichtsaufzeichnungen wurden verschiedene Herangehensweisen kombiniert. Eine Wahrnehmung, die auf das Erkennen relevanter Merkmale im Unterrichtsgeschehen abzielt, muss fokussiert ablaufen und wurde daher als vergleichbar mit der Durchführung einer Beobachtung herausgestellt (vgl. Kapitel 5.1.1). Aufgrund dessen wurden Merkmale, die in der Beobachtungsforschung eine fundierte Wahrnehmung ermöglichen, auf die Wahrnehmung von Unterrichtsaufzeichnungen übertragen. Die kompetente Unterrichtswahrnehmung wurde daher anhand von fünf Teilkompetenzen beschrieben. Basierend auf Erkenntnissen aus Studien der Expertiseforschung (Berliner, 1987) wurden schließlich verschiedene inhaltliche Ausprägungen innerhalb der einzelnen Kriterien unterschieden. Diese Ausprägungen zeigen jeweils ein unterschiedliches Ausmaß an Differenziertheit in Bezug auf die verschiedenen Aspekte der kompetenten Unterrichtswahrnehmung an. Mithilfe der theoretisch abgeleiteten Kriterien wurde die Kompetenz der Lehrpersonen in der Analyse von Unterrichtsaufzeichnungen dargestellt. Dabei standen die folgenden drei Aspekte im Zentrum:

(1) Teilkompetenzen von Lehrpersonen in der Unterrichtsanalyse

(2) Kompetenzprofile

(3) Unterschiede in der Analyse zwischen Personen mit unterschiedlichen wahrnehmungsrelevanten Voraussetzungen

Nachdem die Präsentation der Ergebnisse entsprechend dieser drei Fragestellungsbereiche erfolgte, orientiert sich auch die Diskussion der Ergebnisse an dieser Struktur.

9.1.1 Beschreibung von Teilkompetenzen in der Unterrichtsanalyse

In dieser Arbeit wird davon ausgegangen, dass die Kompetenz in der Wahrnehmung von Unterrichtsaufzeichnungen ein Indikator für das Potential von Lehrpersonen ist, im realen Unterrichtsgeschehen relevante Merkmale für das Lehren und Lernen zu erkennen. Daher war es von Interesse zu untersuchen, über welche Kompetenzen Lehrpersonen in der vertiefenden Analyse von Unterrichtsaufzeichnungen verfügen. Eine vertiefende Analyse erfordert einen gezielten Blick auf relevante Aspekte, sodass für die Beschreibung der Unterrichtswahrnehmung Merkmale zugrunde gelegt wurden, die in der Beobachtungsforschung als zentral gelten. Die Schritte, die für eine Beobachtung wichtig sind, um die Gefahr einer subjektiven Verzerrung zu reduzieren, werden als Selektion, Abstraktion, Klassifikation, Systematisierung und Relativierung bezeichnet (Bortz & Döring, 1995; Seidel & Prenzel, in Druck). In der vorliegenden Untersuchung wurden diese Schritte auf die Wahrnehmung von Unterrichtsaufzeichnungen übertragen, sodass sich für eine Gesamtkompetenz die fünf Kriterien Analyseprozess, Fokussiertheitsgrad der Analyse, Umfang und Art der Klassifikation, Qualität der schriftlichen Dokumentation und Umgang mit Wertung ergaben (vgl. Abschnitt 5.2.1). Diese Bereiche werden als zentral für eine vertiefende Analyse von Unterrichtsaufzeichnungen betrachtet. Im Folgenden werden zunächst die Befunde zu den jeweiligen Teilkompetenzen der Lehrpersonen zusammengefasst, vor dem theoretischen Hintergrund diskutiert und schließlich in den Stand der Forschung eingeordnet.

Kompetenzen im Analyseprozess

Mit den Kodierungen zum Analyseprozess wurden drei Schritte zusammengefasst, die eine gezielte Beobachtung charakterisieren. Mit der Selektion, Abstraktion und Klassifikation wird in der Beobachtungsforschung der Prozess beschrieben, bei dem Ereignisse, die als relevant erachtet werden, ausgewählt und von ihrem aktuellen Kontext abstrahiert zu Merkmalsklassen gebündelt werden (Bortz & Döring, 1995; Seidel & Prenzel, in Druck). Da diese Schritte eine systematische Beobachtung auszeichnen, werden sie auch als bedeutsam für die vertiefende Analyse von Unterrichtsaufzeichnungen betrachtet (Seidel, Dalehefte et al., 2005), sodass sie in Kriterien übersetzt wurden, die den Analyseprozess charakterisieren. Die Teilkompetenz im Analyseprozess differenziert daher die Schritte des Beschreibens, Erklärens und des Bewertens von Ereignissen. In den Ausprägungen der Teilkompetenz werden verschiedene Kombinationen der Schritte unterschieden, um zu erfassen, auf welche Weise der Analyseprozess der Lehrpersonen dargestellt werden kann.

Die Auswertungen der Kodierungen zeigen, dass in den Ausführungen verschiedene Kombinationen der drei Schritte identifiziert werden können. Der vollständige 3-Schritt der Analyse, bei dem alle drei Phasen durchlaufen werden, ist nur bei einzelnen Personen zu erkennen (6.1%). Am häufigsten zeigt sich die Kombination der beiden Schritte Beschreibung und Bewertung (36.6%). Darauf folgt die Ausprägung, bei der das Geschehen lediglich beschrieben wird (31.7%). Schließlich findet sich eine Gruppe von Personen, die die Ereignisse überwiegend beschreiben und erklären (25.6%).

Vor dem Hintergrund, vor dem die Ausprägungen für den Analyseprozess abgeleitet wurden, bedeutet dies, dass überwiegend wichtige Aspekte aus dem Geschehen ausgewählt werden. Häufig werden die beobachteten Ereignisse jedoch nicht weiter eingeordnet beziehungsweise mit relevanten Theorien erklärt. Dieses Vorgehen wurde jedoch als zentral für eine systematische Beobachtung und damit auch für die Kompetenz in der vertiefenden Analyse von Unterrichtsaufzeichnungen herausgestellt.

Nachdem diese Teilkompetenz Hinweise auf die Qualität des Analyseprozesses von Lehrpersonen liefert, gewähren die weiteren Kriterien einen vertieften Einblick in einzelne Bereiche innerhalb des Analyseprozesses.

Fokussiertheitsgrad der Analyse

Im Bereich der „cognitive load"-Theorie (Sweller, 1988; Sweller et al., 1998) werden Videos als komplexes Material eingestuft. Aus einer großen Menge verschiedener Informationen müssen relevante Ereignisse herausgefiltert werden (Merrienboer & Paas, 2003; Steiner, 2001). Aus theoretischer Sicht stellt dies eine hohe kognitive Belastung dar. Um mit der Fülle der Informationen nicht überfordert zu sein (Mayer, 2001) und relevante Ereignisse erkennen zu können, ist es daher notwendig, das Geschehen anhand gezielter Fragestellungen zu betrachten (Seidel, Dalehefte et al., 2005). Im Rahmen der Lernumgebung „LUV" (Seidel et al., 2004) wurden den Lehrpersonen im zweiten Teil des Programms (vgl. Abb. 2) strukturierte Aufgabenstellungen zu lehr-lernrelevanten Bereichen des Unterrichts vorgegeben, die die Lehrpersonen dabei unterstützen sollen, den Unterricht systematisch zu analysieren (vgl. Tab. 18).

Mit den Kodierungen zum Fokussiertheitsgrad der Analyse wurde nun untersucht, inwieweit die Teilnehmerinnen und Teilnehmer im Hinblick auf die Fragestellungen zentrale Informationen aus dem Geschehen herausfiltern und diese für eine Beantwortung der Frage zusammenführen. In verschiedenen inhaltlichen Ausprägungen wird der Grad der Fokussiertheit unterschieden. Die Ergebnisse zeigen, dass fast alle Personen auf relevante Ereignisse fokussieren und diese zu einer treffenden Beantwortung der Fragen zusammenführen (96.3%).

Bei vorgegebenen Aufgabenstellungen richten die Personen die Aufmerksamkeit problemlos auf zentrale Informationen und verarbeiten diese entsprechend. Dies liefert Hinweise darauf, dass die Lehrpersonen relevante Merkmale zu den Bereichen und Konzepten kennen und sie das Geschehen auf diese Aspekte hin fokussiert betrachten. Allerdings ist anzumerken, dass dies dadurch unterstützt worden sein kann, dass die Teilnehmerinnen und Teilnehmer vor jedem Aufgabenbereich eine kurze theoretische Einführung in das jeweils zugrunde liegende Konzept erhalten haben. Hier lässt sich nicht klar entscheiden, ob eine Auswahl relevanter Merkmale auch ohne eine derartige Einführung in diesem Maße gelungen wäre. Dieser Frage könnte jedoch im Rahmen des Projektes „LUV – Lernen aus Unterrichtsvideos" weiter nachgegangen werden, indem die Analysen von Personen verglichen werden, für die die Bedingung der instruktionalen Unterstützung variiert wurde (vgl. Tab. 14). Die Gruppe, die die Aufzeichnung unter der unstrukturierten Bedingung analysiert hat, bekam keine thematische Einführung und würde sich daher für einen Vergleich eignen.

Weiterhin könnte es von Interesse sein, die Kodierungen zum Fokussiertheitsgrad der Analyse weiter auszudifferenzieren. In den Ausprägungen wurde bisher lediglich unterschieden, ob eine treffende Beantwortung der Fragen im Hinblick auf eine Kombination relevanter Informationen vorgenommen wurde. Hierbei könnte jedoch weiter in den Blick genommen werden, inwieweit die Beantwortung der Fragen aus Expertensicht als richtig oder falsch einzuordnen ist. Dabei wäre es notwendig, die Fragen zu dem Unterrichtsgeschehen im Vorhinein von einer Gruppe von Experten beantworten zu lassen, sodass ein verlässlicher Maßstab für die Einordnung der Antworten zur Verfügung steht. Weiterhin ließe sich differenzieren, ob sich die vier Inhaltsbereiche Zielorientierung, Lernbegleitung, Umgang mit Fehlern und Rolle der Experimente darin unterscheiden, wie gut es den Teilnehmenden hier gelingt, die Fragen treffend zu beantworten. Dies könnte weitere Hinweise auf das Wissen der Lehrpersonen über die angesprochenen Aspekte liefern.

Umfang und Art der Klassifikation

In der Beobachtungsforschung wurde die Klassifikation, das Bündeln von Informationen zu Merkmalsklassen, als ein wichtiger Schritt beschrieben (Bortz & Döring, 1995; Seidel & Prenzel, in Druck). Hierbei wird eine kognitive Verarbeitung der Informationen unterstützt. Für die Wahrnehmung von Unterricht wurde dies als das Integrieren von Ereignissen in bestehende Wissensstrukturen übersetzt. Somit spielt das vorhandene Vorwissen für diese Teilkompetenz eine wichtige Rolle.

Die Kodierungen zum Umfang und zur Art der Klassifikation zielen in zwei Richtungen. Zum einen war es von Interesse zu untersuchen, inwieweit die Lehrpersonen eine Bündelung der Informationen zu Merkmalsklassen durchführen. Dieser Schritt, bei dem Informationen kognitiv verarbeitet werden, wird für eine vertiefende Analyse als wichtig erachtet. Zum anderen sollte die Frage näher beleuchtet werden, welche Wissensstrukturen den Analysen zugrunde liegen. Daher wurde in den Ausprägungen dieser Teilkompetenz die Unterscheidung zwischen einer Integration in Alltagskonzepte und einer Integration in Fachkonzepte vorgenommen. Bei einer Integration in Alltagskonzepte werden verschiedene Merkmale überwiegend anhand persönlicher Erfahrungen zu Konzepten zusammengefasst. Welche Merkmale als zugehörig eingestuft und wie die Konzepte benannt werden, basiert dabei hauptsächlich auf individuellen Vorstellungen. Die Integration in Fachkonzepte beschreibt dagegen eine Verarbeitung der Informationen, bei der fachlich fundierte Strukturen zugrunde liegen. Die Konzepte werden mit Fachbegriffen betitelt, und es ist definiert, welche Aspekte dem Konzept zuzurechnen sind. In den schriftlichen Analysen der Lehrpersonen wurde die Art der Klassifikation daran festgemacht, inwieweit die erkennbaren Konzepte mit fachlich üblichen Begriffen benannt wurden.

Die Ergebnisse für die Kodierungen zum Umfang und zur Art der Klassifikation zeigen, dass eine Klassifikation der Ereignisse von allen Teilnehmerinnen und Teilnehmern durchgeführt wird. Keine Person wurde der Ausprägung „Einzelereignisse" zugeordnet. Dies weist darauf hin, dass die Informationen überwiegend kognitiv weiterverarbeitet werden. Des Weiteren zeigt sich, dass der Großteil der Stichprobe (87.8%) durch die Ausprägung „Integration in Alltagskonzepte" charakterisiert wird, während die übrigen 12.2% durch die Ausprägung „Integration in Fachkonzepte" gekennzeichnet sind. Für die große Personengruppe, die eine Integration auf der Grundlage von Alltagsvorstellungen vornimmt, könnte der Befund bedeuten, dass bei diesen Personen kognitive Konzepte vorliegen, die aufgrund ihres Vorwissens überwiegend durch eigene Erfahrungen konstruiert wurden. Dabei fehlt jedoch eine Einbindung dieser Vorstellungen in lehr-lerntheoretische Bereiche.

Qualität der schriftlichen Dokumentation

Die Qualität der schriftlichen Dokumentation wurde schließlich aus dem Schritt der Systematisierung abgeleitet. In der Beobachtungsforschung stellen die schriftlichen Ausführungen, die während der Beobachtung verfasst werden, die Datengrundlage für die nachfolgenden Auswertungen dar. Hier ist es von Vorteil, wenn die Daten für möglichst viele verschiedene Fragestellungen nutzbar sind (Bortz & Döring, 1995). In der Wahrnehmung von Unterrichtsaufzeichnungen, wie sie in dieser Studie stattfindet, nehmen die Ausführungen für die beobachtenden Personen selbst die Funktion einer Gedächtnisstütze ein. Da es nicht möglich ist, alle Informationen über die gesamte Zeit der Beobachtung hinweg präsent zu halten, werden als wichtig erachtete Ereignisse schriftlich festgehalten. Diese Ausführungen spielen schließlich eine Rolle für Bewertungen oder Schlussfolgerungen in Bezug auf das Gesamtgeschehen.

Mit den Kodierungen zur Qualität der schriftlichen Dokumentation lassen sich die Ausführungen der Teilnehmerinnen und Teilnehmer qualitativ klassifizieren. So wurde unterschieden, ob sie eher als „Notizzettel" genutzt werden, auf dem während der Beobachtung Stichworte aufgeschrieben werden (Kodierung „Fragmente"), ob sie des Weiteren als „Hilfe zur Erinnerung" verstanden werden, indem zentrale Ereignisse notiert werden (Kodierung „Anker"), oder ob den Ausführungen eher eine Funktion als „ausführliches Protokoll" zukommt (Kodierung „angereicherte Dokumentation").

In den Ergebnissen zeigt sich, dass die größte Gruppe der Lehrpersonen (61%) durch die Ausprägung „Anker" gekennzeichnet wird. Hierbei werden zentrale Ereignisse zur Erinnerung notiert. Weitere 31.7% werden auf der Ausprägung „angereicherte Dokumentation" verortet. Hierbei enthalten die Notizen zusätzlich zu einzelnen Ereignissen beispielsweise Hinweise auf Erklärungen oder Zusammenhänge. Schließlich gibt es einen kleinen Teil von Lehrpersonen (7.3%), deren Notizen sich als „Fragmente" beschreiben lassen.

Insgesamt weisen die Ergebnisse darauf hin, dass die Notizen von den Lehrpersonen überwiegend als Hilfe zur Erinnerung verstanden werden. Als wichtig angesehene Ereignisse werden so festgehalten, dass sie anhand der Notizen im Weiteren erneut ins Gedächtnis gerufen werden können. Dagegen ergänzen nur relativ wenige Personen ihre Notizen mit Zusatzinformationen. Dieser Befund wirft die Frage auf, inwieweit weiterführende Überlegungen angestellt, diese jedoch nicht notiert werden. Hier sollte über eine mögliche Erweiterung der Erhebungsmethode nachgedacht werden. In Kombination mit Befunden zu weiteren Teilkompetenzen ergibt sich jedoch auch die Vermutung, dass generell wenige Überlegungen zu möglichen Erklärungen und Hintergründen von Ereignissen angestellt werden.

Umgang mit Wertung

Als letzter wichtiger Schritt wurde in der Beobachtungsforschung die Relativierung der eigenen Beobachtung angeführt (Bortz & Döring, 1995). Indem der Beobachtungsprozess reflektiert wird, werden die eigenen Eindrücke geprüft und objektiviert. Ein solcher Prozess wird auch für die Unterrichtswahrnehmung als relevant angesehen. Hier ist es zentral, dass die Hintergründe in den Blick genommen werden, vor denen bestimmte Wertungen entstanden sind. Ein solches Vorgehen hilft dabei, vorschnelles Urteilen zu verhindern (Atteslander, 1988) und Einschätzungen auf fundierter Grundlage vorzunehmen. Daher wurde eine Teilkompetenz beschrieben, für die betrachtet wird, welche Überlegungen zugrunde liegen, wenn Personen kritische Ereignisse beschreiben. Wie bei den anderen Kriterien wurden auch hier verschiedene Ausprägungen unterschieden.

In den Ergebnissen lassen sich insbesondere auf drei Ausprägungen bedeutsame Gruppen identifizieren. 31.7% der Personen zeichnen sich dadurch aus, dass sie keine kritischen Ereignisse in ihren Texten erwähnen. Weitere 32.9% beschreiben kritische Ereignisse und 24.4% bewerten kritische Ereignisse in ihren Ausführungen. Auf den beiden Ausprägungen, die durch das Nennen von Konsequenzen oder Handlungsalternativen beschrieben werden, lassen sich nur einzelne Personen verorten („Aufzeigen von Konsequenzen": 8.5%; „Aufzeigen von Handlungsalternativen": 2.4%).

Bei Personen, die in ihren Texten keine kritischen Ereignisse für Lehr-Lernprozesse erwähnen, stellt sich die Frage, inwieweit diese auf eine vertiefende Ebene des Geschehens vordringen konnten, auf der lehr-lernrelevante Aspekte sichtbar werden. Des Weiteren sind für die Untersuchung des Umgangs mit Wertung die Gruppen interessant, die kritische Ereignisse nennen. Diese Ereignisse werden von den Personen überwiegend beschrieben oder bewertet. Allerdings wird von den meisten Personen nicht expliziert, auf welcher Basis eine solche Bewertung des Geschehens zustande kommt. Es besteht somit die Gefahr einer subjektiven Verzerrung der Beobachtung (Atteslander, 1988).

Die in den Befunden beschriebene Tendenz lässt sich möglicherweise dadurch nachvollziehen, dass Lehrpersonen im realen Unterricht Informationen sehr schnell einordnen und bewerten müssen (Schweer & Thies, 2000). Hierbei besteht jedoch die Gefahr, dass Bewertungsprozesse routiniert ablaufen und eine Reflexion der Entscheidungen dadurch nicht mehr vorgenommen wird.

Einordnung der Befunde in den Stand der Forschung

In verschiedenen Studien werden Lehrpersonen als ungeschulte Beobachter eingestuft (Roth, 2004; Santagata, 2003). Ungeschulte Beobachter sind in der Beobachtungsforschung dadurch charakterisiert, dass sie vor allem auf oberflächliche Aspekte des Geschehens achten (Atteslander, 1988; Evertson & Green, 1986; Feger, 1983). Dieses Bild zeigt sich auch in den Ergebnissen der vorliegenden Studie. Der Analyseprozess der Teilnehmerinnen und Teilnehmer lässt sich dadurch kennzeichnen, dass Ereignisse vor allem beschrieben werden. Das Erklären des Geschehens und das Einordnen in bestehende Wissensstrukturen, die als zwei weitere wichtige Aspekte der vertiefenden Analyse herausgestellt wurden (Bortz & Döring, 1995), findet nur selten statt. Dies weist darauf hin, dass bei der Wahrnehmung von Unterrichtssituationen nur begrenzt auf bestehendes Wissen zurückgegriffen wird. Das Wissen scheint losgelöst von aktuellen Unterrichtsereignissen verankert zu sein. Dies wird auch in Forschungen zum „trägen Wissen" herausgestellt (Renkl, 1996). An verschiedenen Stellen wird betont, dass vorhandenes Wissen dann nicht zum Tragen kommt, wenn sich die Situation, in der das Wissen erworben wurde, und die Situation, in der das Wissen angewendet werden soll, zu stark voneinander unterscheiden (Gerstenmaier & Mandl, 1995). Ansätze des situierten Lernens versuchen Umgebungen zu schaffen, in denen das Lernen möglichst authentisch und nah an realen Anwendungssituationen stattfinden kann (Fölling-Albers, Hartinger, & Mörtl-Hafizovic 2004). Wie bereits zu Beginn dieser Arbeit herausgestellt wurde, wird insbesondere in der Arbeit mit Videoaufzeichnungen in der Aus- und Weiterbildung von Lehrpersonen ein Potential dafür gesehen, eine Verbindung von theoretischem Wissen mit realen Unterrichtssituationen zu unterstützen (Reusser, 2005).

Für die kompetente Unterrichtswahrnehmung ergibt sich aus diesen Befunden heraus jedoch die Frage, inwieweit die Ereignisse in ihrer Funktion innerhalb von Lehr-Lernprozessen erkannt und eingeordnet werden konnten. Die Ergebnisse aus den Kodierungen zum Umgang mit Wertung lassen weiterhin vermuten, dass ein Großteil der Personen keine kritischen Ereignisse wahrnimmt. Bei den Personen, die kritische Ereignisse für das Lehren und Lernen beschreiben beziehungsweise diese zusätzlich bewerten, wäre es von Interesse zu untersuchen, inwieweit die genannten Ereignisse mit Aspekten übereinstimmen, die in Forschungen zur Unterrichtsqualität als zentral für Lehr-Lernprozesse herausgestellt werden (Kobarg, 2007). Im Hinblick auf die Funktion der vertiefenden Analyse von Unterrichtsaufzeichnungen als Indikator für das Potential der Lehrpersonen, lehr-lernrelevante Aspekte auch im realen Unterrichtsgeschehen zu erkennen, ist zu vermuten, dass sich auch dort die Wahrnehmung relativ losgelöst von vorhandenen theoretischen Wissensstrukturen vollzieht und vermehrt erfahrungsbasierte Strukturen die Wahrnehmungsprozesse steuern.

Diese Annahme wird von weiteren Befunden der vorliegenden Untersuchung unterstützt. In den Kodierungen zum Fokussiertheitsgrad der Analyse hat sich gezeigt, dass Lehrpersonen anhand vorgegebener Aufgabenstellungen gezielt relevante Ereignisse auswählen und diese in Hinblick auf eine Beantwortung der Fragen zusammenführen. Gleichzeitig ergab sich in Bezug auf die Art der Klassifikation, dass eine Integration von Ereignissen in übergeordnete Konzepte überwiegend auf alltagssprachlicher Ebene vollzogen wird. Dies weist darauf hin, dass die Teilnehmerinnen und Teilnehmer die fachlichen Konzepte, die in den Aufgabenstellungen angesprochen werden, nachvollziehen können und entsprechend relevante Merkmale im Unterrichtsgeschehen erkennen. Gleichzeitig scheinen ihnen in der selbständigen Beschreibung der Situationen die Begrifflichkeiten für derartige Konzepte zu fehlen. Dies spiegelt bereits vorliegende Befunde wider, die darauf hinweisen, dass sich Lehrpersonen nur selten einer gemeinsamen Fachsprache bedienen (Ostermeier, Carstensen, Prenzel, & Geiser, 2004; Prenzel, 2000). Dieses Ergebnis wird im Rahmen der Professionalitätsdebatte von Lehrpersonen immer wieder diskutiert (Bromme, 2000; Terhart, 2000), da das Fehlen einer geteilten Fachsprache unweigerlich den fachlichen Austausch innerhalb der Profession und zwischen Professionen erschwert. Auch hierfür wurde die Arbeit mit Unterrichtsaufzeichnungen als vielversprechend angeführt. Über den Austausch zwischen Lehrpersonen über Unterricht besteht die Möglichkeit, eine solche Fachsprache zu entwickeln (Seidel, Prenzel, Rimmele, Schwindt et al., 2006).

Die Befunde zu den Teilkompetenzen in der Unterrichtsanalyse zeigen, dass das Wissen, das den Wahrnehmungsprozessen zugrunde liegt, weniger theoretisch fundiert als vielmehr praktisch entwickelt und konstruiert zu sein scheint. Vor dem Hintergrund, dass Wissen im theoretischen Teil dieser Arbeit als zentral für die Auswahl und die Interpretation von wahrgenommenen Ereignissen herausgestellt wurde, erscheint es für das Erkennen lehr-lernrelevanter Merkmale im Unterricht wichtig, eine theoretisch fundierte Wissensgrundlage zu schaffen. Zum einen bestätigt dies die Notwendigkeit der Verknüpfung von theoretischem Wissen mit realen Unterrichtssituationen, zum anderen weist dies darauf hin, dass dem Aufbau und dem Aufrechterhalten von theoretisch fundiertem Wissen ein hohes Gewicht für das Erkennen und das Einordnen relevanter Aspekte zukommt.

Theoretisches Wissen wurde mit Bromme (1997) als ein Teil der professionellen Handlungskompetenz herausgestellt. In Konzeptionen, die dieses Wissen weiter konkretisieren, wurden verschiedene Wissensarten unterschieden. Als zentral werden immer wieder die Wissensarten fachliches Wissen, didaktisches Wissen und pädagogisches Wissen genannt, die von verschiedenen Autoren um jeweils unterschiedliche weitere Wissensarten, wie beispielsweise Organisationswissen, ergänzt werden (Baumert & Kunter, 2006; Bromme, 1992, 1997; Darling-Hammond et al., 2005; Helmke, 2003; Lipowsky et al., 2003; Shulman, 1987).

Die Befunde der vorliegenden Studie unterstützen vor allem die Relevanz von didaktischem und pädagogisch-psychologischem Wissen für das Erkennen lehrlernrelevanter Aspekte. Dies ergänzt verschiedene Untersuchungen, die insbesondere das fachliche Wissen als zentral betonen (Brunner, Kunter, Krauss, Klusmann et al., 2006; Hill, Rowan & Ball, 2005). Das fachliche Wissen (hier über die Fakultas der Teilnehmerinnen und Teilnehmer erhoben) stellte sich in dieser Untersuchung hingegen als weniger bedeutsam für das Erkennen und Verarbeiten zentraler Ereignisse heraus. In der Weiterführung ergibt sich die Frage nach dem Zusammenhang der kompetenten Unterrichtsanalyse mit weiteren Aspekten der Professionalität. Hierzu können weitere Wissensarten, wie die fachliche Expertise, aber auch Überzeugungen oder letztlich das reale Handeln der Lehrpersonen (Kobarg, 2007) in den Blick genommen werden.

9.1.2 Kompetenzprofile

Eine weitere Frage der Arbeit richtete sich auf das Zusammenspiel der theoretisch entwickelten Teilkompetenzen. Dazu wurden drei Teilaspekte in den Blick genommen. Im Hinblick auf die Dimensionalität der Gesamtkompetenz in der Wahrnehmung von Unterrichtsaufzeichnungen wurde untersucht, ob die Kriterien als einzelne Kompetenzkomponenten betrachtet werden können, denen jeweils eine eigene Erklärungsmacht in Bezug auf die Varianz zukommt, oder ob sie zu Kompetenzbereichen zusammengefasst werden sollten. Des Weiteren wurden die Profile untersucht, die sich für die einzelnen Personen über die Teilkompetenzen hinweg durch die Zuweisung zu den jeweiligen Ausprägungen ergeben haben. Hierbei war es von Interesse zu beleuchten, ob sich für die Personen stabile Profile beschreiben lassen und ob diese unabhängig von bestimmten Qualitätsstufen der Teilkompetenzen sind. Die Befunde zu den genannten Untersuchungen werden im Folgenden zusammengefasst und diskutiert.

Die theoretische Grundlage für die fünf Teilkompetenzen stellen zentrale Aspekte aus der Beobachtungsforschung dar. Die Selektion, Abstraktion, Klassifikation, Systematisierung und Relativierung werden gemeinsam als relevant für das Durchführen einer systematischen und möglichst objektiven Beobachtung herausgestellt (Bortz & Döring, 1995; Seidel & Prenzel, in Druck). Vor diesem Hintergrund werden auch die aus den genannten Schritten abgeleiteten Teilkompetenzen als fünf zusammenhängende Komponenten der Gesamtkompetenz in der Wahrnehmung von Unterrichtsaufzeichnungen betrachtet. Gemeinsam können sie als zentrale Aspekte für die Durchführung einer vertiefenden Analyse angenommen werden.

Anhand der Daten zeigt sich, dass alle Teilkompetenzen miteinander zu einem gewissen Grad korrelieren, allerdings nicht so hoch, dass sie zu Kompetenzbereichen zusammengefasst werden müssten. Jedes Kompetenzpaar erklärt gemeinsam einen bestimmten Teil der Gesamtvarianz. So kann geschlussfolgert werden, dass allen Kriterien eine wichtige Rolle für die Beschreibung der Gesamtkompetenz zukommt. Zudem zeigt sich, dass es für einen bedeutsamen Anteil an Personen innerhalb der Stichprobe gelingt, stabile Profile über die Teilkompetenzen hinweg zu identifizieren. Dies ist des Weiteren unabhängig von verschiedenen Qualitätsstufen der Kriterien möglich.

Neben dem Ziel, mehr darüber zu erfahren, über welche Kompetenzen Lehrpersonen im Hinblick auf bestimmte Kriterien der vertiefenden Unterrichtsanalyse verfügen, kommt dieser Arbeit auch das Potential zu, Ansatzpunkte für eine Instrumentenentwicklung im Hinblick auf die Diagnose von Kompetenzen aufzuzeigen. Mit den entwickelten Kodierverfahren ist es möglich, offene Antwortformate hinsichtlich verschiedener Kriterien für die kompetente Unterrichtsanalyse auszuwerten. Damit liefert die Arbeit einen Beitrag zur systematischen Erfassung von Wahrnehmungskompetenzen bei Lehrpersonen. Dies ist ein viel versprechendes Vorgehen, da in dem Bereich der Kompetenzerfassung mithilfe der Analyse von Unterrichtsaufzeichnungen durch Lehrpersonen bisher kaum ausgereifte Diagnoseinstrumente vorliegen (Klieme & Leutner, 2006; Seidel, Schwindt, Kobarg & Prenzel, in Druck). Insbesondere die Befunde zum Zusammenspiel der theoretisch entwickelten Teilkompetenzen sind hilfreich, um erste Hinweise auf relevante Kriterien der Wahrnehmungskompetenz abzuleiten.

Die entwickelten Teilkompetenzen zeigen sich in der vorliegenden Untersuchung alle als bedeutsam für die Gesamtkompetenz in der Wahrnehmung von Unterrichtsaufzeichnungen. Im Hinblick auf ein Diagnoseinstrument, das Aussagen für eine große Gruppe von Personen in möglichst kurzer Zeit liefern sollte, stellt sich allerdings die Frage, ob eine gleiche Qualität an Informationen auch mit geringerem Aufwand zu erlangen ist. Die einzelnen Kodierverfahren, mit denen die Teilkompetenzen der Lehrpersonen erfasst wurden, erforderten für die Kodierungen der Ausführungen von 135 Personen in der hier vorliegenden Form jeweils durchschnittlich 15 Stunden. Für eine ökonomischere Handhabung sind daher zwei Aspekte denkbar:

(1) Aus der Diskussion der Befunde zu den Teilkompetenzen der Lehrpersonen in der Unterrichtsanalyse lassen sich zwei zentrale Aussagen ableiten. Die Ergebnisse zum Analyseprozess, zur Qualität der schriftlichen Dokumentation und zum Umgang mit Wertung lassen erkennen, wie differenziert die Analyse der Unterrichtsaufzeichnungen vorgenommen wurde. Dies liefert Ansatzpunkte dafür, ob angenommen werden kann, dass die Personen auf eine tieferliegende Ebene des Unterrichtsgeschehens vordringen und so die Möglichkeit haben, lehr-lernrelevante

Aspekte zu erkennen. Die Kodierungen zum Fokussiertheitsgrad der Analyse und zum Umfang und der Art der Klassifikation weisen dagegen auf Wissensstrukturen hin, die den jeweiligen Wahrnehmungsprozessen zugrunde liegen. Wie bereits angemerkt, sollten bei diesen Verfahren die vorliegenden Ausprägungen weiter ausdifferenziert werden. Zudem wäre zu überlegen, diesen Bereich mit Verfahren zu kombinieren, die erfassen, welche relevanten Aspekte von den Personen im Unterrichtsgeschehen tatsächlich erkannt werden (Kobarg, 2007).

Eine solche Bündelung der Befunde gibt Anlass zu Überlegungen, vor dem Hintergrund einer ökonomischen Realisierbarkeit einzelne Teilkompetenzen zu übergeordneten Bereichen zusammenzufassen. So könnten die Kodierungen zum Analyseprozess, zur Qualität der schriftlichen Dokumentation und zum Umgang mit Wertung als Kompetenzkomponente der vertiefenden Analyse bezeichnet werden. Der Fokussiertheitsgrad der Analyse und der Umfang und die Art der Klassifikation könnten eine Komponente darstellen, die sich auf vorhandene Wissensstrukturen bezieht. Es würden zwei Kodierverfahren, die die unterschiedlichen Aspekte der zusammengefassten Teilkompetenzen berücksichtigen, ausreichen, um umfangreiche Informationen zur kompetenten Unterrichtswahrnehmung von Lehrpersonen zu erlangen.

(2) Eine weitere Überlegung zur Reduktion des Erfassungsaufwandes ergibt sich aus dem in Abschnitt 7.4.2 berichteten Befund, dass die meisten Personen auf den jeweiligen Teilkompetenzen über die Aufgabenbereiche Kommentar, Beschreibung der Unterrichtsstunde und Beantwortung der Fragestellungen hinweg durch die gleichen inhaltlichen Ausprägungen gekennzeichnet werden können. Es könnte daher in Betracht gezogen werden, aus den jeweils 16 (beziehungsweise 14) Beobachtungseinheiten, auf die sich die Kodierungen derzeit beziehen, einzelne repräsentative Einheiten auszuwählen. Dafür wäre zu untersuchen, ob eine Reduktion der Textgrundlage, beispielsweise auf die Beschreibung der Unterrichtsstunde und die Beantwortung jeweils einer Frage zu jedem der vier Inhaltsbereiche den Informationsgehalt erhalten könnte.

Zusammenfassung

Die in dieser Arbeit zugrunde gelegten Teilkompetenzen haben sich alle als aussagekräftige Kriterien für die Beschreibung der Gesamtkompetenz in der Wahrnehmung von Unterrichtsaufzeichnungen erwiesen. Dennoch wurden aus Gründen einer zeitlich ökonomischen Umsetzung im Rahmen einer Kompetenzdiagnostik Überlegungen angestellt, verschiedene Teilkompetenzen zu Kompetenzkomponenten zusammenzufassen oder den Umfang des Datenmaterials, das den Kodierungen zugrunde liegt, zu reduzieren.

9.1.3 Unterschiede in den Analysen zwischen Personen mit verschiedenem Hintergrund

Ein weiteres Anliegen dieser Arbeit ist es, mehr darüber zu erfahren, wie sich Personen, die über verschiedene wahrnehmungsrelevante Voraussetzungen verfügen, in ihrer Analyse von Unterrichtsaufzeichnungen unterscheiden. Wissen und Erfahrung wurden im theoretischen Teil als wichtige Komponenten herausgestellt, die sich auf Wahrnehmungsprozesse auswirken. Beides sind Komponenten des professionellen Wissens, das Wahrnehmung neben anderen Faktoren strukturiert. Es wurde angenommen, dass theoretisches Wissen kognitive Strukturen bereitstellt, die die Wahrnehmung lenken und vor deren Hintergrund Informationen verarbeitet werden. Erfahrung in der Wahrnehmung von Unterricht könnte es zudem ermöglichen, eine routinierte Auswahl formaler Informationen zu treffen, sodass kognitive Kapazitäten für die Aufnahme und die Verarbeitung inhaltlicher Informationen frei werden. Aufgrund dessen lag ein weiteres Interesse dieser Untersuchung darin zu beleuchten, wie sich Unterschiede im Wissen und in den Erfahrungen bei Lehrpersonen auf ihre Analyse von Unterrichtsaufzeichnungen auswirken. Es wurden Personengruppen miteinander verglichen, von denen anzunehmen ist, dass sie über unterschiedliches Wissen und unterschiedliche Erfahrungen verfügen. In der vorliegenden Studie konnten Lehrpersonen, Studierende und Personen aus der Schulinspektion in den Blick genommen werden. Die Lehrpersonen wurden als Gruppe mit eingeschränktem Wissen und umfangreicher Erfahrung betrachtet. Es wurde angenommen, dass bei ihnen theoretisches Wissen durch persönliche Erfahrungen überlagert ist, jedoch die Unterrichtspraxis umfangreiche Erfahrung in der Wahrnehmung von Unterrichtssituationen liefert. Die Studierenden wurden als Gruppe mit differenziertem Wissen und eingeschränkter Erfahrung bezeichnet, was sich durch ihren Stand in der Ausbildung zum Lehrberuf ergibt. Sie erlernen theoretische Konzepte zum Lehren und Lernen, haben jedoch nur eingeschränkte Möglichkeiten, in der realen Unterrichtspraxis Erfahrungen zu sammeln und Unterricht zu betrachten. Schließlich wurden die Personen aus der Schulinspektion als Teilstichprobe mit differenziertem Wissen und umfangreicher Erfahrung eingeordnet. Da ihre Tätigkeit die Beobachtung und Bewertung von Unterricht beinhaltet, wird angenommen, dass diese Personen sowohl über Erfahrung in der Unterrichtswahrnehmung als auch über theoretisches Wissen über qualitativ relevante Aspekte im Unterrichtsgeschehen verfügen. Um zentrale Unterschiede zwischen den Gruppen herauszustellen, wurden wiederum die Teilkompetenzen betrachtet und für die jeweiligen Teilstichproben hinsichtlich der inhaltlichen Ausprägungen differenziert. Die Ergebnisse des Vergleichs werden im Folgenden für die einzelnen Kriterien zusammengefasst und anschließend in den Stand der Forschung eingeordnet.

Im Hinblick auf den Analyseprozess ist es von Interesse, wie sich die Personen mit unterschiedlichem Hintergrund darin unterscheiden, welche Schritte der Analyse sie vornehmen. Es wurden die Ausprägungen „Beschreibung", „Bewertung", „Erklärung" und „3-Schritt der Analyse" unterschieden. Die Ergebnisse für die Gesamtstichprobe zeigen, dass vor allem einzelne Schritte der Analyse durchgeführt werden, hingegen nur selten alle drei Schritte in den Ausführungen identifiziert werden können. Für die Ausprägungen „Beschreibung", „Bewertung" und „Erklärung" ergeben sich für die Gesamtstichprobe ungefähr gleich große prozentuale Gruppenanteile, sodass nun in den Blick genommen wurde, wie sich die Personen der Teilstichproben auf diese Ausprägungen verteilen. Es wurde davon ausgegangen, dass Lehrpersonen vermehrt eine globale Analyse durchführen, die Studierenden durch mittlere Differenziertheit gekennzeichnet werden und die Personen aus der Schulinspektion einen hohen Grad an Differenziertheit in ihren Analysen erreichen.

Die Ergebnisse weisen ein zum Teil unerwartetes Bild auf. Es zeigen sich ähnliche Verteilungen auf die einzelnen Ausprägungen für die Lehrpersonen und die Personen aus der Schulinspektion. In beiden Gruppen werden überwiegend die Schritte „Beschreibung" und „Bewertung" vollzogen. Eine andere Verteilung ergibt sich dagegen für die Studierenden, die sich mit 63.2% auf der Ausprägung „Erklärung" verorten lassen. Damit lässt sich für die Gruppe der Lehrpersonen die Erwartung einer globalen Analyse bestätigen. Auch für die Gruppe der Studierenden wurde eine Analyse mit mittlerem Differenziertheitsgrad vermutet. Jedoch ergab sich für die Personen aus der Schulinspektion ein unerwartetes Ergebnis. Vor dem Hintergrund des differenzierten Wissens und der umfangreichen Erfahrung wurde ein höherer Grad an Differenziertheit in der Analyse angenommen. Der Befund, dass die Ereignisse überwiegend beschrieben oder bewertet werden, weist dagegen eher auf eine globale Analyse hin. Der varianzanalytische Vergleich der Teilstichproben zeigte einen signifikanten Unterschied mit einer Effektgröße von $\eta^2 = .26$. Nach einer Klassifikation von η^2 durch Cohen (1988) kann ein $\eta^2 = 0.01$ als kleine, $\eta^2 = 0.06$ als mittlere und $\eta^2 = 0.14$ als große Effektstärke interpretiert werden. Diese Werte entsprechen jeweils einem f-Wert von $f = 0.10$ (kleine Effektstärke), $f = 0.25$ (mittlere Effektstärke) und $f = 0.40$ (große Effektstärke) (Cohen, 1988). Dies bedeutet für die vorliegende Analyse, dass die Unterschiede im Wissen und in der Erfahrung der unterschiedlichen Personengruppen einen großen Effekt auf die Kompetenzen im Analyseprozess ausüben.

Für die Lehrpersonen und die Personen aus der Schulinspektion scheinen das Beschreiben und das Bewerten von Ereignissen im Mittelpunkt zu stehen. Dies könnte durch ihre Erfahrung im Rahmen der eigenen Unterrichtspraxis begründet sein, bei der häufig ein schnelles Einordnen von Ereignissen notwendig ist. Durch umfassende Erfahrung wurden Routinen entwickelt, die es ermöglichen, dass derartige Entscheidungsprozesse automatisch ablaufen. Auf der einen Seite helfen solche Routinen in der Unterrichtspraxis. Sie bringen allerdings auch die Gefahr mit sich, dass Bewertungen pauschal vollzogen und nicht der Situation angepasst werden. Gerade eine Analyse von Unterrichtsaufzeichnungen bietet jedoch die Möglichkeit, diese Routinen aufzubrechen und das Geschehen auf einer tieferen Ebene zu betrachten.

Die Studierenden werden überwiegend durch die Ausprägung „Erklärung" charakterisiert. Hieraus kann abgeleitet werden, dass sie über theoretisches Wissen verfügen, vor dessen Hintergrund sie die Ereignisse verarbeiten. Hingegen bewerten sie das Geschehen nicht im Hinblick auf Lehr-Lernprozesse. Sie scheinen auf tieferliegende Ebenen des Unterrichts vorzudringen, wissen letztlich aber nicht, wie bestimmte Ereignisse für das Lernen von Schülerinnen und Schülern eingeordnet werden können.

Unterschiede zwischen den Teilstichproben im Fokussiertheitsgrad der Analyse

Auch innerhalb des Fokussiertheitsgrades der Analyse wurden Unterschiede in Abhängigkeit von Wissen und Erfahrung erwartet. Für diese Teilkompetenz wurden die Ausprägungen „unfokussiert", „Fokus auf gezielte Fragen" und „Beantwortung der Fragen" differenziert. Wie bei den anderen Teilkompetenzen wurde auch hier davon ausgegangen, dass Wissen und Erfahrung zu einer fokussierten Analyse und einer gezielten Beantwortung der Fragen beitragen. Die Ergebnisse für die Gesamtstichprobe zeigen jedoch, dass es keinen Unterschied zwischen den Personen im Hinblick auf den Fokussiertheitsgrad in der Analyse gibt. Alle Teilnehmerinnen und Teilnehmern beantworten die gezielten Fragen, die im Rahmen der Lernumgebung vorgegeben wurden, treffend. Für die Personen der Teilstichproben mit unterschiedlichem Vorwissen und unterschiedlichen Erfahrungen kann hier somit kein Unterschied aufgezeigt werden. Auch dies deutet auf den bereits oben erwähnten Umstand hin, dass der Unterschied im theoretischen Vorwissen möglicherweise dadurch reduziert wurde, dass zu Beginn jedes Aufgabenkomplexes eine kurze inhaltliche Einführung in den Themenbereich gegeben wurde. Hier wäre eine weitere Unterscheidung hinsichtlich einer richtigen oder falschen Beantwortung der Fragen aufschlussreich.

Unterschiede zwischen den Teilstichproben in Umfang und Art der Klassifikation

Die Teilkompetenz der Klassifikation beschreibt das Zusammenfügen von einzelnen Informationen zu übergeordneten Konzepten. Hierbei erfolgt eine Integration in bestehende Wissensstrukturen. Vor diesem Hintergrund wurden in Abhängigkeit von theoretischem Wissen und Erfahrung Unterschiede in der Art der Klassifikation vermutet. Für die Teilkompetenz wurden „Einzelereignisse", die „Integration in Alltagskonzepte" und die „Integration in Fachkonzepte" unterschieden. In den Ergebnissen für die Gesamtstichprobe zeigte sich eine Gruppe von 87.8% im Bereich der Integration in Alltagskonzepte und eine etwas kleinere Gruppe von 12.2% auf der Ausprägung Integration in Fachkonzepte. Für die Unterscheidung zwischen den Teilstichproben wird vor dem unterschiedlichen Wissenshintergrund vermutet, dass sich die Lehrpersonen hauptsächlich in der Gruppe wiederfinden, die eine Integration in Alltagskonzepte vornimmt. Für die Studierenden und die Personen aus der Schulinspektion wurde aufgrund ihrer differenzierten Wissensbasis hingegen angenommen, dass sie eher in der Gruppe vertreten sind, die eine Integration in Fachkonzepte durchführt.

Die Befunde für den Vergleich der Teilstichproben im Hinblick auf die Klassifikation zeigen allerdings keinen signifikanten Unterschied zwischen den Gruppen. Prozentual haben zwar die Studierenden und die Personen aus der Schulinspektion jeweils einen größeren Anteil an Personen in der Gruppe, die eine Integration in Fachkonzepte vollzieht. In allen drei Gruppen überwiegen aber die Personen, die einzelne Ereignisse in Alltagskonzepte einordnen. Die Ergebnisse zeigen zwar keine signifikanten Unterschiede zwischen den Teilstichproben, sie weisen jedoch in die erwartete Richtung und die Effektgröße von $\eta^2 = 0.10$ ist als mittelgroß zu interpretieren (Cohen, 1988). Verfügen Personen über differenzierteres Wissen, werden Ereignisse eher in übergeordnete Fachkonzepte integriert. Das vorhandene Wissen scheint dazu beizutragen, dass Ereignisse in Fachkonzepte eingebettet werden. Auch hier zeigt sich jedoch die Schwierigkeit der Verknüpfung von theoretischem Wissen mit praktischen Unterrichtssituationen.

Mit einer größeren Stichprobe wäre zu überprüfen, ob sich diese Unterschiede als signifikant herausstellen. Hieraus ergeben sich Anhaltspunkte dafür, dass die Kodierungen zum Umfang und zur Art der Klassifikation Hinweise auf vorhandene Wissensstrukturen liefern können.

*Unterschiede zwischen den Teilstichproben in der Qualität
der schriftlichen Dokumentation*

Die schriftliche Dokumentation dient für die Beobachtung von Unterrichtsaufzeichnungen als Erinnerungshilfe. In der Gesamtstichprobe zeigt sich, dass die Mehrheit der Personen relevante Ereignisse notierte, sodass diese im weiteren Verlauf der Beobachtung nicht in Vergessenheit geraten (Ausprägung „Anker"). Jedoch zeichnen sich auch Personengruppen durch die Ausprägungen „Fragmente" und „angereicherte Dokumentation" aus. Im Hinblick auf die Auswirkungen von verschiedenem Vorwissen und unterschiedlichen Erfahrungen auf die Analyse war es hier von Interesse zu untersuchen, wie sich die Teilstichproben auf die Gruppen verteilen, die auf den einzelnen Ausprägungen verortet werden. Wissen und Erfahrungen dürften dabei eine Rolle spielen, wie umfangreich und detailliert die Notizen angelegt werden.

Es stellte sich heraus, dass sich die Studierenden in der Qualität der Notizen von den anderen beiden Gruppen unterscheiden. Die Lehrpersonen und die Personen aus der Schulinspektion werden überwiegend durch das Notieren von Ereignissen als Gedächtnisanker beschrieben. Der Großteil der Studierenden befindet sich hingegen auf der Ausprägung „angereicherte Dokumentation". Die errechnete Effektgröße von $\eta^2 = 0.33$ ist als groß einzustufen (Cohen, 1988). Auch hier scheinen das Wissen und die Erfahrung einen großen Einfluss auf die Qualität der schriftlichen Dokumentation zu haben. Die umfangreiche Erfahrung der Lehrpersonen und der Personen aus der Schulinspektion könnte wiederum eine Erklärung dafür sein, dass nur wenige Zusatzinformationen notiert werden. Es ist vorstellbar, dass Einzelinformationen sofort gebündelt und Schlussfolgerungen gezogen werden. Das Endergebnis wird schließlich schriftlich notiert. Studierenden, die hingegen über weniger Erfahrung mit der Wahrnehmung von Unterricht verfügen, fehlen Routinen für die Informationsverarbeitung. Daher ist es denkbar, dass sie die wahrgenommenen Informationen in den Ausführungen beschreiben, ohne sie weiterführend integriert zu haben. Es wäre anzunehmen, dass das Fehlen von Routinen zur Auswahl von Ereignissen zu einer höheren kognitiven Belastung bei der Wahrnehmung von Unterrichtsaufzeichnungen führt. In der Befragung im Anschluss an die Arbeit mit der Lernumgebung (Evaluationsfragebogen) zeigten sich jedoch keine Unterschiede zwischen den Teilstichproben hinsichtlich der empfundenen mentalen Belastung (Seidel & Prenzel, 2007).

Unterschiede zwischen den Teilstichproben im Umgang mit Wertung

Die Relativierung der eigenen Wahrnehmung wurde in der Beobachtungsforschung als wichtiger Schritt beschrieben (Bortz & Döring, 1995). Dies wurde für die Wahrnehmung von Unterrichtsaufzeichnungen in die Teilkompetenz im Umgang mit Wertung übertragen. Insgesamt ergibt sich für die Gesamtstichprobe ein relativ globaler Umgang mit Wertung. Hauptsächlich werden die Analysen dadurch charakterisiert, dass entweder keine kritischen Ereignisse genannt werden oder kritische Ereignisse beschrieben beziehungsweise zusätzlich bewertet werden. Das Aufzeigen von Konsequenzen oder Handlungsalternativen kommt nur in wenigen Fällen vor. Für Wissen und Erfahrung ist wiederum ein Einfluss auf den Umgang mit Wertung denkbar. Es wurde angenommen, dass differenziertes Wissen und umfangreiche Erfahrung einen eher differenzierten Umgang mit Wertung ermöglichen. Eingeschränktes Wissen oder wenig Erfahrung dürfte hingegen vermehrt dazu führen, dass die Bewertung von Ereignissen auf globaler Ebene vorgenommen wird.

In der Gruppe der Studierenden werden überwiegend keine kritischen Ereignisse benannt. Die Lehrpersonen werden mit relativ ausgeglichenen Anteilen den Ausprägungen „keine kritischen Ereignisse", „kritische Ereignisse" und „Bewertung kritischer Ereignisse" zugeordnet. Schließlich zeigen sich für die Personen aus der Schulinspektion eine große Gruppe im Bereich des Beschreibens kritischer Ereignisse sowie eine weitere bedeutsame Gruppe beim Bewerten kritischer Ereignisse.

Für den Umgang mit Wertung wird deutlich, dass sich die Studierenden und die Personen aus der Schulinspektion signifikant voneinander unterscheiden. Die Effektgröße von $\eta^2 = 0.10$ ist als mittelgroß einzustufen (Cohen, 1988).

Auffallend ist bei diesen Ergebnissen, dass die Studierenden scheinbar sehr vorsichtig mit einer Bewertung von Ereignissen umgehen. Ein Großteil der Studierenden nennt keine kritischen Ereignisse. Es ist denkbar, dass dies durch den Umstand beeinflusst wird, dass in der Ausbildung von Studierenden nur selten mit Reflexion oder Diskussion über Unterricht gearbeitet wird und häufig das Lernen am Modell eine wichtige Rolle spielt. Studierende erhalten und erwarten Unterrichtsbeispiele, die ihnen zeigen, wie guter Unterricht aussieht. Obwohl gegenüber den Studierenden in der Veranstaltung deutlich gemacht wurde, dass es sich innerhalb der Lernumgebung nicht um eine „best-practice"-Stunde handelt, dürfte das Vorgehen bei der Beobachtung von Unterricht jedoch durch die übliche Praxis geprägt sein. Die fehlende Erfahrung in der Wahrnehmung von Unterricht könnte hier dazu beitragen, dass Ereignisse nur selten als kritisch eingestuft werden.

Im Gegensatz zu den Studierenden fällt bei der Verteilung der Gruppe der Personen aus der Schulinspektion auf, dass vor allem das Beschreiben und das Bewerten von kritischen Ereignissen im Vordergrund zu stehen scheinen. Auch hier ist es denkbar, dass die Berufspraxis, bei der die Personen mit der Beobachtung und Bewertung von Unterricht betraut sind, die Arbeit mit der Unterrichtsaufzeichnung beeinflusst. Die Berufserfahrung könnte sich in Automatismen abbilden, die ein schnelles Erkennen und Einordnen von kritischen Unterrichtssituationen ermöglichen.

Einordnung der Befunde in den Stand der Forschung

Die vorliegenden Befunde zu Unterschieden zwischen den Teilstichproben in der kompetenten Unterrichtswahrnehmung werden schließlich in Ergebnisse bisheriger Studien aus der Expertiseforschung eingeordnet (Berliner 1987). Die Analyse der Unterrichtsaufzeichnungen durch die Studierenden wird durch das Beschreiben von Einzelereignissen gekennzeichnet, die zu Konzepten zusammengefasst werden, jedoch ohne dass sie hinsichtlich ihrer Bedeutung für Lehr-Lernprozesse eingeordnet werden. Zudem erstellen sie umfangreiche Notizen mit Hinweisen auf mögliche Erklärungen und Hintergrundinformationen zu den wahrgenommenen Situationen. Diese Art der Verarbeitung von Wahrnehmungsprozessen entspricht den Ergebnissen, die verschiedene Studien der Expertiseforschung für die Wahrnehmungskompetenz von Novizen berichteten (Carter et al., 1988; Carter et al., 1987; Hanninen 1985). Novizen zeichnen sich dadurch aus, dass detaillierte Einzelinformationen wahrgenommen und kaum Schlussfolgerungen über das Geschehen angestellt werden. Im Weiteren weist das vorliegende Ergebnis darauf hin, dass das differenzierte theoretische Wissen eine wichtige Grundlage dafür darzustellen scheint, Ereignisse in übergeordnete Konzepte zu integrieren. Gleichzeitig lässt die fehlende lehr-lerntheoretische Einordnung vermuten, dass eine Verknüpfung des theoretischen Wissens mit praktischen Unterrichtssituationen weitgehend fehlt (Stark & Mandl, 2000).

Die Kompetenz der Lehrpersonen in der Wahrnehmung von Unterrichtsaufzeichnungen zeichnet sich hingegen durch das Beschreiben und Bewerten von Ereignissen aus, ohne dass die Ausführungen Hinweise auf vertiefende Überlegungen enthalten. Die Situationen werden zudem in Konzepte integriert, die alltagssprachlich umschrieben werden. Dies weist wiederum in die Richtung der Befunde der Expertisestudien, die Experten dadurch kennzeichnen, dass weniger Einzelinformationen berichtet werden, hingegen bereits abgeschlossene Wahrnehmungsprozesse erkennbar sind. Die einzelnen Situationen wurden von erfahrenen Personen bereits verarbeitet, sodass lediglich Ergebnisse und Schlussfolgerungen abschließend berichtet werden (Carter et al., 1988; Carter et al., 1987; Hanninen, 1985; Peterson & Comeaux, 1987; Sabers et al., 1991). Der Befund kann jedoch auch vor einem anderen Hintergrund interpretiert werden. Eine Fortbildungsstudie von Klieme und Reusser (Reusser & Pauli, 2003) zeigte eine anfängliche Tendenz bei Lehrpersonen, Unterrichtsgeschehen ausführlich zu beschreiben. Im Laufe der Fortbildung, bei der mit verschiedenen videographierten Unterrichtsbeispielen gearbeitet wurde, erlernten die Lehrpersonen das Begründen verschiedener Prozesse. Hierbei sollte erreicht werden, dass das Einordnen und Bewerten von Ereignissen, die aufgrund der Erfahrung häufig automatisiert vorgenommen werden, reflektiert und überdacht werden (Krammer et al., 2007). Ein Aufbrechen solcher Routinen kann dabei helfen zu verhindern, dass pauschale Urteile gefällt und situative und personale Besonderheiten übergangen werden (Atteslander, 1988). Einen solchen Prozess versuchen verschiedene Weiterbildungsprojekte zu unterstützen (Borko, 2008; Krammer & Reusser, 2005; Seidel 2007; Sherin & Han, 2004).

Die Integration von Ereignissen in Alltagskonzepte spiegelt die Annahme wider, dass erworbenes theoretisches Wissen durch eigene praktische Erfahrungen überlagert und verändert ist und eine Einordnung des Geschehens in Fachkonzepte erschwert wird. Für einen Austausch und eine Entwicklung der Professionalität stellt eine fachtheoretische Fundierung der eigenen Wahrnehmung und letztlich des unterrichtlichen Handelns jedoch einen wichtigen Faktor dar.

Schließlich zeigen sich für die Personen aus der Schulinspektion ähnliche Ergebnisse wie für die Lehrpersonen. So lassen sie sich ebenfalls in die Befunde der Expertiseforschung einordnen, die Experten durch das Vornehmen von Schlussfolgerungen kennzeichnen. Insbesondere die Einordnung von Ereignissen in ihrer Bedeutung für Lehr-Lernprozesse nimmt bei den Personen aus der Schulinspektion einen hohen Stellenwert ein. Hierzu hat sich in einer Studie von Hanninen (1985) allerdings gezeigt, dass sich gerade die Experten mehr Zeit nahmen als die Novizen und zahlreiche Zusatzinformationen hinzuzogen, bevor sie zu einer Einschätzung des Geschehens gelangten. Die vorliegende Untersuchung stellt nun gerade für die Personen aus der Schulinspektion eine schnelle Bewertung der Ereignisse heraus, ohne dass Überlegungen zu möglichen Zusammenhängen und Erklärungen in den Ausführungen zu erkennen sind. Vor diesem Hintergrund ist es denkbar, dass diese Personengruppe im Vergleich mit der Unterscheidung von Experten und Novizen, wie sie in den berichteten Expertisestudien vorgenommen wurde, aufgrund ihrer besonderen beruflichen Tätigkeit eine Sonderrolle einnimmt. Auch für diese Personengruppe zeigt sich schließlich, dass eine Verknüpfung von Ereignissen mit lehr-lerntheoretischen Inhalten nur selten vollzogen wird.

Insgesamt konnten die Befunde der Studien aus der Expertiseforschung in der vorliegenden Untersuchung an einer im Vergleich größeren Stichprobe repliziert werden. Zudem wurden die Aspekte, die in diesen Studien aus dem Vergleich von Personen mit unterschiedlichem Expertisegrad für die Wahrnehmungskompetenz als zentral herausgestellt wurden, theoretisch fundiert. Die abgeleiteten Teilkompetenzen für die Beschreibung der vertiefenden Analyse von Unterrichtsaufzeichnungen scheinen unter Berücksichtigung der genannten Einschränkungen (ökonomische Realisierbarkeit, weitere Ausdifferenzierung der Ausprägungen) daher viel versprechende Anhaltspunkte für eine Instrumentenentwicklung im Hinblick auf eine Diagnose von Kompetenzen bei Lehrpersonen zu geben. Durch die entwickelten Kodierverfahren zeigen sich Möglichkeiten, Kompetenzen von Lehrpersonen standardisiert durch die Analyse von schriftlichen Ausführungen zu erfassen.

Weiterhin zeigt sich, dass dem theoretischen Wissen eine wichtige Bedeutung für die Einordnung der Relevanz von Ereignissen in Lehr-Lernprozesse zukommt. Insbesondere eine Verknüpfung von theoretischem Wissen mit praktischen Unterrichtssituationen scheint in vielen Fällen eine Schwierigkeit darzustellen. Dieser Befund liefert einen zentralen Hinweis für die Aus- und Weiterbildung von Lehrpersonen.

9.2 Anmerkungen zum konzeptionellen Vorgehen der Arbeit

Für die Beschreibung der kompetenten Unterrichtsanalyse von Lehrpersonen wurden in dieser Arbeit zwei Herangehensweisen kombiniert. Basierend auf Grundlagen aus der Beobachtungsforschung und auf Befunden aus Studien der Expertiseforschung wurden Kriterien abgeleitet, die für eine Beschreibung der Kompetenz in der Wahrnehmung von Unterrichtsaufzeichnungen entscheidend sind. Hierfür wurde ein Vergleich der Wahrnehmungsprozesse bei der Analyse von Unterrichtsaufzeichnungen mit Prozessen gezogen, die bei der Durchführung einer Beobachtung ablaufen. Weiterhin wurden schriftliche Notizen, die Lehrpersonen während der Beobachtung von Unterrichtsaufzeichnungen anfertigten, anhand ausgearbeiteter Kodierverfahren qualitativ analysiert. Die Ausführungen der Lehrpersonen bei der Analyse einer Unterrichtsaufzeichnung wurden dabei als Indikator für ihre Wahrnehmungskompetenz herangezogen. Diese Vorgehensweisen werden im Folgenden kritisch beleuchtet.

9.2.1 Theoretische Entwicklung bedeutsamer Kriterien für die kompetente Unterrichtswahrnehmung

Um Kompetenzen in der Wahrnehmung von Unterrichtsaufzeichnungen beschreiben zu können, stellte sich zunächst die Frage, welche Aspekte relevante Kriterien für die Unterrichtswahrnehmung darstellen. Die Vorgehensweise bisheriger Studien war es, Lehrpersonen zunächst nach ihrer Wahrnehmung des Geschehens zu befragen. Anschließend wurde durch einen Vergleich verschiedener Personengruppen (Experten versus Novizen) auf wichtige Aspekte der Unterrichtswahrnehmung geschlossen (Berliner, 1987).

In der vorliegenden Untersuchung wurde dieses Vorgehen erweitert und der Versuch unternommen, auf theoretischer Basis relevante Kriterien abzuleiten und diese mithilfe von Befunden aus der Expertiseforschung auszudifferenzieren. Als Ausgang für die Kriterien, die eine Kompetenz in der Unterrichtswahrnehmung beschreiben, wurden Grundlagen aus der Beobachtungsforschung herangezogen (Bortz & Döring, 1995; Seidel & Prenzel, in Druck). Die Veranlassung dazu gaben Befunde aus der Unterrichtsforschung. Hier hatte sich gezeigt, das qualitativ relevante Aspekte im Unterrichtsgeschehen nicht auf einer oberflächlichen Ebene wahrnehmbar sind, sondern dass ein Erkennen solcher Aspekte den Blick auf tiefere Ebenen des Geschehens verlangt (Seidel, Prenzel, Rimmele, Dalehefte et al., 2006). Eine Kompetenz in der Unterrichtswahrnehmung, die auf ein Erkennen lehr-lernrelevanter Merkmale abzielt, muss sich demzufolge dadurch auszeichnen, dass tiefere Ebenen des Unterrichtsgeschehens wahrgenommen werden können. Hierfür bedarf es eines geschulten Blickes, der eine vertiefende Analyse des Geschehens ermöglicht. Die Anforderung, die sich somit für die Wahrnehmung von Unterricht ergibt, ist vergleichbar mit einer gezielten Beobachtung von Situationen. Auch hier ist es wichtig, dass die Aufmerksamkeit bei der Beobachtung selektiv auf bestimmte Aspekte hin fokussiert wird.

Daher wurden Aspekte, die in der Beobachtungsforschung als zentral für die Durchführung einer systematischen Beobachtung gelten (Bortz & Döring, 1995; Seidel & Prenzel, in Druck), in Kriterien für die Kompetenz in der Wahrnehmung von Unterrichtssituationen übertragen. Diese wurden anschließend vor dem Hintergrund von Befunden aus Studien, die sich bereits mit Aspekten der Wahrnehmung von Lehrpersonen befasst haben (Berliner, 1987), inhaltlich ausdifferenziert. Diese Kriterien mit jeweils unterschiedlichen Ausprägungen bilden in dieser Arbeit die Grundlage für die Beschreibung der Kompetenzen der Teilnehmerinnen und Teilnehmer der Studie in der Analyse von Unterrichtsaufzeichnungen.

Das gewählte Vorgehen wirft unter anderem die Frage auf, inwieweit die Wahrnehmung von Unterrichtsaufzeichnungen tatsächlich mit der Durchführung einer Beobachtung gleichgesetzt werden kann. Die Analyse der Unterrichtsstunde, wie sie innerhalb der Lernumgebung „LUV" umgesetzt wird, lässt sich in zwei Anforderungen unterteilen, die mit unterschiedlichen Beobachtungsformen gleichgesetzt werden können. Zu Beginn werden die Lehrpersonen dazu aufgefordert, die Stunde regelmäßig zu kommentieren und anschließend zu beschreiben (vgl. Kapitel 7). Das Geschehen wird demnach unvoreingenommen betrachtet und als wichtig erscheinende Ereignisse werden schriftlich festgehalten. Aus diesem Grund entspricht diese Form der Wahrnehmung der Durchführung einer unstrukturierten Beobachtung. Im weiteren Verlauf der Lernumgebung erhalten die Teilnehmerinnen und Teilnehmer gezielte Fragen, die in einem offenen Format beantwortet werden. Dazu können die Lehrpersonen an beliebige Stellen innerhalb des Unterrichtsvideos zurückkehren und Situationen wiederholt betrachten. Diese Art der Wahrnehmung lässt sich mit der Durchführung einer strukturierten Beobachtung vergleichen. Bei einer strukturierten Beobachtung liegen ebenfalls gezielte Fragen zugrunde, vor deren Hintergrund ein Geschehen betrachtet und schriftliche Notizen angefertigt werden. Allerdings findet eine strukturierte Beobachtung im Gegensatz zur Wahrnehmung von Unterrichtsaufzeichnungen in realen Situationen statt. Sie folgt damit einem zeitlich linearen Verlauf, bei dem einzelne Szenen nicht mehrmals beobachtet werden können. Bei Unterrichtsaufzeichnungen kann das Geschehen hingegen beliebig oft betrachtet werden.

Ein Vergleich der Wahrnehmung von Unterrichtsaufzeichnungen, wie sie innerhalb der Lernumgebung „LUV" stattfindet, mit der Durchführung einer realen Beobachtung erscheint aufgrund dieser Ausführungen gerechtfertigt. Die aus der Beobachtungsforschung abgeleiteten Kriterien entsprechen Aspekten, die auch in anderen Studien zur Beschreibung von Wahrnehmungskompetenz in Betracht gezogen werden (Kersting, in Druck; Krammer, Schnetzler, Ratzka, Pauli, & Reusser, 2007). Eine Übertragung der hier abgeleiteten Kriterien auf andere Formate, in denen Unterrichtsaufzeichnungen analysiert werden, erfordert jedoch eine erneute Überprüfung der Vergleichbarkeit der situativen Umstände der Unterrichtswahrnehmung im Hinblick auf ihre Bedeutung für Wahrnehmungsprozesse mit Voraussetzungen, die für eine Beobachtung gegeben sind.

9.2.2 Analyse videographierter Unterrichtsaufzeichnungen als Indikator für eine kompetente Unterrichtswahrnehmung

Die Wahrnehmungskompetenz wurde als Teil der Professionalität von Lehrpersonen beschrieben, indem ihr eine wichtige Vermittlungsrolle zwischen dem Wissen und dem Handeln zugesprochen wurde (vgl. Kapitel 3). Es wurde angenommen, dass das Wissen die Aufmerksamkeit lenkt und Strukturen bereitstellt, innerhalb derer wahrgenommene Informationen interpretiert und klassifiziert werden. Die wahrgenommenen Ereignisse wurden gleichzeitig als Grundlage für weitere Handlungsentscheidungen betrachtet. Daher erscheint es wichtig, dass Lehrpersonen in der Lage sind, insbesondere solche Ereignisse im Unterrichtsgeschehen wahrzunehmen, die für Lehr-Lernprozesse relevant sind. Um eine Kompetenz von Lehrpersonen in der Wahrnehmung solcher Aspekte zu erfassen, stellen sich jedoch verschiedene Schwierigkeiten.

Die Wahrnehmung ist ein kognitiver Verarbeitungsprozess von Informationen, der im Gehirn von Personen abläuft und daher nicht von außen beobachtbar ist. Für eine Erfassung von Wahrnehmungsprozessen stehen demzufolge lediglich Eigenberichte der jeweiligen Personen zur Verfügung. Des Weiteren ist die Wahrnehmung situationsbezogen, sodass sie nicht losgelöst vom jeweiligen Kontext erfasst werden kann.

Aufgrund dieser Schwierigkeiten wird derzeit an verschiedenen Stellen der Versuch unternommen, mittels der Analyse von Unterrichtsaufzeichnungen durch Lehrpersonen Hinweise auf ihre Kompetenz in der Wahrnehmung zentraler Aspekte im Unterrichtsgeschehen zu erfassen (Kersting, in Druck; Seidel, 2007). Dies erfolgt vor dem Hintergrund der Überlegung, dass Lehrpersonen, die in der Lage sind, im realen Unterrichtsgeschehen lehr-lernrelevante Merkmale zu erkennen, dies auch in Bezug auf die Wahrnehmung von Unterrichtsaufzeichnungen leisten können. Die Analyse der Wahrnehmung von Unterrichtsaufzeichnungen durch Lehrpersonen bietet die Möglichkeit zu überprüfen, welche lehr-lernrelevanten Bedingungen die Lehrpersonen in den Unterrichtsaufzeichnungen realisieren (Kobarg, 2007). Zudem konnte bereits aufgezeigt werden, dass qualitativ bedeutsame Aspekte auf tieferliegenden Ebenen des Geschehens ablaufen (Seidel, Prenzel, Rimmele, Dalehefte et al., 2006). Aufgrund dessen kann auch die Kompetenz zur vertiefenden Analyse von Unterricht als ein Indikator dafür betrachtet werden, ob Lehrpersonen über das Potential verfügen, auch in realen Unterrichtssituationen lehr-lernrelevante Ereignisse wahrzunehmen.

Im Weiteren berücksichtigt das Vorgehen, Kompetenzen von Lehrpersonen über die Wahrnehmung von Unterrichtsaufzeichnungen zu erfassen, zudem die Problematik, dass Wahrnehmung situationsbezogen erfolgt. Sie wird hierbei zwar nicht direkt während des Unterrichts erhoben, jedoch in einer realen Abbildung des Geschehens. Videoaufnahmen haben dabei den Vorteil, dass sie das Geschehen sehr wirklichkeitsnah wiedergeben können (Salomon, 1994). Allerdings lässt es sich nicht vermeiden, dass durch die Aufstellung und die Führung der Kamera bestimmte Ausschnitte des Geschehens ausgewählt werden. Somit ergibt sich bereits vor der Wahrnehmung durch die Lehrpersonen eine Filterung der Situation durch die Person, die das Video erstellt. Es hat sich jedoch gezeigt, dass gründliche Vorüberlegungen hinsichtlich der Kameraposition und standardisierte Richtlinien (Seidel, Dalehefte et al., 2003) eine Aufzeichnung zulassen, die sehr nah an die realen Ereignisse herankommt, die auch eine Lehrperson im realen Unterricht wahrnehmen würde.

Eine Besonderheit für die Wahrnehmung von Ereignissen innerhalb von Videoaufzeichnungen ergibt sich außerdem dadurch, dass die Lehrpersonen bei der Analyse von Unterrichtsaufzeichnungen nicht wie im realen Unterricht dem Druck unterliegen, schnelle Handlungsentscheidungen treffen zu müssen. Im Hinblick auf die Informationsverarbeitung bietet dies die Chance, Ereignisse vertiefend zu betrachten und auf theoretisch fundierter Grundlage einzuordnen. Daher kann davon ausgegangen werden, dass diese Sondersituation für eine vertiefende Analyse des Geschehens eher unterstützend wirkt.

Auch bei der Untersuchung von Wahrnehmungsprozessen über die Analyse von Unterrichtsaufzeichnungen müssen die ablaufenden Informationsverarbeitungsprozesse durch die Befragung der Lehrpersonen erfasst werden. Hierbei berichten die Lehrerinnen und Lehrer, was ihnen während der Beobachtung der Aufzeichnung aufgefallen ist. Anders als im realen Unterricht kann dies jedoch direkt während der Beobachtung geschehen. In der Lernumgebung „LUV" wurden die Lehrpersonen dazu aufgefordert, die Unterrichtsstunde zu kommentieren und Fragen zum Unterrichtsgeschehen zu beantworten. Dieses Vorgehen berücksichtigt jedoch nicht, dass sich Personen voneinander darin unterscheiden, wie ausführlich sie ihre Gedanken und Überlegungen schriftlich wiedergeben (Peterson & Comeaux, 1987). Andere Messverfahren als Eigenberichte von Lehrpersonen könnten möglicherweise einen genaueren Einblick in die Wahrnehmungsprozesse liefern. Denkbar wäre es beispielsweise, die Augenbewegungen der Lehrpersonen während ihrer Beobachtung des Unterrichtsgeschehens mithilfe eines „eyetrackers" zu verfolgen. So könnte genauer erfasst werden, auf welche Bereiche im Klassengeschehen die Personen ihr Augenmerk richten und wie lange sie dort verweilen. Zudem könnten Informationen aus elektronischen Bearbeitungsprotokollen berücksichtigt werden, die Hinweise auf die Häufigkeit der Rückgriffe auf bestimmte Videoausschnitte und auf den Umfang des geschriebenen Textes enthalten.

Zusammenfassung

Grundlage für die Auswertungen der vorliegenden Untersuchung liefern schriftliche Kommentare von Lehrpersonen zu einer videographierten Unterrichtsstunde, die sie im Rahmen der computerbasierten Lernumgebung „LUV" unter verschiedenen Aufgabenstellungen analysierten. Diese Notizen wurden anhand von Kodierverfahren ausgewertet, die für theoretisch entwickelte Kriterien für die Kompetenz in der Wahrnehmung von Unterrichtsaufzeichnungen entworfen wurden.

Sowohl die Ableitung von Kriterien aus der Beobachtungsforschung als auch das Erfassen von Wahrnehmung über die Analyse von Unterrichtsaufzeichnungen konnten als geeignete Verfahren umgesetzt werden. Dennoch wurden verschiedene Einschränkungen in der Vorgehensweise angemerkt. Durch die Aufzeichnung des Geschehens mithilfe von Videokameras wird die Situation durch die jeweilige Kameraführung bereits gefiltert. Ebenso stellt sich die Schwierigkeit, dass Personen unterschiedlich dazu geneigt sind, Gedanken zu äußern und schriftlich festzuhalten. Hier ist zu überlegen, zusätzliche prozessnahe Daten zu erheben und somit verschiedene Informationsquellen miteinander zu verknüpfen. So lässt sich beispielsweise die Menge der schriftlichen Notizen festhalten, es kann verfolgt werden, an welche Stellen in der Videoaufzeichnung wie häufig zurückgesprungen wird, oder es könnten die Augenbewegungen der beobachtenden Personen mithilfe eines Eye-trackers erfasst werden.

9.3 Relevanz für die Lehrerbildung und weitere Forschungsfragen

Zum Abschluss werden Überlegungen zu den Ergebnissen der Arbeit in Bezug auf ihre Relevanz für die Aus- und Weiterbildung von Lehrpersonen und hinsichtlich ihrer Funktion für weitere Forschungsfragen angestellt.

9.3.1 Relevanz für die Lehrerbildung

Die Wahrnehmung von relevanten Ereignissen für Lehr-Lernprozesse im Unterricht wurde in dieser Arbeit als Teil der Professionalität von Lehrpersonen herausgestellt. Die Kompetenz der Lehrpersonen in der vertiefenden Analyse von Unterrichtsaufzeichnungen wurde dabei als ein Indikator dafür betrachtet, über welche Möglichkeiten Lehrpersonen verfügen, derartige Aspekte im realen Unterricht zu erkennen. Die Befunde weisen insgesamt darauf hin, dass die Wahrnehmung von Unterrichtsaufzeichnungen vornehmlich auf einer beschreibenden Ebene stattfindet und eine lehr-lerntheoretische Verarbeitung der Ereignisse kaum vollzogen wird. Des Weiteren wurde aufgezeigt, dass pädagogisch-psychologisches Wissen eine wichtige Grundlage für eine vertiefende Betrachtung der Informationen darstellt. Erfahrung in der Wahrnehmung von Unterrichtssituationen hat sich als hilfreich für die Auswahl bedeutsamer Merkmale herausgestellt. Gleichzeitig zeigte sich jedoch auch, dass vorhandene Routinen im Herausfiltern und Einordnen von Ereignissen einer vertiefenden Betrachtung des Geschehens im Wege stehen können.

Hieraus ergeben sich verschiedene Ansatzpunkte für die Aus- und Weiterbildung von Lehrpersonen. Derzeit wird immer wieder die Relevanz einer guten fachlichen Ausbildung der Lehrerinnen und Lehrer betont (Brunner, Kunter, Krauss, Klusmann et al., 2006). Jedoch scheint auch dem pädagogisch-psychologischen Wissen eine wichtige Rolle zuzukommen. Insbesondere bei der Umstrukturierung der Lehrerausbildung in Bachelor- und Master-Einheiten sollte daher Wert darauf gelegt werden, der pädagogisch-psychologischen Ausbildung einen bedeutsamen Stellenwert einzuräumen. Im Hinblick auf die Notwendigkeit, pädagogisches Wissen mit fachdidaktischen Fragen zu koppeln, erscheint die derzeit häufig vorgenommene Trennung von fachlicher und pädagogischer Ausbildung problematisch. Ebenso wurde einer Verknüpfung von theoretischem Wissen mit realen Unterrichtssituationen, wie beispielsweise im Rahmen von situierten Lernumgebungen, ein hoher Stellenwert zugeschrieben (Fölling-Albers, Hartinger, & Mörtl-Hafizovic, 2004). In der Weiterbildung von Lehrpersonen liegt der Schwerpunkt häufig auf fachlichen und fachdidaktischen Aspekten. Hier wäre zu überlegen, einen engeren Bezug zwischen persönlichen Erfahrungen im Unterrichtsgeschehen und lehr-lerntheoretischem Wissen herzustellen.

Eng verknüpft mit dieser Problematik ist der Bedarf für die Entwicklung einer geteilten Fachsprache. Wie bereits an verschiedenen Stellen gezeigt wurde (Terhart, 2000), weisen auch die vorliegenden Befunde darauf hin, dass die Lehrpersonen kaum über gemeinsame Begrifflichkeiten für bedeutsame Konzepte verfügen. Allerdings können ein konstruktiver Austausch und eine Weiterentwicklung innerhalb der Profession nur über eine gemeinsame Sprache erfolgen (Bromme, 2000). Sowohl in der Ausbildung als auch in der Weiterbildung von Lehrpersonen sollte daher angestrebt werden, Inhalte und Ereignisse zu fachlichen Konzepten in Bezug zu setzen und fachliche Begrifflichkeiten zu verwenden.

Schließlich zeigte sich ein wichtiger Ansatzpunkt im Aufdecken von Routinen in der Auswahl und Verarbeitung von Informationen. Diese spielen im realen Unterrichtsgeschehen sicherlich eine hilfreiche Rolle; sie sollten jedoch immer wieder reflektiert und überdacht werden, damit Veränderungen in Sichtweisen und Einschätzungen stattfinden können und dadurch schließlich Veränderungen im Handlungsrepertoire ermöglicht werden (Calderhead, 1996; Santagata, 2003).

Die Arbeit mit videographierten Unterrichtsaufzeichnungen besitzt im Hinblick auf die genannten Aspekte ein hohes Potential. Sie können dabei helfen, lehr-lerntheoretische Konzepte und Erkenntnisse zu illustrieren und mit praktischem Unterrichtsgeschehen in Bezug zu setzen (Derry, 2002; Hiebert et al., 2002; Reusser, 2005). Im gemeinsamen Gespräch über Unterricht kann es den Lehrpersonen zudem gelingen, eine geteilte Fachsprache zu entwickeln (Seidel, Prenzel, Rimmele, Schwindt et al., 2006). Zuletzt stellt das Betrachten des eigenen oder eines fremden Unterrichts eine Chance dar, Routinen aufzudecken und zu reflektieren (Krammer & Reusser, 2005).

9.3.2 Weitere Forschungsfragen

Im Rahmen der Debatte um die Professionalität von Lehrpersonen stellt sich vermehrt auch die Frage nach einer Diagnose der Kompetenzen der Lehrpersonen (Klieme & Leutner, 2006; Seidel, Schwindt, Kobarg, & Prenzel, in Druck). Mit dieser Arbeit konnten erste Hinweise auf zentrale Kriterien von Wahrnehmungskompetenz sowie auf Möglichkeiten zu deren Erfassung geliefert werden. Darüber hinaus konnte die Analyse von Unterrichtsaufzeichnungen durch Lehrpersonen viel versprechendes Verfahren zur Indikation von Wahrnehmungskompetenz vorgestellt werden. Eine Diagnose von Kompetenzen über eine Analyse von Unterrichtsaufzeichnungen wäre beispielsweise als Ergänzung zur bisher vorherrschenden Prüfungspraxis in der Lehramtsausbildung denkbar. Derzeit übliche mündliche Prüfungen von Lehramtsstudierenden unterliegen verschiedenen messtheoretischen Schwierigkeiten (Wild & Krapp, 2006), die mithilfe eines zweiten Instrumentes, das sich auf ein alternatives Diagnoseformat stützt, reduziert werden könnten.

Für die Entwicklung eines Diagnoseinstrumentes bedarf es jedoch einer Plattform, mit der Wahrnehmungskompetenz auf ökonomische und valide Art und Weise bestimmt werden kann. Daraus ergeben sich unter anderem Herausforderungen im Hinblick auf eine gezielte Auswahl von Videosequenzen, Experteneinschätzungen des Geschehens und skalierbare Verfahren zur Auswertung offener Textformate. Nichtsdestotrotz wurde hiermit ein Weg eingeschlagen, von dem in Zukunft weiterhin interessante Befunde und Anwendungsmöglichkeiten zu erwarten sind.

10 Literatur

Allemann-Ghionda, C., & Terhart, E. (2006). Kompetenzen und Kompetenzentwicklung von Lehrerinnen und Lehrern: Ausbildung und Beruf. Zeitschrift für Pädagogik, 52(51. Beiheft), 7-13.

Anderson, R.C. (1984). Some reflections on the acquisition of knowledge. Educational Researcher, 13(10), 5-10.

Anderson, R.C., & Weiner, B. (1992). Attribution and attributional processes in personality. In G. Caprara & G. Heck (Ed.), Modern personality psychology: Critical reviews and new directions. (pp. 295-324). New York: Harvester Wheatsheaf.

Atteslander, P. (1988). Methoden der empirischen Sozialforschung. Berlin, New York: Walter de Gruyter.

Baumeister, R.F. (1995). Self and Identity: An Introduction. In A. Tesser (Ed.), Advanced Social Psychology (pp. 51-97). Boston: McGraw Hill.

Baumert, J., Blum, W., Brunner, M., Jordan, A., Klusmann, U., Krauss, S., et al. (2005). Teacher Knowledge and Student Progress. Paper presented at the Stanford University School of Education.

Baumert, J., Klieme, E., Neubrand, M., Prenzel, M., Schiefele, U., Schneider, W., et al. (Eds.). (2001). PISA 2000. Basiskompetenzen von Schülerinnen und Schülern im internationalen Vergleich. Opladen: Leske + Budrich.

Baumert, J., & Kunter, M. (2006). Stichwort: Professionelle Kompetenz von Lehrkräften. Zeitschrift für Erziehungswissenschaft, 9(4), 469-520.

Baumert, J., Lehmann, R., Lehrke, M., Schmitz, B., Clausen, M., Hosenfeld, I., et al. (1997). TIMSS-Mathematisch-naturwissenschaftlicher Unterricht im internationalen Vergleich. Deskriptive Befunde. Opladen: Leske + Budrich.

Bawden, R., Buike, S., & Duffy, G. (1979). Teacher conceptions of reading and their influence on instruction. Unpublished manuscript, East Lansing: Institute for Research on Teaching.

Berliner, D.C. (1987). Der Experte im Lehrberuf: Forschungsstrategien und Ergebnisse. Unterrichtswissenschaft, 15(3), 295-305.

Berliner, D.C. (1990). The Place of Process-Product Research in Developing the Agenda for Research on Teacher Thinking. Educational Psychologist, 24(4), 325-344.

Berliner, D.C. (2001). Learning about and learning from expert teachers. International Journal of Educational Research, 35, 463-482.

Borko, H. (2008). Video as a Tool for Fostering Productive Discussions in Mathematics Professional Development. Teaching & Teacher Education, 24(2), 417-436.

Bortz, J., & Döring, N. (1995). Forschungsmethoden und Evaluation für Sozialwissenschaftler. Berlin: Springer.

Bos, W. (1989). Reliabilität und Validität in der Inhaltsanalyse. Ein Beispiel zur Kategorienoptimierung in der Analyse chinesischer Textbücher für den muttersprachlichen Unterricht von Auslandschinesen. In W. Bos & C. Tarnai (Eds.), Angewandte Inhaltsanalyse in Empirischer Pädagogik und Psychologie (S. 61-72). Münster: Waxmann.

Bos, W., & Tarnai, C. (1989). Entwicklung und Verfahren der Inhaltsanalyse in der empirischen Sozialforschung. In W. Bos & C. Tarnai (Eds.), Angewandte Inhaltsanalyse in Empirischer Pädagogik und Psychologie (S. 1-13). Münster: Waxmann.

Boshuizen, H.P.A., & Schmidt, H.G. (1992). On the role of biomedical knowledge in clinical reasoning by experts, intermediates and novices. Cognitive Science, 16, 153184.

Bransford, J.D., Brown, A.L., & Cocking, R.R. (1999). How people learn. Brain, Mind, Experience, and School. Washington: National Academy Press.

Bromme, R. (1992). Der Lehrer als Experte. Bern: Hans Huber.

Bromme, R. (1997). Kompetenzen, Funktionen und unterrichtliches Handeln des Lehrers. In F. E. Weinert (Ed.), Enzyklopädie der Psychologie. (Vol. I, S. 177-212). Göttingen: Hogrefe.

Bromme, R. (2000). The psychology of cognitive interdisciplinarity. In P. Weingart & N. Stehr (Eds.), Practising interdisciplinarity (pp. 115-133). Toronto: Toronto University Press.

Brophy, J. (2004). Using video in teacher education. Oxford, UK: Elsevier.

Brophy, J., & Good, T. (1986). Teacher behavior and student achievement. In M. Wittrock (Ed.), Handbook of research on teaching (pp. 328-375). New York: McMillan.

Brunner, M., Kunter, M., Krauss, S., Baumert, J., Blum, W., Dubberke, T., et al. (2006). Welche Zusammenhänge bestehen zwischen dem fachspezifischen Professionswissen von Mathematiklehrkräften und ihrer Ausbildung sowie beruflichen Fortbildung? Zeitschrift für Erziehungswissenschaft, 9(4), 521-544.

Brunner, M., Kunter, M., Krauss, S., Klusmann, U., Baumert, J., Blum, W., et al. (2006). Die professionelle Kompetenz von Mathematiklehrkräften: Konzeptualisierung, Erfassung und Bedeutung für den Unterricht. Eine Zwischenbilanz des COACTIV-Projektes. In M. Prenzel & L. Allolio-Näcke (Eds.), Untersuchungen zur Bildungsqualität von Schule. Abschlussbericht des DFG-Schwerpunktprogramms (S. 54-98). Münster: Waxmann.

Bund-Länder-Kommission. (1997). Gutachten zur Vorbereitung des Programms „Steigerung der Effizienz des mathematisch-naturwissenschaftlichen Unterrichts". Bonn: BLK.

Calderhead, J. (1981). A psychological approach to research on teachers' classroom decision making. British Educational Research Journal, 7, 51-57.

Calderhead, J. (1996). Teachers: beliefs and knowledge. In D. C. Berliner & R. C. Calfee (Eds.), Handbook of educational psychology (pp. 709-725). New York: Macmillan.

Carpenter, T.P., Fennema, E., Peterson, P. L., & Carey, D. A. (1988). Teachers' pedagogical content knowledge of students' problem solving in elementary arithmetic. Journal for Research in Mathematics Education, 19, 385-401.

Carter, K., Cushing, K., Sabers, D., Stein, P., & Berliner, D.C. (1988). Expert-Novice Differences in Perceiving and Processing visual classroom Information. Journal of Teacher Education, 39(3), 25-31.

Carter, K., Sabers, D., Cushing, K., Pinnegar, P., & Berliner, D.C. (1987). Processing and using information about students: A study of expert, novice and postulant teachers. Teaching and Teacher Education, 3, 147-157.

Chase, W.G., & Simon, H.A. (1973). Perception in chess. Cognitive Psychology, 4, 55-81.

Chi, M.T.H., Feltovich, P.J., & Glaser, R. (1981). Categorization and representation of physics problems by experts and novices. Cognitive Science, 5, 121-152.

Clausen, M. (2002). Qualität von Unterricht – Eine Frage der Perspektive? Waxmann: Münster.

Cohen, J. (1988). Statistical power analysis for the behavioral sciences. Hillsdale: Lawrence Erlbaum.

Cranach, M., & Frenz, H.G. (1975). Systematische Beobachtung. In C.F. Graumann (Ed.), Handbuch der Psychologie, Bd. 7, Sozialpsychologie. Göttingen: Hogrefe.

Darling-Hammond, L., Bransford, J., & LePage, P. (2005). Introduction. In L. Darling-Hammond & J. Bransford (Eds.), Preparing Teachers for a Changing World (pp. 1-39). San Francisco: John Wiley.

De Groot, A.D. (1965). Thought and choice in chess. The Hague: Mouton.

Derry, S.J. (2002). The STEP system for collaborative case-based teacher education: Design, evaluation and future directions. In Proceedings of computer support for collaborative learning (pp. 209-216). (CSCL 2002). Mahwah: Erlbaum.

Doll, J., & Prenzel, M. (2004). Bildungsqualität von Schule: Lehrerprofessionalisierung, Unterrichtsentwicklung und Schülerförderung als Strategien der Qualitätsverbesserung. Münster: Waxmann.

Dunkin, M., & Biddle, B. (1974). The study of teaching. New York: Holt, Rhinehart & Winston.

Evertson, C.M., & Green, J.L. (1986). Observation as Inquiry and Method. In M. C. Wittrock (Ed.), Handbook of Research on Teaching (Vol. 3, pp. 162-213). New York, London: Macmillan Publishing Company.

Feger, H. (1983). Planung und Bewertung von wissenschaftlichen Beobachtungen. In H. Feger & J. Bredenkamp (Eds.), Datenerhebung. Göttingen: Hogrefe.

Fiske, S.T. (1995). Social Cognition. In A. Tesser (Ed.), Advanced Social Psychology (pp. 149-193). Boston: McGraw Hill.

Flanders, N.A. (1970). Analyzing teacher behavior. Reading, Ma: Addison-Wesley.

Fölling-Albers, M., Hartinger, A., & Mörtl-Hafizovic, D. (2004). Situiertes Lernen in der Lehrerbildung. Zeitschrift für Pädagogik, 50(5), 727-747.

Gage, N.L., & Berliner, D.C. (1996). Pädagogische Psychologie. Weinheim: Psychologie Verlags Union.

Gerstenmaier, J., & Mandl, H. (1995). Wissenserwerb unter konstruktivistischer Perspektive. Zeitschrift für Pädagogik, 6, 867-888.

Getzels, J.W., & Jackson, P.W. (1970). Merkmale der Lehrerpersönlichkeit. In K. Ingenkamp (Ed.), Handbuch der Unterrichtsforschung (S. 1353-1526). Weinheim: Beltz.

Gläser-Zikuda, M. (2005a). Qualitative Inhaltsanalyse in der Lernstrategie- und Lernemotionsforschung. In P. Mayring & M. Gläser-Zikuda (Eds.), Die Praxis der Qualitativen Inhaltsanalyse (S. 63-83). Weinheim: Beltz.

Gläser-Zikuda, M. (2005b). Zum Ertrag Qualitativer Inhaltsanalyse in Pädagogik und Psychologie. In P. Mayring & M. Gläser-Zikuda (Eds.), Die Praxis der Qualitativen Inhaltsanalyse (S. 286-296). Weinheim: Beltz.

Graumann, C.F. (1966). Grundzüge der Verhaltensbeobachtung. In E. Meyer (Ed.), Fernsehen in der Lehrerbildung (S. 86-107). München: Manz Verlag.

Gruber, H. (2001). Expertise. In D.H. Rost (Ed.), Handbuch Pädagogische Psychologie (2. Auflage, S. 164-169). Weinheim: Beltz.

Gruber, H. (2004). Kompetenzen von Lehrerinnen und Lehrern - Ein Blick aus der Expertiseforschung. In A. Hartinger & M. Fölling-Albers (Eds.), Lehrerkompetenzen für den Sachunterricht (S. 21-33). Bad Heilbrunn: Verlag Julius Klinkhardt.

Hanninen, G. (1985). Do experts exist in gifted education? Unpublished manuscript, Tucson: University of Arizona, College of Education.

Hasemann, K. (1983). Verhaltensbeobachtung und Ratingverfahren. In K.J. Groffmann & L. Michel (Eds.), Enzyklopädie der Psychologie (S. 434-488). Göttingen: Hogrefe.

Helmke, A. (2003). Unterrichtsqualität - erfassen, bewerten, verbessern. Seelze: Kallmeyer.

Helsper, W. (2004). Pädagogische Professionalität als Gegenstand des erziehungswissenschaftlichen Diskurses. Einführung in den Thementeil. Zeitschrift für Pädagogik, 50(3), 303-308.

Herzog, W. (2005). Müssen wir Standards wollen? Skepsis gegenüber einem theoretisch (zu) schwachen Konzept. Zeitschrift für Pädagogik, 51, 252-258.

Hiebert, J., Gallimore, R., Garnier, K., Bogard Givvin, K., Hollingsworth, J., Jacobs, J., et al. (2003). Teaching Mathematics in Seven Countries. Results from the TIMSS 1999 Video Study. Washington D.C.: U.S. Department of Education.

Hiebert, J., Gallimore, R., & Stigler, J.W. (2002). A Knowledge Base for the Teaching Profession: What would it look like and how can we get one? Educational Researcher, 31(5), 3-15.

Hill, H.C., Rowan, B., & Ball, D. (2005). Effects of teachers' mathematical knowledge for teaching on student achievement. American Educational Research Journal, 42(2), 371-406.

Hollon, R.E., & Anderson, C.W. (1987). Teachers' beliefs about students' learning processes in science: Self-reinforcing belief system. Paper presented at the Annual meeting of the American Educational Research Association, Washington D.C.

Janík, T., & Miková, M. (2006). Videostudie. Brno: Paido - edice pedagogické literatury.

Kersting, N. (in Druck). Using video to measure teacher knowledge. Educational and Psychological Measurement.

Klieme, E., Avenarius, H., Blum, W., Döbrich, P., Gruber, H., Prenzel, M., et al. (Eds.). (2003). Zur Entwicklung nationaler Bildungsstandards. Eine Expertise. Berlin: Bundesministerium für Bildung und Forschung (BMBF).

Klieme, E., & Leutner, D. (2006). Kompetenzmodelle zur Erfassung individueller Lernergebnisse und zur Bilanzierung von Bildungsprozessen. Antrag an die DFG auf Einrichtung eines Schwerpunktprogramms. Dipf: Frankfurt

Klieme, E., & Reusser, K. (2004). Prospekt zur videogestützten Weiterbildung, http://www.didac.unizh.ch/forschung/videolernen

Kobarg, M. (2007). Unterstützung unterrichtlicher Lernprozesse aus der Sicht von Unterrichtsforscherinnen und -forschern und aus der Sicht von Lehrpersonen. Disserationsarbeit. Kiel: IPN.

Kopp, B., & Mandl, H. (2005). Wissensschemata. Forschungsbericht Nr. 177, Ludwigs-Maximilians-Universität, München.

Koster, B., Brekelmans, M., Korthagen, F., & Wubbels, T. (2005). Quality requirements for teacher educators. Teaching & Teacher Education, 21, 157-176.

Krammer, K., & Reusser, K. (2005). Unterrichtsvideos als Medium der Aus- und Weiterbildung von Lehrpersonen. Beiträge zur Lehrerbildung, 23(1), 35-45.

Krammer, K., Ratzka, N., Klieme, E., Lipowsky, F., Pauli, C. & Reusser, K. (2006). Learning with Classroom Videos: Conception and first results of an online teacher-training program. Zeitschrift für Didaktik der Mathematik, 38(5), 422-423.

Krammer, K., Schnetzler, C.L., Ratzka, N., Pauli, C., & Reusser, K. (2007). Veränderungen im Wissen von Lehrpersonen durch videobasierte Unterrichtsanalyse - Ergebnisse aus der Evaluation einer netzbasierten Weiterbildung mit Unterrichtsvideos. Vortrag auf der Tagung der AEPF, Wuppertal.

Kuntze, S., & Reiss, K. (2005). Situatio-specific and generalized components of professional knowledge of mathematics teachers - Research on a video-based in-service teacher learning program. In H. L. Chick & J. L. Vincent (Eds.), Proceedings of the 29th Conference of the International Group for the Psychology of Mathematics Education (PME) (Vol. 3, pp. 225-232). Melbourne: University.

Labudde, P. (2002). Lehr-Lern-Kultur im Physikunterricht: eine Videostudie. Projektantrag an den SNF. Bern: Universität Bern.

Leuchter, M., Pauli, C., Reusser, K., & Lipowsky, F. (2006). Unterrichtsbezogene Überzeugungen und handlungsleitende Kognitionen von Lehrpersonen. Zeitschrift für Erziehungswissenschaft, 9(4), 562-579.

Lipowsky, F., Thußbas, C., Klieme, E., Reusser, K., & Pauli, C. (2003). Professionelles Lehrerwissen, selbstbezogene Kognitionen und wahrgenommene Schulumwelt Ergebnisse einer kulturvergleichenden Studie deutscher und Schweizer Mathematiklehrkräfte. Unterrichtswissenschaft, 31(3), 206-237.

Mayer, R. (2001). Multimedia learning. Cambridge: Cambridge University Press.

Mayring, P. (2005). Neuere Entwicklungen in der qualitativen Forschung und der Qualitativen Inhaltsanalyse. In P. Mayring & M. Gläser-Zikuda (Eds.), Die Praxis der Qualitativen Inhaltsanalyse (S. 7-19). Weinheim: Beltz.

McKendree, J., Tenning, K., Mayes, T., Lee, J., & Cox, R. (1998). Why observing a dialogue may benefit learning. Journal of Computer Assisted Learning, 14, 110-119.

Merrienboer, v. J., & Paas, F. (2003). Powerful Learning and the Many Faces of Instructional Design: Toward a Framework for the Design of Powerful Learning Environments. In E. De Corte, L. Verschaffel, N. Entwistle & v. J. Merrienboer (Eds.), Powerful learning environments: Unravelling basic components and dimensions (pp. 320). Amsterdam: Pergamon.

Morine, G., & Vallance, E. (1975). Special Study B: A study of teacher and pupil perceptions of classroom interaction. San Francisco: Far West Laboratory.

Neisser, U. (1979). Kognition und Wirklichkeit. Stuttgart: Klett.

Newell, A., & Simon, H.A. (1972). Human problem solving. Englewood Cliffs, NJ: Prentice-Hall.

Oser, F. (2001). Standards: Kompetenzen von Lehrpersonen. In F. Oser & J. Oelkers (Eds.), Die Wirksamkeit der Lehrerbildungssysteme. Von der Alrounderbildung zur Ausbildung professioneller Standards. (pp. 215-342). Chur/Zürich: Verlag Rüegger.

Ostermeier, C., Carstensen, C.H., Prenzel, M., & Geiser, H. (2004). Kooperative unterrichtsbezogene Qualitätsentwicklung in Netzwerken: Ausgangsbedingungen für die Implementation im BLK-Modellversuchsprogramm SINUS. Unterrichtswissenschaft, 32(3), 215-237.

Palmer, D.J., Stough, L.M., Burdenski, J., Thomas K. , & Gonzales, M. (2005). Identifying Teacher Expertise: An Examination of Researchers' Decision Making. Educational Psychologist, 40(1), 13-25.

Peterson, P., & Comeaux, M. (1987). Teachers' schemata for classroom events: The mental scaffolding of teachers' thinking during classroom instruction. Teaching & Teacher Education, 3, 319-331.

Petko, D., Haab, S., & Reusser, K. (2003). Mediennutzung in der Lehrerinnen- und Lehrerbildung - eine Umfrage in der deutschsprachigen Schweiz. Beiträge zur Lehrerbildung, 21(1), 8-31.

Pinsky, L.E., & Wipf, J.E. (2000). A picture is worth a thousand words - Practical use of videotape in teaching. Journal of General Internal Medicine, 15(11), 805-810.

Posner, M.I. (1988). Introduction: What is it to be an expert? In M.T.H. Chi, R. Glaser & M.J. Farr (Eds.), The nature of expertise (pp. xxix-xxxvi). Hillsdale: Erlbaum.

Prenzel, M. (2000). Steigerung der Effizienz des mathematisch-naturwissenschaftlichen Unterrichts: Ein Modellversuchsprogramm von Bund und Ländern. Unterrichtswissenschaft, 28(2), 103-126.

Prenzel, M., Baumert, J., Blum, W., Lehmann, R., Leutner, D., Neubrand, M., et al. (2004). PISA 2003. Der Bildungsstand der Jugendlichen in Deutschland - Ergebnisse des zweiten internationalen Vergleichs. Münster: Waxmann.

Prenzel, M., & Seidel, T. (2003). Wie können Lehrkräfte von Unterrichtsvideos profitieren? - Eine experimentelle Studie. Fortsetzungsantrag im Rahmen des DFG-Schwerpunktprogramms BiQua. Kiel: IPN.

Ratzka, N., Lipowsky, F., Krammer, K., & Pauli, C. (2005). Lernen mit Unterrichtsvideos - Ein Fortbildungskonzept zur Entwicklung von Unterrichtqualität. Pädagogik(5), 30-33.

Reinhoffer, B. (2005). Lehrkräfte geben Auskunft über ihren Unterricht. Ein systematischer Vorschlag zur deduktiven und induktiven Kategorienbildung in der Unterrichtsforschung. In P. Mayring & M. Gläser-Zikuda (Eds.), Die Praxis der Qualitativen Inhaltsanalyse (S. 123-141). Weinheim: Beltz.

Reinmann-Rothmeier, G., Mandl, H., & Prenzel, M. (1994). Computerunterstützte Lernumgebungen. Planung, Gestaltung und Bewertung. In H. Arzberger, K.-H. Brehm & S. Aktiengesellschaft (Eds.), Computerunterstützte Lernumgebungen. Planung, Gestaltung und Bewertung. Erlangen: Publicis MDC Verlag.

Renkl, A. (1996). Träges Wissen: Wenn Erlerntes nicht genutzt wird. Psychologische Rundschau, 47, 78-92.

Reusser, K. (2005). Situiertes Lernen mit Unterrichtsvideos. Journal für Lehrerinnen- und Lehrerbildung, 2, 8-18.

Reusser, K., & Pauli, C. (2003). Mathematikunterricht in der Schweiz und in weiteren sechs Ländern. Bericht über die Ergebnisse einer internationalen und schweizerischen Video-Unterrichtsstudie. Universität Zürich: Pädagogisches Institut.

Rimmele, R. (2004). Software zum Lernprogramm LUV. Kiel: IPN.

Roth, K.J. (2004). TIMSS 1999 Science Video Study Methodology: Developing a Shared "Word-to-Image" Language. Paper presented at the Annual Meeting of the American Educational Research Association (AERA), San Diego, USA, April 12-16.

Sabers, D.S., Cushing, K.S., & Berliner, D.C. (1991). Difference Among Teachers in a Task Characterized by Simultaneity, Multidimensionality, and Immediacy. American Educational Research Journal, 28(1), 63-88.

Salomon, G. (1994). Interaction of media cognition and learning: an exploration of how symbolic forms cultivate mental skills and affect knowledge acquisition. Hillsdale: Lawrence Erlbaum Associates.

Santagata, R. (2003). Video Analysis as a Tool for Studiying Teaching and for Teacher Learning. Paper presented at the EARLI, Padua (Padova), Italy.

Schank, R.C., & Abelson, R.P. (1977). Scripts, plans, goals, and understanding: An inquiry into human knowledge structures. Hillsdale, NJ: Erlbaum.

Schneider, W., Gruber, H., Gold, A., & Opivis, K. (1993). Chess expertise and memory for chess positions in childrens and adults. Journal of Experimental Child Psychology, 56, 323-349.

Schnotz, W., & Kürschner, C. (submitted). Cognitive Load in Learning and Instruction: Some Conceptual Problems.

Schweer, M.K.W., & Thies, B. (2000). Situationswahrnehmung und interpersonales Verhalten im Klassenzimmer. In M.K.W. Schweer (Ed.), Lehrer-Schüler-Interaktion. Pädagogisch-psychologische Aspekte des Lehrens und Lernens in der Schule (S. 59-78). Opladen: Leske + Budrich.

Schwindt, K., Rimmele, R., Seidel, T., & Prenzel, M. (2006). Videogestützte Kompetenzdiagnostik bei Lehrkräften am Beispiel der Lernumgebung LUV. Vortrag auf der Tagung der AEPF, München.

Seidel, T. (2003). Lehr-Lernskripts im Unterricht. Münster: Waxmann.

Seidel, T. (2005). Video analysis strategies of the IPN Video Study - a methodological overview. In T. Seidel, M. Prenzel & M. Kobarg (Eds.), How to run a video study. Technical report of the IPN Video Study (pp. 70-78). Münster: Waxmann.

Seidel, T. (2007). Learner and Learning Oriented Teaching in Science Inquiry Classrooms - A Video-based Intervention Study. Projektantrag an die DFG. Kiel: IPN

Seidel, T., Dalehefte, I.M., & Meyer, L. (2003). Aufzeichnen von Physikunterricht. In T. Seidel, M. Prenzel, R. Duit & M. Lehrke (Eds.), Technischer Bericht zur Videostudie „Lehr-Lern-Prozesse" im Physikunterricht (S. 47-76). Kiel: IPN.

Seidel, T., Dalehefte, I.M., & Meyer, L. (2005). „Das ist mir in der Stunde gar nicht aufgefallen..." - Szenarien zur Analyse von Unterrichtsaufzeichnungen. In M. Welzel & H. Stadler (Eds.), Nimm´ doch mal die Kamera! Nutzung von Videos für die Professionalisierung in der Lehrerausbildung - Beispiele und Empfehlungen aus den Naturwissenschaften (S. 133-154). Münster: Waxmann.

Seidel, T., & Prenzel, M. (2004). Muster unterrichtlicher Aktivitäten im Physikunterricht. In J. Doll & M. Prenzel (Eds.), Bildungsqualität von Schule: Lehrerprofessionalisierung, Unterrichtsentwicklung und Schülerförderung als Strategien der Qualitätsverbesserung (S. 177-194). Münster: Waxmann.

Seidel, T., & Prenzel, M. (2007). Wie Lehrpersonen Unterricht wahrnehmen und einschätzen - Erfassung pädagogisch-psychologischer Kompetenzen bei Lehrpersonen mit Hilfe von Videosequenzen. Zeitschrift für Erziehungswissenschaft, Sonderheft 8, 201-216.

Seidel, T. & Prenzel, M. (in Druck). Beobachtungsverfahren: Vom Datenmaterial zur Datenanalyse. In H. Holling & B. Schmitz (Hrsg.) Handbuch der psychologischen Methoden und Evaluation. Reihe: Handbuch der Psychologie. Hogrefe: Göttingen

Seidel, T., Prenzel, M., Dalehefte, I.M., Meyer, L., Trepke, C., Lehrke, M., et al. (2003). Die IPN-Videostudie Physik im Überblick. In T. Seidel, M. Prenzel, R. Duit & M. Lehrke (Eds.), Technischer Bericht zur Videostudie „Lehr-Lern-Prozesse im Physikunterricht" (S. 15-32). Kiel: IPN.

Seidel, T., Prenzel, M., Rimmele, R., Dalehefte, I.M., Herweg, C., Kobarg, M., et al. (2006). Blicke auf den Physikunterricht. Ergebnisse der IPN-Videostudie. Zeitschrift für Pädagogik, 6, 798-821.

Seidel, T., Prenzel, M., Rimmele, R., Meyer, L., & Dalehefte, I.M. (2004). Lernprogramm LUV – Lernen aus Unterrichtsvideos für Physiklehrkräfte. Kiel: IPN.

Seidel, T., Prenzel, M., Rimmele, R., Schwindt, K., Kobarg, M., Herweg, C., et al. (2006). Unterrichtsmuster und ihre Wirkungen. Eine Videostudie im Physikunterricht. In M. Prenzel & L. Allolio-Näcke (Eds.), Untersuchungen zur Bildungsqualität von Schule. Abschlussbericht des DFG-Schwerpunktprogramms (S.99-123). Münster: Waxmann.

Seidel, T., Schwindt, K., Kobarg, M. & Prenzel, M. (in Druck). Grundbedingungen eines lernwirksamen Unterrichts erkennen - Forschungsperspektiven zur Erfassung pädagogisch-psychologischer Kompetenzen bei Lehrerinnen und Lehrer. In W. Lütgert, A., Gröschner & K. Kleinespel (Hrsg.). Die Zukunft der Lehrerbildung. Entwicklung, Rahmenbedingungen, Forschungsbeispiele. Weinheim: Beltz

Shavelson, R.J. (1986). Interactive decision making: Some thoughts on teacher cognition. Paper presented at the Invited address, I Congreso Internacional, „Pensamientos de los Profesores y Toma de Decisiones" Seville, Spain.

Sherin, M.G. (2001). Developing a Professional Vision of classroom events. In T. Wood, B.S. Nelson & J. Warfield (Eds.), Beyond classical Pedagogy (pp.75-93). Mahwah, New Jersey: Lawrence Erlbaum

Sherin, M.G. (2004). New perspectives on the role of video in teacher education. In J. Brophy (Ed.), Advances in research on teaching: Vol. 10: Using video in teacher education (pp. 1-27). Oxford, UK: Elsevier.

Sherin, M.G., & Han, S.Y. (2004). Teacher learning in the context of a video club. Teaching and Teacher Education, 20(2), 163-183.

Shulman, L.S. (1987). Knowledge and Teaching: Foundations of the New Reform. Harvard Educational Review, 57(1), 1-22.

Shulman, L.S. (1998). Theory, practice, and the education of professionals. The Elementary School Journal, 98(5), 511-526.

Shulman, L.S., & Shulman, J.H. (2004). How and what teachers learn: a shifting perspective. Curriculum studies, 36(2), 257-271.

Stael von Holstein, C.-A.S. (1972). Probabilistic forecasting: An experiment related to the stock market. Organizational Behavior and Human Performance, 8, 139-158.

Stahl, E., Zahn, C., & Seidel, T. (2007). Videobasierte Lernsoftware zur Förderung kommunikativer Kompetenzen. In U. Kanning (Ed.), Veränderung und Förderung sozialer Kompetenzen in der Personalentwicklung (S. 39-70). Münster: Waxmann.

Stark, R. & Mandl, H. (2000). Das Theorie-Praxis-Problem in der pädagogisch-psychologischen Forschung – ein unüberwindbares Transferproblem? Forschungsbericht Nr.118. München: Ludwig-Maximilians-Universität

Steiner, G. (2001). Lernen und Wissenserwerb. In A. Krapp & B. Weidenmann (Eds.), Pädagogische Psychologie (S. 137-205). Weinheim: Beltz Psychologie Verlags Union.

Sternberg, R.J., & Horvath, J.A. (1995). A prototyp view of expert teaching. Educational Researcher, 24, 9-17.

Sweller, J. (1988). Cognitive Load During Problem Solving: Effects on Learning. Cognitive Science, 12, 257-285.

Sweller, J., van Merrienboer, J.J.G., & Paas, F.G.W.C. (1998). Cognitive Architecture and Instructional Design. Educational Psychology Review, 10(3), 251-296.

Tausch, R., & Tausch, A. (1971). Erziehungspsychologie. Göttingen: Hogrefe.

Terhart, E. (2000). Perspektiven der Lehrerbildung in Deutschland. Abschlussbericht der von der Kultusministerkonferenz eingesetzten Kommission: Beltz.

Terhart, E. (2001a). Berufskultur und professionelles Handeln bei Lehrern. In E. Terhart (Ed.), Lehrerberuf und Lehrerbildung (S. 90-114). Weinheim: Beltz Verlag.

Terhart, E. (2001b). Lehrerprofessionalität: Ein Literaturbericht. In E. Terhart (Ed.), Lehrerberuf und Lehrerbildung (S.40-89). Weinheim und Basel: Beltz Verlag.

Terhart, E., Tenorth, H.-E., Oelkers, J., Krüger, H.H. & Gräsel, C. (2002). Standards für die Lehrerbildung: Eine Expertise für die Kultusministerkonferenz. Münster.

Thorndike, E.L. (1920). Intelligence and its use. Harper's Magazine, 140, 227-235.

Ulewicz, M., & Beatty, A. (2001). The power of video technology in international comparative research in education. Washington: National Academy Press.

Wahl, D. (1991). Handeln unter Druck. Weinheim: Deutscher Studien Verlag.

Weiner, B. (1986). An Attributional Theory of Motivation and Emotion. New York: Springer.

Weinert, F.E. (2001). A concept of competence: A conceptual clarification. In D. S. Rychen & L. H. Salganik (Eds.), Defining and selecting key competencies (pp. 45-65). Seattle: Hogrefe & Huber Publishers.

11 Anhang: Kodiermanual

Analyseprozess

	Theoretische Dimensionen	Indikatoren	Beispiele
3	Ein vollständiges Argument besteht aus den drei Bestandteilen: Selektion, Abstraktion, Klassifikation.	Das Argument durchläuft alle drei Schritte: beschreiben/nennen, erklären (es werden mögliche Ursachen oder Konsequenzen aufgeführt), bewerten.	Beispiel 1: Durch die Engführung des Klassengesprächs werden Fehler allerdings überwiegend vermieden. Beschreibung: werden Fehler vermieden (Tatbestand wird beschrieben); Erklärung: durch die Engführung des Klassengesprächs; Bewertung: allerdings (negativ)
			Beispiel 2: Ich fand den Einstieg mit dem Beispiel zur Muskelkraft eigentlich einen guten Ansatz. Beschreibung: Einstieg mit einem Beispiel; Erklärung: Beispiel zur Muskelkraft; Bewertung: eigentlich einen guten Ansatz
2	Dem Argument fehlt der Schritt der Klassifikaton/Bewertung.	Ein Ereignis wird beschrieben/genannt und erklärt (es werden mögliche Ursachen oder Konsequenzen aufgeführt).	Wenn es um Fachliches geht, möchte der Lehrer vorwärts kommen. Vermutlich durch eine zeitlich enge Stundenplanung bedingt. Beschreibung: Wenn es um Fachliches geht, möchte der Lehrer vorwärts kommen. Erklärung: Vermutlich durch eine zeitlich enge Stundenplanung bedingt.
1	Der Schritt der Abstraktion wird ausgelassen.	Ein Ereignis wird beschrieben/genannt und bewertet.	Gute Möglichkeit der Einführung. Beschreibung: Einführung; Bewertung: gute Möglichkeit
0	Es gibt kein Argument; es bleibt bei einer Beschreibung.	Ein Ereignis/Aspekt wird herausgegriffen und beschrieben/genannt	Lehrer präsentiert Heimtrainer; Schüler übt mit einer Feder. Beschreibung: Lehrer präsentiert Heimtrainer; Schüler übt mit einer Feder.
9		Kein Text	

Vorgehen bei der Kodierung:

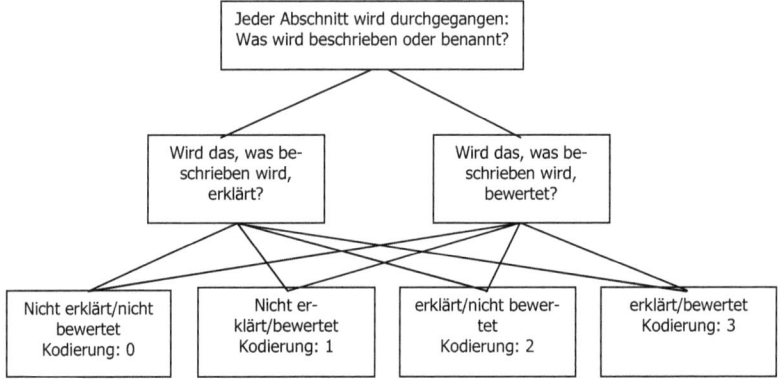

Regeln:
(1) Es wird für jeden festgelegten Abschnitt eine Kodierung vergeben.
(2) Die Sätze, die innerhalb eines Abschnittes stehen, werden, wenn inhaltlich möglich, aufeinander bezogen.
(3) Die Kodierungen werden ausgezählt. Die gesamte Antwort bekommt die Kodierung, die überwiegt. Bei Gleichstand wird die höhere Kodierung vergeben.
(4) Als Bewertung gilt: allerdings, sehr, nur, leider, ausreichen, geschickt, es gelingt ihm, von oben herab etc.
(5) Keine Bewertung, wenn die Häufigkeit angegeben wird: wenig, stark, kaum, Möglichkeit, Gelegenheit, interessant etc.
(6) Beispiele sind weitergeführte Beschreibungen, nicht Erklärungen (Ursache, Konsequenz).

Fokussiertheitsgrad der Analyse

Zielorientierung	v172 Wie werden die Unterrichtsziele ins Spiel gebracht?	
Systematik	**Kodierung**	**Beispiel:**
2	Frage wird vollständig beantwortet	Beantwortet, wie sie ins Spiel gebracht werden	Die Ziele werden durch die Versuche eingebracht.
1	Aufmerksamkeit wird auf den Gegenstand der Frage gerichtet	Es wird auf Unterrichtsziele eingegangen. Ziel: nur Ziele, nicht Thema, Kraftbegriff	Ziel ist es, die wesentlichen Merkmale des Kraftbegriffs zu erläutern.
0	Antwort geht an Frage vorbei	Es wird nicht auf Unterrichtsziele eingegangen.	Das Thema des Unterrichts wird mit dem Zeitungsartikel klar.
9	Kein Text		

Zielorientierung	v173 Werden die Ziele der Lehrkraft auch für die Schülerinnen und Schüler deutlich?	
Systematik	**Kodierung**	**Beispiel:**
2	Frage wird vollständig beantwortet	Beantwortet, ob die Ziele auch für die S+S deutlich werden	Ich denke, die Ziele sind den Schülern nicht klar geworden.
1	Aufmerksamkeit wird auf den Gegenstand der Frage gerichtet	Es wird auf die Ziele eingegangen, aber nicht, ob sie für die S+S deutlich werden. Ziel: nur Ziele, nicht Thema, Kraftbegriff	Ziel ist es, zur Definition von Kraft zu gelangen.
0	Antwort geht an Frage vorbei	Es wird nicht auf die Ziele eingegangen.	Der Kraftbegriff im Alltag wird recht originell aufgegriffen. Wesentlicher Ausgangspunkt ist dann das Ball-Experiment.
9	Kein Text		

Zielorientierung		v176 Wie werden Anforderungen an die Schülerinnen und Schüler verdeutlicht? Durch welche Mittel werden die Anforderungen klar?	
	Systematik	**Kodierung**	**Beispiel:**
2	Frage wird vollständig beantwortet	Beantwortet, wie und durch welche Mittel Anforderungen klar werden	Der Lehrer gibt explizite Anweisungen, was die Schüler machen sollen.
1	Aufmerksamkeit wird auf den Gegenstand der Frage gerichtet	Es wird auf Anforderungen eingegangen, aber nicht, wodurch sie verdeutlicht werden. Anforderungen: Aufgaben, Anweisungen	Die Schüler sollen die Experimente durchführen.
0	Antwort geht an Frage vorbei	Es wird nicht auf Anforderungen eingegangen.	Im Klassengespräch geht er kleinschrittig vor und lenkt das Gespräch.
9	Kein Text		

Lernbegleitung		v187 Wie würden Sie die Interaktionen zwischen der Lehrkraft und der Klasse in Bezug auf die Lernbegleitung einordnen?	
	Systematik	**Kodierung**	**Beispiel:**
2	Frage wird vollständig beantwortet	Interaktionen werden in Bezug auf die Lernbegleitung eingeordnet (bewertet).	Der Lehrer stellt leider nie Fragen zum Verständnis. (leider ist bewertend)
1	Aufmerksamkeit wird auf den Gegenstand der Frage gerichtet	Es wird auf Interaktionen zwischen Klasse und Lehrkraft eingegangen, sie werden aber nicht bewertet.	Der Lehrer stellt die Frage, die Schüler antworten. Die Schüler fungieren als Stichwortgeber.
0	Antwort geht an Frage vorbei	Es wird nicht auf Interaktionen zwischen Klasse und Lehrkraft eingegangen.	Der Lehrer notiert Begriffe, um dann die, die nicht in sein Konzept passen, wieder streichen zu können.
9	Kein Text		

Lernbegleitung		v188 Wie geht die Lehrkraft mit den Beiträgen der Lernenden um?	
	Systematik	**Kodierung**	**Beispiel:**
2	Frage wird vollständig beantwortet	Beantwortet, wie Lehrkraft mit den Beiträgen der Lernenden umgeht	Im Einstieg werden alle Beiträge der Schüler vom Lehrer ohne Kommentar an der Tafel notiert.
1	Aufmerksamkeit wird auf den Gegenstand der Frage gerichtet	Es wird auf Beiträge der Lernenden eingegangen, aber nicht darauf, wie die Lehrkraft mit ihnen umgeht.	Zu Beginn werfen die Schüler lauter Begriffe, die sie mit Kraft verbinden, ein.
0	Antwort geht an Frage vorbei	Es wird nicht auf die Beiträge der Lernenden eingegangen.	Der Lehrer versucht, Unklarheiten zu bereinigen.
9	Kein Text		

Lernbegleitung		v191 Welche Funktionen nehmen die Schülerinnen und Schüler in den Gesprächen mit der Lehrkraft ein?	
	Systematik	**Kodierung**	**Beispiel:**
2	Frage wird vollständig beantwortet	Beantwortet, welche Funktionen die Schülerinnen und Schüler in Gesprächen mit der Lehrkraft einnehmen	Sie haben eine Stichwortgeberfunktion.
1	Aufmerksamkeit wird auf den Gegenstand der Frage gerichtet	Es wird auf Gespräche zwischen den Schülerinnen und Schülern und der Lehrkraft eingegangen, aber nicht, welche Funktion die Schülerinnen und Schüler dabei haben.	Der Lehrer stellt Fragen und die Schüler geben Antworten.
0	Antwort geht an Frage vorbei	Es wird nicht auf die Gespräche zwischen den Schülerinnen und Schülern und der Lehrkraft eingegangen.	Die Schüler führen die Experimente aus, sind an Denkprozessen aber nicht beteiligt.
9	Kein Text		

Lernbegleitung		v192 Wie schätzen Sie die Art und Weise, wie Rückmeldungen an die Lernenden gegeben werden, ein?	
	Systematik	**Kodierung**	**Beispiel:**
2	Frage wird vollständig beantwortet	Die Art und Weise der Rückmeldungen wird eingeschätzt (bewertet).	Rückmeldungen auf negative Vorkommnisse wirken eher ungeduldig.
1	Aufmerksamkeit wird auf den Gegenstand der Frage gerichtet	Es wird auf Rückmeldungen eingegangen, aber nicht die Art und Weise eingeschätzt, wie sie gegeben werden.	Der Lehrer korrigiert die Fehler.
0	Antwort geht an Frage vorbei	Es wird nicht auf Rückmeldungen eingegangen.	Der Lehrer fragt nach Alltagsvorstellungen und die Schüler antworten.
9	Kein Text		

Fehler und fehlerhafte Vorstellungen/ Lernklima		v204 Wie erklären Sie die Rolle von Fehlern und fehlerhaften Vorstellungen in dieser Stunde?	
	Systematik	**Kodierung**	**Beispiel:**
2	Frage wird vollständig beantwortet	Beantwortet, wie die Rolle von Fehlern und/oder fehlerhaften Vorstellungen erklärt wird (welche Rolle spielen sie)	Durch die Art der Führung des Unterrichts werden Fehlersituationen vermieden.
1	Aufmerksamkeit wird auf den Gegenstand der Frage gerichtet	Es wird auf Fehler und/oder fehlerhafte Vorstellungen eingegangen, aber nicht darauf, welche Rolle sie spielen.	Die Begriffssammlung zum Thema Kraft an der Wandtafel. Welche Begriffe gehören nicht zur Physik. (Fehlerhafte Vorstellungen werden korrigiert).
0	Antwort geht an Frage vorbei	Es wird nicht auf Fehler und/oder fehlerhafte Vorstellungen eingegangen.	Die Begriffssammlung zum Thema Kraft an der Wandtafel.
9	Kein Text		

Fehler und fehlerhafte Vorstellungen/ Lernklima		v205 Wie geht die Lehrkraft mit konkreten Fehlersituationen um?	
	Systematik	Kodierung	Beispiel:
2	Frage wird vollständig beantwortet	Beantwortet, wie die Lehrkraft mit Fehlersituationen umgeht	Sie werden sofort korrigiert, nicht aber thematisiert oder kaum und wenn, dann nicht so, dass es für die Schüler auf Anhieb nachvollziehbar wäre, warum es anders sein müsse.
1	Aufmerksamkeit wird auf den Gegenstand der Frage gerichtet	Es wird auf Fehlersituationen eingegangen, aber nicht darauf, wie die Lehrkraft mit ihnen umgeht.	Ein Schüler macht einen Fehler und sagt, dass die Muskelkraft kein physikalischer Begriff ist.
0	Antwort geht an Frage vorbei	Es wird nicht auf Fehlersituationen eingegangen.	Die Schüler ordnen an der Tafel physikalische und nichtphysikalische Begriffe.
9	Kein Text		

Fehler und fehlerhafte Vorstellungen/Lernklima		v208 Wie beurteilen Sie das soziale Lernklima (Klasse untereinander und Lehrkraft mit der Klasse) in der Klasse?	
	Systematik	Kodierung	Beispiel:
2	Frage wird vollständig beantwortet	Das Lernklima wird beurteilt (Lehrkraft/Klasse und/oder Klasse untereinander).	Mir scheint, dass das Lernklima der Klasse untereinander eher als positiv zu bewerten ist.
1	Aufmerksamkeit wird auf den Gegenstand der Frage gerichtet	Es wird auf das Lernklima eingegangen, es wird aber nicht beurteilt (Lehrkraft /Klasse und/oder Klasse untereinander).	Die Lehrkraft hat manchmal fast kollegiale Ausdrücke zu den Schülern.
0	Antwort geht an Frage vorbei	Es wird nicht auf das Lernklima eingegangen.	Wissenschaftliches Arbeiten steht im Vordergrund.
9	Kein Text		

Experimente	v219 Um welche Art von Experimenten handelt es sich in der Unterrichtsstunde?	
Systematik	**Kodierung**	**Beispiel:**
2 Frage wird vollständig beantwortet	Die Art der Experimente wird beschrieben.	Es waren Vorführungen: Einige Schüler führten auf Anweisung des Lehrers hin Versuche durch.
1 Aufmerksamkeit wird auf den Gegenstand der Frage gerichtet	Es wird auf Experimente eingegangen, aber nicht auf ihre Art (was für Experimente).	Ein Ball soll oberhalb des Türrahmens mit dem Fuß gestoßen werden.
0 Antwort geht an Frage vorbei	Es wird nicht auf Experimente eingegangen.	Im Klassenverband wurde diskutiert und das Ziel der Stunde festgehalten.
9 Kein Text		

Experimente	v220 Welche Funktion schreiben sie dem Experiment beziehungsweise den Experimenten im Unterrichtsablauf zu?	
Systematik	**Kodierung**	**Beispiel:**
2 Frage wird vollständig beantwortet	Es wird auf die Funktion der Experimente eingegangen.	Die ersten beiden sollten dazu dienen, den einzuführenden Kraftbegriff zu veranschaulichen.
1 Aufmerksamkeit wird auf den Gegenstand der Frage gerichtet	Es wird auf Experimente eingegangen, aber nicht auf ihre Funktion im Unterrichtsablauf.	Gedankenexperiment: vorgelesener Beitrag aus einer Zeitung, dass Bänker Geld von A nach B bewegen sollen und dafür ein Krafttraining benötigen.
0 Antwort geht an Frage vorbei	Es wird nicht auf Experimente eingegangen.	Im Klassenverband wurde diskutiert und das Ziel der Stunde an der Tafel festgehalten.
9 Kein Text		

Experimente		v223 Wie schätzen Sie die Vor- und Nachbereitung der Experimente in der Stunde ein?	
	Systematik	**Kodierung**	**Beispiel:**
2	Frage wird vollständig beantwortet	Die Vor- und/oder Nachbereitung der Experimente wird eingeschätzt (bewertet).	Ich schätze die Vor- und Nachbereitung positiv ein.
1	Aufmerksamkeit wird auf den Gegenstand der Frage gerichtet	Es wird auf die Vor- und/oder Nachbereitung der Experimente eingegangen, diese aber nicht eingeschätzt (bewertet).	Vorbereitung durch die Lehrkraft, Nachbereitung gab es nicht
0	Antwort geht an Frage vorbei	Es wird nicht auf die Vor- und/oder Nachbereitung der Experimente eingegangen.	Ein Ball soll oberhalb des Türrahmens mit dem Fuß gestoßen werden.
9	Kein Text		

Experimente		v224 Werden die Experimente sinnvoll in den Gesamtzusammenhang der Stunde eingebettet?	
	Systematik	**Kodierung**	**Beispiel:**
2	Frage wird vollständig beantwortet	Es wird beantwortet, ob die Experimente sinnvoll in den Gesamtzusammenhang eingebettet werden.	Ich finde schon, dass die Experimente gut in den Gesamtverlauf der Stunde passen.
1	Aufmerksamkeit wird auf den Gegenstand der Frage gerichtet	Es wird auf Experimente eingegangen, aber nicht darauf, ob sie sinnvoll in den Gesamtzusammenhang eingebettet werden.	Die Experimente sind Motivation und Verbindung von Physik und Alltag.
0	Antwort geht an Frage vorbei	Es wird nicht auf Experimente eingegangen.	Im Klassenverband wurde diskutiert und das Ziel der Stunde festgehalten.
9	Kein Text		

	Theoretische Dimensionen	Beschreibung der Kategorie	Bild	Beispiele/Erklärungen
2	Es werden Begriffe der Unterrichtsforschung /Didaktik verwendet.	Situationen werden mit gängigen Fachbegriffen beschrieben	Man hat das Gefühl, wenn wir uns über die Stunde unterhalten würden, könnte die Person mitreden und verstehen, was wir meinen „Ärzte unterhalten sich über ein Röntgenbild"	Beispiel: Tafelbild und häufiges Hinterfragen der Sachverhalte durch den Lehrer als Sicherung des Gelernten; ebenso: „Einstiegsphase"
1	Es wird alltagssprachlich geschrieben.	Situationen werden alltagssprachlich umschrieben.	Man müsste dem Gegenüber immer kurz erklären, was wir unter den Begriffen verstehen. „Zwei Mütter unterhalten sich darüber, was ihre Kinder gerade in der Schule machen."	Beispiel: Ich finde es gut, dass jeder Schüler erst einmal die Begriffe nennen kann, die ihm zur Kraft einfallen.
0	Die Kommentare machen so keinen Sinn.	Die Antwort enthält keine sinnvolle Beschreibung einer Situation.	Man hat das Gefühl, man redet aneinander vorbei. „So würden wir ein Röntgenbild beschreiben."	Beispiel: Der Lehrer präsentiert einen Heimtrainer. Die Schüler üben mit einer Feder, dann mit 2 Federn, dann drei. Es ist immer noch dunkel.
9		Es wurde kein Text geschrieben.		

	Theoretische Dimensionen	Beschreibung der Kategorie	Bild	Beispiele/ Erklärungen	Faustregeln
2	Einzelne Informationen werden aufeinander bezogen, mit verschiedenen Gedanken verknüpft und bilden so die Komplexität der Situation ab.	Die Notizen werden mit Hintergrundinformationen angereichert.	„Autobahn"	Beispiel: Die Interaktion beschränkt sich eigentlich im Wesentlichen auf das Fragen und das Erwarten von richtigen Antworten, um im Thema weiter zu kommen.	Vollständige Sätze mit inhaltlichem Bezug
1	Einzelne Informationen werden nebeneinander genannt, werden aber nicht als Komponenten einer komplexen Situation aufeinander bezogen.	Die Ereignisse werden als „Gedächtnisanker" festgehalten.	„Feldweg"	Beispiel: Im Einstieg werden alle Begriffe an die Tafel gebracht. Sammelt Beiträge und fasst zusammen.	Vollständige Sätze ohne inhaltlichen Bezug oder abgehackte Sätze
0	Einzelne Ereignisse werden nicht vollständig beschrieben, Informationen gehen dabei verloren und können nicht aufeinander bezogen werden.	Der Text besteht aus einzelnen Fragmenten.	„Steinbruch"	Beispiel: Warum kein OHP? Fragen während der Präsentation notwendig? Wird sich klären?	Schlagworte
9		Es wurde kein Text geschrieben.			

Theoretische Dimensionen	Indikatoren	Beispiele
4 Kritische Ereignisse werden erkannt und konstruktiv genutzt.	Ereignisse werden als kritisch erkannt und denkbare Handlungsalternativen werden aufgezeigt.	„Es wird konsequent vermieden, Arbeit und Energie anzusprechen. Kurze Hinweise darauf, dass diese Begriffe später physikalisch genauer zu fassen sind, wären bei dem Vorwissen einer 7. Klasse doch möglich". Es wird als kritisch angeführt, dass vermieden wird, Arbeit und Energie anzusprechen. Als Handlungsalternative wird der Hinweis angeführt, dass diese Begriffe später physikalisch genauer zu fassen wären.
3 Kritische Ereignisse werden hinsichtlich ihrer Problematik ausgeführt.	Ereignisse werden als kritisch beschrieben und mögliche Konsequenzen werden aufgezeigt.	„Etwas kritisch finde ich die Aussage ‚starke Frauen braucht das Land' beim Expander-Experiment. Das Mädchen könnte sich verletzt fühlen, auch wenn die Gesamtsituation eher „lustig" daher kommt." Die Aussage „starke Frauen braucht das Land" wird als kritisch eingeschätzt und auf mögliche Konsequenzen hingewiesen: „Das Mädchen könnte sich verletzt fühlen".
2 Kritische Ereignisse werden negativ bewertet, aber nicht weiter ausgeführt.	Ereignisse werden als kritisch beschrieben und negativ bewertet (abstempeln).	„Die Vorbereitung der Experimente ist zum Teil sehr kurz und durch die fehlende Zielorientierung für die Schüler leider nicht immer nachvollziehbar." Es wird kritisch angeführt, dass die Vorbereitung der Experimente zum Teil sehr kurz ist. Dies wird negativ bewertet, „sehr kurz", „es ist für die Schüler leider nicht immer nachvollziehbar"
1 Kritische Ereignisse werden erkannt.	Ereignisse werden als kritisch beschrieben.	„Mir ist aufgefallen, dass sich immer wieder dieselben Schüler am Unterrichtsgespräch beteiligt haben beziehungsweise vom Lehrer angesprochen wurden". Es wird als kritisch eingeschätzt, dass sich immer wieder dieselben Schüler beteiligt haben beziehungsweise angesprochen wurden, dies wird aber nicht bewertet.
0 Es werden keine kritischen Ereignisse erkannt.	Es werden keine kritischen Ereignisse beschrieben.	„Ausgehend von der Muskelkraft wird erläutert, wie sie verwendet werden kann und was dazu benötigt wird". Es wird neutral beschrieben, was gemacht wurde, ohne dass das Vorgehen als kritisch eingestuft wird.
9	Kein Text	

Vorgehen bei der Kodierung:

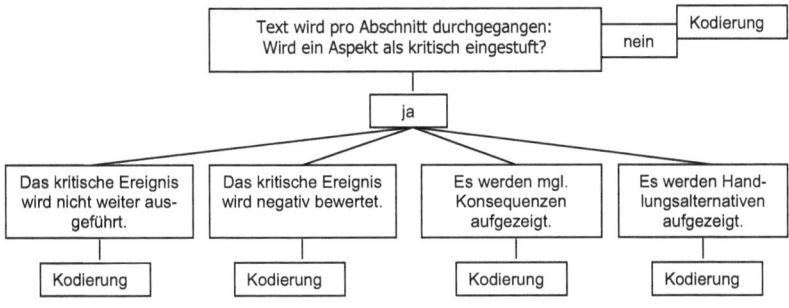

Regeln:

(1) Die weitere Ausführung der Kritik (Bewertung, Konsequenzen, Handlungsalternativen) muss innerhalb jedes Abschnitts erfolgen.

(2) Um ein Ereignis als kritisch einzustufen, reicht es, wenn eine Kritik mitschwingt (es muss nicht bereits deutlich negativ bewertend sein) (z.B.: „Oft antworten die Schülerinnen und Schüler mit einem einzigen Wort oder kurzem Satz": ein einziges Wort gilt als kritisch; ebenso „kleinschrittig Punkte abarbeiten").

(3) Als Bewertung gilt: allerdings, sehr, nur, leider, ausreichen, geschickt, es gelingt ihm, von oben herab etc.

(4) Wenn ein kritisches Ereignis in der gesamten Antwort vorkommt, wird die ganze Antwort mindestens mit 1 kodiert.

(5) Die einzelnen kritischen Ereignisse werden kodiert und dann wird die Kodierung vergeben, die überwiegt; bei gleicher Anzahl bestimmter Kodierungen wird die höhere Kodierung vergeben.

(6) Wenn sich Kodierungen überschneiden (z.B.: Ereignis wird bewertet und es werden Handlungsalternativen aufgezeigt),wird die jeweils höhere Kodierung vergeben.

(7) Handlungsalternativen stecken auch in Verneinungen. Wenn geschrieben wird, was nicht getan wurde, impliziert das, dass das Beschriebene hätte getan werden sollen (Handlungsalternative). Wichtig ist Hinweis auf konkrete Tätigkeit.

Waxmann

MÜNSTER · NEW YORK · MÜNCHEN · BERLIN

■ Band 5

Holger Gärtner

Unterrichtsmonitoring

Evaluation eines videobasierten Qualitäts-
zirkels zur Unterrichtsentwicklung

2007, 258 Seiten, br., 24,90 €
ISBN 978-3-8309-1787-8

Ein neues Konzept der Unterrichtsentwicklung, das so genannte Unterrichtsmonitoring umzusetzen und zu evaluieren, ist Gegenstand dieser
Studie. Beim Unterrichtsmonitoring handelt es sich um einen fachspezifischen videobasierten Qualitätszirkel, in dem Lehrkräfte über ein Schul-
jahr hinweg regelmäßig zusammenarbeiten und eigene Unterrichtsaufzeichnungen diskutieren. Die Videos sollen im Rahmen des Gruppen-
settings Reflexionsprozesse anstoßen und alternative Handlungsweisen
im Unterricht aufzeigen.

■ Band 6

Frank Sprütten

Rahmenbedingungen
naturwissenschaftlichen
Lernens in der Sekundarstufe I

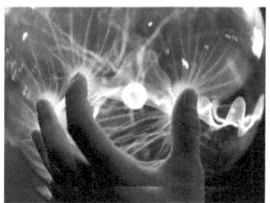

Eine empirische Studie auf
schulsystemischer und einzelschulischer Ebene

2007, 390 Seiten, br., 29,90 €
ISBN 978-3-8309-1880-6

Naturwissenschaftliches Lernen wird sowohl durch Rahmenbedingungen des Schulsystems als auch solche der Einzelschule geprägt. Im
Rahmen dieses Buches werden beide Ebenen näher betrachtet, um auf
dieser Basis Hypothesen für günstige Bedingungen naturwissenschaftlichen Lernens zu entwickeln.

■ Band 7

Bea Harazd

Die Bildungsentscheidung

Zur Ablehnung der Schulformempfehlung
am Ende der Grundschulzeit

2007, 208 Seiten, br., 24,90 €
ISBN 978-3-8309-1905-6

Warum lehnen manche Eltern die Schulformempfehlung der Grundschule ab und melden ihr Kind in einem höheren Bildungsgang an? Diese Arbeit behandelt unter Einbezug soziologischer und psychologischer Theorien ein Modell zur Erklärung der elterlichen Bildungsentscheidung am Ende der Grundschule.

Anhand einer Elternbefragung, an der 500 Eltern teilnahmen, wurden qualitative und quantitative Daten gewonnen. Zum einen konnten auf Basis der quantitativen Datenauswertung relevante soziodemografische Merkmale wie der Bildungsstatus der Familie und das Geschlecht des Kindes identifiziert werden. Ebenso erwiesen sich als bedeutsam für die Ablehnung der Schulformempfehlung die Einstellungen gegenüber dem Schulsystem und der schulischen Bildung sowie Merkmale der Beratungssituation. Zum anderen konnten mittels qualitativer Datenanalyse Elterngruppen gebildet werden, die zeigen, dass sich Eltern in ihren Motiven voneinander unterscheiden und diese Motive wiederum mit Einstellungen und soziodemografischen Merkmalen der Eltern zusammenhängen. Es wird diskutiert, wie diese Erkenntnisse zur Professionalität der Grundschullehrkräfte und der Gestaltung der Beratungssituation beitragen können.

Waxmann

MÜNSTER · NEW YORK · MÜNCHEN · BERLIN

■ Band 8

Kerstin Göbel

Qualität im interkulturellen Englischunterricht

Eine Videostudie

2007, 224 Seiten, br., 29,90 €
ISBN 978-3-8309-1920-9

Die Unterrichtsforschung hat in den letzten Jahren zahlreiche Studien vorgelegt, die allgemeingültige Kriterien guten Unterrichts beschreiben. In der jüngeren Forschung haben daneben fachliche und inhaltsbezogene Merkmale guten Unterrichts an Bedeutung gewonnen. Der Schwerpunkt dieser Studien lag bisher allerdings auf dem mathematischen und naturwissenschaftlichen Unterricht. In Ergänzung zu bereits vorliegenden Arbeiten ist es das Ziel dieser Untersuchung, die Qualität von Englischunterricht zu analysieren, der sich mit interkulturellen Themen beschäftigt. Die Konzeption der Untersuchung folgt der Angebot-Nutzungs-Annahme der Unterrichtsforschung. Diese Studie analysiert Qualitätsmerkmale interkulturellen Englischunterrichts zur Förderung des Interesses und der Sensibilität für kulturelle Unterschiede unter Berücksichtigung der Voraussetzungen von Schülerinnen und Schülern.

Waxmann

MÜNSTER · NEW YORK · MÜNCHEN · BERLIN